生活支援工学概論

日本生活支援工学会　共編
日本リハビリテーション工学協会

コロナ社

編集幹事（50音順）

井上剛伸（国立障害者リハビリテーションセンター研究所）

奥　英久（神戸学院大学）

新川拓也（大阪電気通信大学）

林　豊彦（新潟大学）

前田義信（新潟大学）

執筆者（執筆順）

山内　繁（NPO支援技術開発機構）：1章

黒田大治郎（神戸学院大学）：2.1～2.6節

桂　律也（クラーク病院）：2.7節

奥　英久（神戸学院大学）：3.1節

赤澤康史（兵庫県立総合リハビリテーションセンター　福祉のまちづくり研究所）：3.2節

江原喜人（総合せき損センター）：3.3節

井上剛伸（国立障害者リハビリテーションセンター研究所）：3.4, 3.8節

河合俊宏（埼玉県総合リハビリテーションセンター）：3.5節，付録

畠中　規（横浜市総合リハビリテーションセンター）：3.6節

北風晴司（日本電気株式会社）：3.7節

星川安之（共用品推進機構）：4章

八藤後猛（日本大学）：5.1節

森山政与志（日本郵政株式会社，新潟医療福祉大学）：5.2節

（所属は2013年7月現在）

第3刷にあたって

　発行後，10年以上が経過したことに伴い，法律，規格，データなどを更新し，古い記述の更新・削除，付録として障害者差別解消法を加えた。

巻 頭 の 言 葉

　日本生活支援工学会が設立されてから13年が過ぎました。今回，多くの方のご尽力により，「生活支援工学概論」を発刊する運びとなりました。

　生活支援工学は，老若男女の障害者に対する支援機器のみならず，彼らを支援する人たちを助ける機器にもかかわりますが，それ以上に健常高齢者が日常生活を送る上で便利な機器にも関係します。すなわち，世界に先駆けて進むわが国の少子高齢社会を，元気よく生き抜いていくのに必要不可欠な生活支援機器です。当然，海外に手本を求めることができないため，わが国が独自で開発しなければならない分野です。また，高齢者の日常生活においては，高齢者自身がそれまでにかかわってきた生活習慣を考慮して支援機器の開発に取り組まなければなりません。その反面，わが国ではあたりまえのように思っていた問題点も，海外ではまったく異なった視点から取り組まれ，はるかに簡単に支援できるものもあります。このように，新しい生活支援という概念の下で，高齢社会を支える支援機器の開発という新しい分野を切り開く必要性が生まれました。

　しかし，従来の多くの学会は幅広い領域を対象としており，少子高齢社会を支える機器に焦点を当てた学会はなく，そのため，行政側も相談する相手学会を探すのに苦労していたのが実情です。その一方，産業界も生活支援という新しい分野に関して何をどのように開発したらよいかよくわかっていませんでした。そのため，当時東京大学教授でおられた斎藤正男先生が，産官学をつなぐことを目的に本学会の設立に尽力されました。

　学会ができると当然のことながら，多くの会員から本分野の理解を助ける良い教科書の作成要請が寄せられました。本教科書の企画も，かなり早い時期から持ち上がっていましたが，実際にとりかかると，多くの問題が出てきて進行が大幅に遅れてしまいました。本書はまだ入門編ですが，わが国の少子高齢社会に適した生活支援機器を開発する道しるべになればと思っています。

　2013年8月

日本生活支援工学会　会長　土肥　健純

刊行に寄せて

　生活支援工学の教科書が刊行されたことを一般社団法人日本リハビリテーション工学協会の代表理事としてたいへんうれしく思います。リハビリテーション工学に関する教科書の企画はこれまでにもいくつかありましたが，多くは刊行までに至りませんでした．この本が生活支援工学やリハビリテーション工学を目指す学生にとって，確かな「道しるべ」となることを祈念しています．

　われわれの衣食住はもちろん，就労，教養・学習，余暇・リクリエーション・スポーツ，芸術，創造といった，人々のあらゆる活動において，工学技術による支援が不可欠なことはいうまでもありません．工学技術は諸刃（もろは）の剣であり，不十分な，あるいは思慮に欠けた工学技術が「障害」を作り出しているといえます．また，適切な支援技術が適切に利用されることで，失った能力を補い，自律を獲得する可能性があります．リハビリテーション工学は，「全人的復権」というリハビリテーションの理念の下，あらゆる年代の障害のある人々に対し，その生活を豊かにするための工学技術を発展・普及させるとともに，この技術を通じて学術・文化・産業の振興に寄与することを目指しています．

　21世紀に入り，障害のある人々を取り巻く環境は大きく変化してきました．リハビリテーションエンジニアの活躍する場所も，公的研究開発機関だけでなく，企業や教育現場へと広がってきています．障害のある人への差別解消は国際的にもあたりまえのことになってきました．超高齢社会を活力ある社会にするには障害のある人々の活躍が期待されます．このような中，生活支援工学あるいはリハビリテーション工学に関する知識は，工学者を目指すすべての学生が学ぶべき基本的な科目とすべきではないでしょうか．この「生活支援工学概論」がすべての工学系大学や専門学校等で教科書として採用されることを期待します．

2013年8月

一般社団法人日本リハビリテーション工学協会
代表理事　相良 二朗

目　　　次

1.　生活支援工学の概念

1.1　生活支援工学の定義と範囲 ……………………………………………………… 1
　1.1.1　「日本生活支援工学会」の立場 ……………………………………………… 1
　1.1.2　当面の定義 …………………………………………………………………… 2
1.2　支援機器の定義とその範囲 ……………………………………………………… 3
　1.2.1　支援機器の同義語について ………………………………………………… 3
　1.2.2　支援機器の定義 ……………………………………………………………… 4
1.3　オーファンプロダクツとアクセシブルデザイン ……………………………… 6
　1.3.1　支援機器にかかわるドグマ ………………………………………………… 6
　1.3.2　二元論的配置 ………………………………………………………………… 7
　1.3.3　二次元表示 …………………………………………………………………… 8
1.4　残存能力の不使用と過使用の弁証法 …………………………………………… 9
章　末　問　題 …………………………………………………………………………… 10

2.　障害の概念

2.1　障害パラダイムの転換 — 医学モデルから社会モデルへ …………………… 11
2.2　「障害（者）」とそのための社会システム ……………………………………… 11
2.3　わが国における「障害者」の定義 ……………………………………………… 12
　2.3.1　障害者の法的定義 …………………………………………………………… 13
　2.3.2　障害者基本法での定義 ……………………………………………………… 13
　2.3.3　児童福祉法での定義 ………………………………………………………… 16
　2.3.4　身体障害者の定義 …………………………………………………………… 17
　2.3.5　知的障害者の定義 …………………………………………………………… 17
　2.3.6　精神障害者の定義 …………………………………………………………… 18
　2.3.7　発達障害者の定義 …………………………………………………………… 19

目次

  2.3.8 障害者自立支援法から障害者総合支援法へ ― 法改正と障害観 19
  2.3.9 介護保険法の障害観 20
 2.4 わが国における障害者の実態 20
 2.5 国際障害分類・国際生活機能分類による障害理解 22
 2.6 「障害」と「障がい」の表記 24
 2.7 生活支援工学におけるユーザ（高齢者・障害者）評価 25
 章 末 問 題 26

3. 支援機器による生活支援
― 生活支援工学の基礎としての機器の現状 ―

 3.1 支援機器活用のポイント 27
  3.1.1 支援機器の日本における変遷 27
  3.1.2 「支援機器」の国際的な名称 34
  3.1.3 支援機器の分類 35
  3.1.4 福祉用具の種類 36
  3.1.5 支援機器の適合 37
 3.2 日常生活動作の支援 38
  3.2.1 自 助 具 38
  3.2.2 義肢 ― 定義および分類 40
  3.2.3 義 手 40
  3.2.4 義 足 42
  3.2.5 装具 ― 定義および分類 44
  3.2.6 上 肢 装 具 44
  3.2.7 下 肢 装 具 45
  3.2.8 体幹装具およびその他の装具 46
  3.2.9 その他の支援機器 ― 重度肢体不自由者用ロボットアーム 46
 3.3 姿勢保持・移乗の支援 46
  3.3.1 車椅子上での姿勢保持における問題点 46
  3.3.2 身体寸法と車椅子寸法の適合 47
  3.3.3 安定した支持面と体圧分散性 49
  3.3.4 移乗方法の分類と支援 52
 3.4 移 動 の 支 援 57
  3.4.1 生活における移動の意義 57
  3.4.2 支援機器による移動支援の考え方 57
  3.4.3 移動支援機器 58
  3.4.4 移動支援機器の開発・設計のポイント 70

3.5 コミュニケーションの支援 ………………………………………………… 71
3.5.1 重度障害者用意思伝達装置 …………………………………………… 73
3.5.2 感覚代行機器 ……………………………………………………………… 76
3.6 機器操作の支援 …………………………………………………………… 77
3.6.1 操作方法の検討 …………………………………………………………… 78
3.6.2 機器操作に必要な入力方法 …………………………………………… 79
3.6.3 機器操作の実際 …………………………………………………………… 83
3.6.4 操作対象機器との接続方法 …………………………………………… 85
3.6.5 対象機器の制御方法 …………………………………………………… 85
3.6.6 環境制御装置の操作 …………………………………………………… 85
3.6.7 いろいろなタイプの環境制御装置 ……………………………………… 86
3.6.8 環境制御装置で実現できること ………………………………………… 87
3.7 情報収集・発信の支援 ………………………………………………… 87
3.7.1 情報の収集・発信の意義 ……………………………………………… 87
3.7.2 情報の収集・発信の行動と必要な機能 …………………………… 87
3.7.3 障害の内容・程度と，情報の収集・発信の困難さ …………… 88
3.7.4 情報の収集・発信を支援する機器 …………………………………… 89
3.7.5 利用者の要求と障害の内容・程度・スキルに適応させた導入 … 92
3.8 認知障害に対する支援 ………………………………………………… 93
3.8.1 生活における認知障害の困難さ ……………………………………… 93
3.8.2 支援機器による認知障害に対する支援の考え方 ……………… 94
3.8.3 記憶や見当識，注意障害に対する支援機器 …………………… 95
3.8.4 認知的負荷を軽減する機器 …………………………………………… 100
3.8.5 情緒の安定を図る機器 ………………………………………………… 103
3.8.6 認知障害に対する支援機器の開発・設計のポイント ………… 104
章 末 問 題 ……………………………………………………………………… 106

4. アクセシブルデザイン

4.1 アクセシブルデザインとは ……………………………………………… 108
4.1.1 定　　　義 ………………………………………………………………… 108
4.1.2 ISO / IEC ガイド 71 におけるアクセシブルデザイン …………… 109
4.1.3 アクセシブルデザイン標準化の体系 ………………………………… 111
4.2 アクセシブルデザイン製品の成り立ち ……………………………… 112
4.2.1 シャンプー容器のギザギザ …………………………………………… 112
4.2.2 共 遊 玩 具 ………………………………………………………………… 114
4.2.3 家電製品の凸・音・点字表示 ………………………………………… 115

4.2.4　共用品の市場規模……………………………………………………… 115
　　4.2.5　共用サービス……………………………………………………………… 118
4.3　アクセシブルデザインにするポイント……………………………………… 119
　　4.3.1　日常生活における不便さ調査・便利さ調査…………………………… 119
　　4.3.2　当事者への直接調査（モニタリング調査）…………………………… 120
　　4.3.3　標準化と差別化…………………………………………………………… 120
　　4.3.4　知らせる必要性…………………………………………………………… 120
4.4　今後の課題と展望……………………………………………………………… 120
章　末　問　題………………………………………………………………………… 120

5. 人にやさしい生活環境

5.1　住　環　境……………………………………………………………………… 121
　　5.1.1　住宅のバリアフリーと機能低下の問題………………………………… 121
　　5.1.2　住　宅　安　全…………………………………………………………… 122
　　5.1.3　介護保険と住宅改修……………………………………………………… 123
　　5.1.4　住宅の品質確保の促進等に関する法律（通称 住宅品確法もしくは品確法,
　　　　　1999年施行）に基づく「日本住宅性能表示基準」………………………… 123
　　5.1.5　住宅における要素別バリアフリーの方法……………………………… 125
5.2　都　市　環　境………………………………………………………………… 134
　　5.2.1　理　　　念………………………………………………………………… 135
　　5.2.2　困っている利用者のニーズを知る……………………………………… 136
　　5.2.3　整　備　基　準…………………………………………………………… 139
　　5.2.4　整備対象を造る…………………………………………………………… 142
　　5.2.5　検証-1　事例から学ぶ…………………………………………………… 143
　　5.2.6　検証-2　利用者の視点から学ぶ………………………………………… 145
　　5.2.7　課　題　と　提　案……………………………………………………… 147
　　5.2.8　フィードバック…………………………………………………………… 150
　　5.2.9　生活支援工学を学ぶ，次世代への期待………………………………… 151
章　末　問　題………………………………………………………………………… 151

付録　障害者差別解消法……………………………………………………………… 153
引用・参考文献………………………………………………………………………… 154
章末問題解答…………………………………………………………………………… 161
索　　引……………………………………………………………………………… 165

1. 生活支援工学の概念

1.1 生活支援工学の定義と範囲

1.1.1 「日本生活支援工学会」の立場

「生活支援工学」とは，2001年に「日本生活支援工学会」が結成されたときに作られた用語である。日本生活支援工学会の発足にあたって，斎藤正男初代会長は，「第一に高齢者と障害者のための技術開発は多くの学会で熱心に活動が行われていますが…」と述べている[1]†。そして，学会どうし，また，学会と福祉実務者などの縦横の連携を十分にとることが必要であると力説している。

また，学会の性格としては，学術団体であることを保ちつつ，工学として位置づけたいとの意見と，工学の枠にとらわれず，より広い立場に立ちたいとする意見があったことが述べられている。斎藤初代会長としては，「工学」にはこだわらない気持ちであったと推察している。このことは，「障害者・高齢者だけではなく，人々すべてが幸せな人間関係を築くことを目標にしたい」という一節からも汲み取ることができる。

学会の担うべき活動としては，社会に対する学界の代表窓口としての機能，異なる専門分野の連絡・協力，この分野の学術の体系化の3項目を挙げている。本書は学術としての体系化のためのものであるから，3番目の活動を実体化するものとして位置づけられる。

ところで，生活支援工学会による「生活支援工学」の公式の定義に関しては，上記の斎藤初代会長によるものしかなく，抽象的段階にとどまっているのが現状である。斎藤初代会長からすれば，それらの解決は後に続く者への宿題であり，いまだにコンセンサスに到達していないのは，これまでそれを怠っていたということであり，その叱責は甘受せざるを得ない。

実は，この分野の定義と範囲に関しては，世界的にもコンセンサスが得られているわけではない。日本の中でも，「福祉工学」「リハビリテーション工学」「支援工学」など，さまざまな用語で語られているのが現状である。このことは欧米を含む諸外国でも同様である。

---

† 肩付き数字は，巻末の引用・参考文献番号を表す。

1.1.2 当面の定義

日本生活支援工学会の発足に際してその名称にかかわる「生活支援工学」に関する明確で具体的な定義が与えられなかったことは，十分なコンセンサスをとることができなかったことを表している。これについては，assistive technology をめぐる混乱（下のコーヒーブレイク参照）がその一因である。しかし，本書のタイトルの定義がないままでは成書としての体をなさない。

そこで，前項で引用したあいさつの趣旨を踏まえて定義を考える。字義どおりに形式的に解釈すると，「高齢者・障害者の生活を支援するための工学的アプローチ」ということにな

━ コーヒーブレイク ━

assistive technology は「支援機器」か，それとも「支援技術」か？

assistive technology が日本に初めて紹介されたのは 1988 年の国際リハビリテーション協会世界大会の席上であった。この訳語に困って，「援助技術」と訳したのだが，アメリカ人の使い方とは乖離があり悩んだものである。問題は，technology を「機器」と訳すか，「技術」と訳すかであった。1990 年代は「辞書に機器の訳がない」との理由で「支援技術」と訳すべきとの意見が多く，「機器」と訳すべきとの私の主張が顧みられることはなかった。しかし，ISO 9999 の審議において，イギリス人だけが technology は device であると主張した。assistive product を採用したのは他のヨーロッパのエキスパートの反対による。また，Al. Cook の教科書には「technology を device の意味に使っているのに，辞書にはその意味がない」との記述がある。しかし，Oxford English Dictionary には，1964 年を初出として device の意味が引用してあり，2006 年版の Cobuild 辞書には，"Technology refers to methods, systems, and devices which are the result of scientific knowledge being used for practical purpose." の記述がある。さらに，2008 年版の Oxford Learner's Thesaurus には "equipment designed using advanced scientific knowledge" とのみ記載されていて，もはや「技術」の意味は失われている。和英辞典でも，ジーニアス英和辞典第 4 版には「① a) 科学技術，b) 科学技術を応用した製品，c) 科学工業知識」となっており，「製品，機器」を支持している。

辞書の記述から見ても「支援機器」と訳すべきであることが明白になってきたが，さらに，Assistive Technology Act（p.5 参照）における定義に即して検討してみる。assistive technology は device と service より成ると定義してある。device と service のいずれについても，"application of science" や "a method, process, etc. for handling a specific technical problem" など，「技術」を意味するとは解釈できない。以上の理由によって，筆者は assistive technology は「支援機器」と訳すべきであると信じており，「支援技術」は明確な誤訳であると考えている。当然，日本語としての「支援技術」は存在し得るわけであるが，その場合には，関連サービス，支援のためのノウハウ，コンテンツを含む情報技術などを包含した「障害者・高齢者の支援のための包括的な技術」と理解すべきである。なお，ISO 9999 においては，device ではなく，ソフトウェアを含むために product を用いた。両者を簡潔に代表する日本語がないため，当面「機器」を使わざるを得ない点についても付け加えておきたい。なお，詳細は「生活支援工学会誌，Vol.7, No.1, p.45（2006）」を参照のこと。

る。これでは同語反復であり，なんら積極的な内容を定義として表現したことにならない。「工学的アプローチ」というのもしっくりこない。「… 支援するための工学」としたいところであるが，前項で触れた「工学よりは広い立場でのアプローチ」を表現したいところなのでまた曖昧(あいまい)になってしまう。

そこで，ここでは独断的に，「高齢者・障害者を支援するための**支援機器**およびそのサービスに関連した研究開発を目的とした学術分野」と定義することにする。こうすれば，前項の斎藤初代会長の趣旨も生かされると考える。支援機器を中心概念としたのは，本書の構成を見てもわかるように，「工学」といいながら，そのほとんどが機器を中心として構成されているからである。また，「工学よりは広い範囲」を表すものとして，「サービス」をその中心概念に据えることにする。これはハード中心の工学に偏ることを避けるためである。サービスに「関連した」としたのは，それが高齢者・障害者に限定したものではなく，すべての人にかかわる問題を表現したいためである。

「機器への限定」について特に言及しておきたいのは，わが国におけるこの分野の黎明期(れい)において，システム工学的手法を導入することが土屋和夫らによって試みられたことである。実際には，そのような手法は，工学の手を離れてリハビリテーション医学の中に取り込まれ，卒中の予後予測などの手法に生かされている。

1.2 支援機器の定義とその範囲

1.2.1 支援機器の同義語について

前節で「支援機器」という用語を使った。これは，「日本生活支援工学会」という名称を意識した点も否定できない。しかしそれ以上に，最近は一般にも使われるようになりつつあることにもよっている。例えば，2007年に厚生労働省社会援護局主催で開催された「生活支援技術革新ビジョン勉強会」の報告書のタイトルは，「『支援機器』が拓く新たな可能性」となっている[2]。

支援機器の同義語として使われている用語には，補装具，日常生活用具，補助機器，補助具，福祉機器，福祉用具，リハビリテーション機器，支援技術などがある。このうち，「補装具」と「日常生活用具」は給付制度の中での用語なので，厳密には一般用語としての支援機器のサブセットであって支援機器の同義語ではない。

「補助機器」，「補助具」は，北欧・中欧で用いられる用語（スウェーデン語ではhjälpmedel，ドイツ語では Hilfsmittel）を日本語に直訳したものと考えられる。スウェーデンなどで機器センターを見学するとき，通訳の人がこれらを直訳して補助機器あるいは補助具と訳していることからの推測である。

「福祉用具」は，福祉用具法の制定に際して作られた用語であるが，「医療用具」に対応して「福祉用具」としたものであると聞いている．それ以前には，「福祉機器」が最も広く使われていた．「福祉機器」は，昭和50年度厚生省心身障害研究報告書「福祉機器の開発普及に関する研究」において使われた用語である．

「リハビリテーション機器」は，1990年代の前半に当時のEC（European Community：欧州共同体）のFP 3（Framework Program 3：第3期フレームワークプログラム）からFP 4（Framework Program 4：第4期フレームワークプログラム）にかけてのプロジェクトであるTIDE（FP 3ではTechnology Initiative for Disabled and Elderly People, FP 4ではTelematics for the Integration of Disabled and Elderly）プロジェクトの中で計画されたHEART（Horizontal European Activities in Rehabilitation Technology）プロジェクトの中で使われたrehabilitation technology（ノルウェーのOivind Lorentzenの提唱によると推察している）を日本語に直訳したものであるとも考えられる．一方，加倉井がもっぱら「リハビリテーション機器」という用語を使っていたところから見ると，それとは無関係に医学的リハビリテーションをベースに日本でつくられたものかもしれない．最近では，医学的リハビリテーションにおける訓練機器以外ではあまり聞かない用語である．

「支援機器」，「支援技術」はともにassistive technologyの日本語訳とも理解されるが，支援機器は別の起源を持つのかもしれない．支援技術が「日本には存在しない特殊な技術」であるとする主張を耳にすることもあるが，そのようなものは存在しない．これについてはコーヒーブレイク（p. 2）を参照していただきたい．

なお，このようにさまざまな用語が用いられているのは日本語だけでないことにも触れておきたい．おそらく，最も古いのはtechnical aidsであるが，これはaidsがHIVのAIDSに類似している点から敬遠され，アメリカ合衆国で使われ始めたassistive technologyおよびassistive device（ともに，Technology-related Assistance for Individuals with Disabilities Act of 1988（後述）に始まる），rehabilitation technology（ECのHEARTプロジェクトに始まる），assistive products and technology（ICF（後述）に始まる），assistive products（ISO 9999:2007に始まる）などが使われている．これらが名称のみならず概念も混乱して使われているのが現状である．

1.2.2 支援機器の定義

〔1〕 **わが国の法律による定義**　支援機器は同義語が多く，いずれを用いるかに関してコンセンサスが得られていないだけでなく，その定義と範囲も一義的ではない．まず，補装具と日常生活用具は，公的給付の対象として障害者自立支援法第5条19項，および同第77条1項2号の規定による厚生労働省告示第529号（平成18年9月29日）によってそれぞれ

定義されている（詳しくは 3.1.1 項を参照）。いずれも給付の対象となる要件を定義したものであって，概念としての支援機器の定義ではない。

わが国の法律で一般的な定義として規定されているのは福祉用具のみであって，「福祉用具の研究開発及び普及の促進に関する法律」の第 2 条では「この法律において『福祉用具』とは，心身の機能が低下し日常生活を営むのに支障のある老人又は心身障害者の日常生活上の便宜を図るための用具及びこれらの者の機能訓練のための用具並びに補装具をいう」と定義されている。「日常生活上の便宜」，「機能訓練」などの抽象度の高いレベルでの機能に着目した定義になっている。介護保険においても同様の規定を用いている。

〔2〕 支援機器の国際的定義とその範囲

（1） **ISO 9999 による定義**　　国際的に認められている支援機器の定義には，おもに三つのものがある。その範囲が一番広いのが**国際標準化機構**（International Organization for Standardization, ISO）による国際支援機器分類（**ISO 9999**）[3]であって，以下のように定義されている。

　「障害者によって，障害者のために使用される用具，器具，機具，ソフトウェアであって，以下の要件のいずれかを満たし，特別に製造されたものであると，汎用製品であるとは問わない。・参加に資するもの　・心身機能と構造および活動に対し，それを保護または支援，訓練，検査，代替するもの　・機能障害，活動制限，参加制約のいずれかを予防するもの」

この定義で注目すべきは，汎用品も障害者に有用である限り支援機器に含まれるとされること，障害予防に有用な機器類も含まれるとされることである。このため，この国際分類には，職場環境における障害予防のための機器としてベルトコンベヤやフォークリフトも含まれている。これらは特別なベルトコンベヤやフォークリフトではなく，普通の職場で使われているものを指している点に注意してほしい。

（2） **Assistive Technology Act による定義**　　アメリカ合衆国では 1988 年に「障害者のための機器関連支援法（Technology-related Assistance for Individuals with Disabilities Act）」[4]が制定され，障害者のための支援機器の普及関連経費として連邦政府から州に対する支出権限を与える法律を制定した。この法律は時限であるため，1994 年，1998 年，2004 年，2010 年と改正を重ねている。1998 年の改正において，法律の名称を **Assistive Technology Act**（ATA 法）に変更している[5]。

この法律では以下の重要な定義がなされている。assistive technology はデバイスとサービスの総称であり，デバイスは「障害者の生活機能を増進，維持，改善するための用品，機器，製品システムであって，市場での購入，改造，注文生産のいずれであるかは問わない」と定義されている。デバイスは単なる機器であって，それだけではなんの役にも立たない。

一方，サービスは「デバイスの選択，取得，利用において障害者を直接に支援するあらゆるサービス」と定義されており[5]，サービスが伴って初めてデバイスの有効性が発揮される。この法律でデバイスとサービスを並列に扱っていることは特記すべきである[6]。この法律の成立にも関与した Gerald Warren は，「リハビリテーション工学」に代わる用語が必要であったとし，その用語として「支援機器」が選ばれた理由について，「サービスを提供するとき，提供しているのは『工学』ではなく，『機器による支援の手』を差しのべているのである」[7]と述べている。機器だけではユーザの役には立たず，必要なサービスとの一体化が必須であることを強調している。

なお，「工学」が利用者には直接の関係がないことを強調している点にも注意いただきたい。それはまた，「工学」によって，学術的価値のみの追求に対する批判をも暗示しているからである。また，この時代のアメリカ合衆国においては医学的リハビリテーションにおける**パターナリズム**に対する反感が激しく，障害者団体においては「リハビリテーション」という用語に対する拒絶感のために，「リハビリテーション」を用語から排除しようとする極端な運動にまで発展した。それはまた，現在でも継続している点を念頭に置いてほしい[8]。

（3） **ICF による定義**　2001 年の世界保健機関（WHO）総会において採択された**国際生活機能分類**[9]（International Classification of Functioning, Disability and Health, **ICF**）は，障害概念を従来の医学的アプローチに社会的アプローチを持ち込み，障害概念を医学モデルと社会モデルの弁証法へと大きく変えることとなった重要文献である。ここでは，支援機器は環境因子として位置づけられ，「一般的な生産品と用具（general products and technology）」と「支援的な生産品と用具（assistive products and technology）」に峻別されることになった。ここで，「生産品」は生産されたものであり，products の訳である。

ICF では支援機器一般としての定義は明示的には与えられていないが，支援的な機器に共通するのは「障害のある人の生活・活動を支援する装置，機器，用具であって，改造や特別設計がなされたもの」である。つまり，これまでの二つの場合と異なり，一般用の機器は含まれず，障害者専用の機器に限られることになる。

1.3　オーファンプロダクツとアクセシブルデザイン

1.3.1　支援機器にかかわるドグマ

前節で述べた支援機器の定義と範囲に必ずしも一般的コンセンサスのないことが，さまざまな場面において混乱を引き起こしている。ある一面のみに着目した発言はドグマとなり，これに固執すると議論が成り立たなくなる。例えば，「支援機器は適合が必要だから高価になる」，「ユニバーサルデザインがすべてを解決する」，「障害者にとって使いやすい機器は健

常者にとっても使いやすい」，「支援機器は市場規模が小さい」などである．いずれの主張も正しい場合はあるが，誤っている場合もある．それは，一口に支援機器といっても前節で見たように非常に広い範囲をカバーしており，その一面のみに着目したとき，他の面では当てはまらなくなる．これは，支援機器を抽象度の高いレベルで一般論として議論するとき，無意味な空中戦とならないよう十分に留意すべき点である．

1.3.2　二元論的配置

前項で述べたドグマを排し，偏りなく支援機器全体を俯瞰するために有用な概念が「オーファンプロダクツ」と「アクセシブルデザイン」の概念である[10),11)]．オーファンプロダクツは，ユーザの特性への適合が必須であって，それを必要とするユーザ数が少ない機器を指す．これには義肢や姿勢保持機能を含む多機能の電動車椅子などが含まれる．K. D. Seelmanによると，「（アメリカ合衆国において）マーケット規模がおおむね30万人以下の機器」をオーファンプロダクトと呼んでいる[12)]．わが国に当てはめると，ユーザ数が10万人以下程度であろうか．

アクセシブルデザインについては5章で詳しく解説する．ここでは定義なしに，「ユニバーサルデザイン」とほぼ同様に，なるべく多数の人によって使われ，障害者への配慮のある機器という程度の意味で理解しておいてほしい．

この二つの概念は支援機器の範囲の両端をなしており，アクセシブルデザインの外側には一般用機器が，オーファンプロダクツの外側には医療機器が位置する．この様子は，**図1.1**のように，必要な適合の度合いと市場規模の二元論的配置によって示すことができる．すなわち，アクセシブルデザインは一般用機器に接しており，実際には一部重なっている．オーファンプロダクツも医療機器に一部重なっている．通常の支援機器は，ユーザに対する適合の度合いと市場規模の

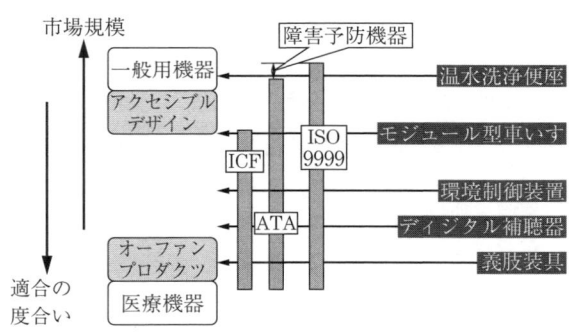

図1.1　二元論的配置

点から，この両者の間に位置づけることができる．

例えば義肢は，個人に適合させ注文生産によって生産するので，典型的なオーファンプロダクツである．ディジタル補聴器も，製造プロセスでは特定の個人に適合することはないが，最終的な適合段階でのパラメータの調整が必須である．

環境制御装置（environment control system，**ECS**）も，使用者の必要とする機器，使用

環境に対して適合が必要である。モジュール型車椅子となると，適合が可能で，ある程度の生産規模が可能となる。温水洗浄便座は，開発の当初は医療用であったが，現在では一般用機器として大きい市場規模を持つようになっている。これらを適合の度合いと市場規模を目安にして図1.1のように並べることができる。

この二元論的配置のどのあたりに位置するかによって，対象とする支援機器のおおよその性格を示すことができる。また，支援機器全体の視点からの位置づけが可能になる。そのような例として，1.2.2項の〔2〕で紹介した支援機器に関する三つの定義の範囲を示した。ICFによる定義では，アクセシブルデザインは支援機器には含まれない。特別な改造や特別設計がなされたものであるから，Assistive Technology Act（ATA）は，アクセシブルデザインをすべて含み，一般用機器の一部を含んでいる。一方，ISO 9999による定義では，一般用機器をさらに含み，障害予防に有用な一般用機器を含む。この点がATAによるものとの相違である。図1.1を見れば，これらのポイントを一目で理解することができる。

前項で言及したドグマはこの両者の間のいずれかの点では正当性を持つが，全体にわたっては必ずしも成立しないものである。そのため，支援機器全体に一般化するとドグマになってしまう。支援機器に関する議論においては，論点を一般化できないところまで抽象度を高めてしまい，不毛なドグマによる空論になりやすい。この点に留意してほしい。これを避けるためには，解決を要する具体的な障害と具体的な解決策に即して考える必要がある。

さらに，新たな支援機器を開発する際，必要な適合の度合いと市場規模を考慮するにあたってこの図のどのあたりに位置するかを考察することによって，おおよその性格を類推することができる。

1.3.3 二次元表示

図1.1の二元論的配置は**図1.2**の二次元表示に拡張することができる。通常の支援機器はオーファンプロダクツとアクセシブルデザインを結ぶ線上にあるが，例外もあり，例えば人工喉頭(こうとう)においては市場規模も小さいが適合の度合いも小さい。もちろん，人工喉頭においても振動子の最適な当て方には個人差があるし，それなりの適合も必要である。しかし，現在の技術段階では可能な適合の幅はあまり大きくはない。将来的には，声を失う前と同じ声を生成する人工喉頭が開発されるかもしれない。その場合は，図1.2に比べて適合の

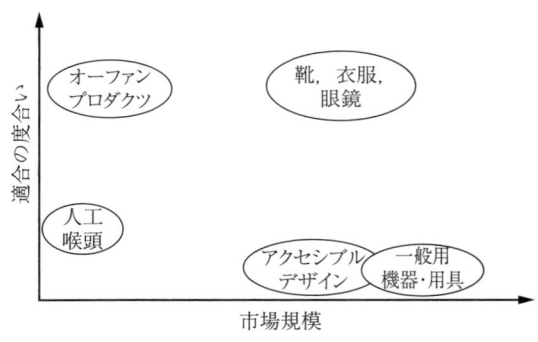

図1.2 二次元表示への拡張

程度ははるかに大きいものとなろう。

二次元表示では，洋服や眼鏡など身体条件への適合が必要な一般用品も表現することができる。図1.1の二元論的配置では適合の度合いと市場規模に関して単純な関連を想定しているが，場合によっては単純な関係がつねには成立しないこともある。そのような場合には，図1.2の二次元表示を想起して適切な考察を加えることが有用である。

1.4 残存能力の不使用と過使用の弁証法

支援機器に関して見落とされがちなもう一つ重要な視点が支援機器の「適切な使用」である。これに関して，例えば社会還元プロジェクトロードマップ[13]では「マイナスとなる可能性」について言及している。支援機器に頼り，残存能力の不使用によってもたらされるために発生するマイナス要因は**廃用性症候群**（disuse syndrome あるいは生活不活発病ともいう）と呼ばれ，機器に頼りすぎたために残存能力の低下を招いてしまうものである。例えば，高齢で歩行能力の減退した人が転倒のために入院したあと車椅子に頼りきりになり，自力で歩行できなくなったとする。この場合，車椅子を利用したために歩行能力を喪失したことになる。支援機器の利用が身体能力を減退あるいは喪失させることになる可能性への配慮が必要であることを示している。

これとは逆の例が**過使用症候群**（overuse syndrome）であって，残存する身体能力を使いすぎたためにさまざまな二次障害を引き起こすものである。例えば，ポリオ後遺症の人に関し，老年期に達する頃から，手足の筋力低下，しびれ，痛みなどの症状が発現することがある。これは，ポリオの再発ではなく，残存能力を使いすぎたために発症する二次障害であり，過使用症候群と呼ばれるものであることが近年明らかになった。

このように，支援機器がユーザに及ぼす二次的な悪影響としては，残存能力の不使用と過使用の両面がある。この問題はまさに不使用と過使用の弁証法と理解すべきである。支援機器の利用に際して障害に関する専門家の指導によるサービスが必要不可欠であり，アメリカ合衆国のATA法のように機器とサービスとが不可分であるのは，この両面のリスクがつきものであることにもよっている。

機器の開発者の立場にあっても，機器の利用にあたってのマイナス面，あるいは不適合によって引き起こされる二次障害に対しては十分な配慮を払うことが必要である。工学系の研究者は物理的自然に対する自然観に立脚して，期待される利便性のみを強調しがちである。しかし，利用に伴うマイナス面に関する洞察のない開発は一面的で薄っぺらく，信頼性に乏しい。このような事態を避けるためには，支援機器の概念がサービスを含むことを想起すること，対象とする障害の専門家との十分な意見交換が欠かせない。

章 末 問 題

【1】 1980年代以降に発行された英語の辞書を5種類以上調べて，"technology" の意味の変遷を確認せよ。ただし，最新版は2010年以後に発行されたものを調べること。

【2】 ICFの環境因子の第1章を読んで，支援機器に関するISO 9999やアメリカ合衆国のAssistive Technology Act等における支援機器に関するアプローチの相違点を考察せよ。

2. 障害の概念

2.1 障害パラダイムの転換 — 医学モデルから社会モデルへ

これまでの**障害**観はおもに**医学モデル**すなわち機能障害や活動障害を「医療を必要とする状態にある個人の問題」としてとらえて,「これらの問題は医学・医療の多様な方法・手段で解消または軽減される」とする考え方が重視されてきた。医学モデルによる障害への対処には,障害を医学的に診断し,治癒あるいは個人の生活へより良い適応と行動をもたらすための訓練等を優先する考えがあった。

しかし,最近は障害を**社会モデル**,すなわち「障害は基本的に個人に帰属するものではなく,その多くが社会環境によって作り出されたものである」とする障害観が医学モデルの障害観にとって代わろうとしている。

障害のとらえ方について医学モデルと社会モデルを比較すると,医学モデルでは,障害を「問題」ととらえ,この「問題解決」を図り,障害のある人の社会適応・参加を図るために「治療・リハビリテーション」など医療・医学的手段を講じる「問題解決」型の取り組みが展開される。

一方,社会モデルでは,障害を「個人の特性の一つ＝個性」ととらえて,個性と社会との間に起こるストレスを解消して,障害のある人が社会適応・参加を果たすことを考える。それを実現するためには,障害のある人を取り巻く「環境」の整備,社会の側の改善を優先し,「障害＝個人の特性」が生かせる社会の実現を目指す取り組みが有効であるとする。

次節以降で,障害のある人に対する「社会システム」のあり方を通して「障害とは何か」の理解を進めていくことにする。

2.2 「障害（者）」とそのための社会システム

人はだれでもその生涯において,それぞれの生活を通して事故,事件などさまざまな出来事に遭遇し,「不便・不自由・不利等」のなんらかのリスク（生活上の危機）を被ることに

なる可能性がある（宿命にある）。とりわけ多様化，複雑化，高度化して発展する日本のような社会にあっては，こうしたリスクにかかわる機会は今後も一層増加していくと考えられる。そして，さまざまなリスクによって引き起こされる生活上の問題の中には，集団や組織の機能だけでは対処が困難で，かつ個人の能力によっては決して満足な問題解決が図られない状況も明らかに増加してきている。このようにリスクが予想されているにもかかわらず，人はそうした事態に対して，つねに解決が図れるような備えを行っているとはいいがたい。

ところで，人はこうした危機的状況に陥ったとき，自らの努力や家族などの協力によるだけでなく，近隣からの援助，市町村などの地域社会の支援，国の政策などを有機的に活用することによって問題解決を図ってきた。

また，多くの国においては，医療，保健，更生援護，所得保障，教育，雇用など個人の基本的な生活場面で生じる問題の解決のシステム化を図り，安心で安定した社会生活を実現できるよう恒常的な取り組みを設けて，その国の実状に合うようなシステムの構築，改善，改良が続けられてきている。それが「社会保障・社会福祉」システムであり，その中でもっぱら身体的・知的・精神的なリスクによって，生きにくい状況にある人々（「障害」のある人）の生活を保護し，支援して，社会経済活動への援助と参加促進を円滑に実現できるように設けられたのが「障害（者）」ための福祉システムである。また，「障害・障害者」の概念が最もよく現れているのが，「障害（者）」ための福祉システムを支える法制度である[1]。

2.3　わが国における「障害者」の定義

「相互扶助（たがいに助け合う）」を基本的な理念とする社会保障・社会福祉の具体的な展開において，生活上にさまざまなリスクを負っている（「障害」のある）人を保護し，支援，社会参加を促進することも社会保障・社会福祉の範疇にあり，「障害者」ための福祉システムがそれを担っている。

わが国の障害者福祉システムの基本的な特徴は，「障害」の定義を「身体や精神機能の異常・低下・喪失，また身体の一部の欠損等」を持つ肢体不自由，視覚障害，言語聴覚障害，知的障害，精神障害等，医学的視点から見た対象におおむね限定している点にある。あらゆる心身にかかわる疾病・欠損等を対象としているのではない。個人の「疾病・欠損等」の臨床症状が消退して，一定の状態を維持し，永続することが認められたとき「障害」があるとして，所定の手続きを経て，初めて法的「障害者」とする仕組みをとっている。

この「障害」の基準を備えている18歳未満の障害がある「児童」を対象とする福祉サービスの提供を定めた法制度が「児童福祉法」であり，おもに18歳以上の障害のある「者」を対象としているのが障害者基本法，身体障害者福祉法，知的障害者福祉法，精神保健及び

精神障害者福祉に関する法律（精神保健福祉法），障害者自立支援法（2013（平成 25）年 4 月より障害者総合支援法）などである[2]。

2.3.1 障害者の法的定義

1975 年の国連決議による「障害者の権利宣言」において，「『障害者』という言葉は，先天的か否かにかかわらず，身体的又は精神的能力の不全のために，通常の個人又は社会生活に必要なことを確保することが，自分自身では完全に又は部分的にできない人のことを意味する」との定義がなされている。

一方，わが国では，2011（平成 23）年に**障害者基本法**第 2 条で，「この法律において『障害者』とは，身体障害，知的障害，精神障害（発達障害を含む），その他の心身の機能の障害（以下「障害」と総称する）がある者であって，障害および社会的障壁により継続的に日常生活または社会生活に相当な制限を受ける状態にある者をいう」と定義している。この相違は，前者が世界共通の「努力目標（スローガン）」の性格を持つのに対して，後者はわが国における福祉サービスの供与を受ける際の「受給資格（利用者規定）」という具体的性格を有している。このことから，世界に共通する「障害」，「障害者」の「定義」はなく，定義はそれぞれの国の政治，経済，社会，文化等の状況の下で定められることがわかる。国情の変化によって「障害（者）」の定義も変わり得るものであるとの理解が必要である。

2.3.2 障害者基本法での定義

1993（平成 5）年に施行された障害者基本法において，「身体障害，知的障害，精神障害」の三障害が福祉サービスの利用者規定を満たすことが明文化された。また，これまで法律の谷間とされがちなてんかん，自閉症をはじめとする発達障害，難病に対する施策を充実させる必要があることから，つねに「障害」に関する医学的知見の向上等に配慮するとともに，適宜定義の見直しを行うように努めることがうたわれている。この結果，難病に起因する身体または精神上の障害，てんかんおよび自閉症その他の発達障害がある者であって，生活上で継続的に支障がある者は，この法律の障害者の対象とすることとなった。

2011（平成 23）年に障害者基本法が改正され，旧法における「身体，知的，精神」の三障害を核として「障害の定義」の拡張が図られた（**表 2.1，図 2.1**）。将来，この定義を踏まえて，障害者福祉各法の定義の「改正」が行われる可能性がある。障害者の生活支援の実現に向けた新たな「障害の概念」が創造されることが期待される。2013（平成 25）年も改正されている。

法的定義は上記からもわかるように「障害者」と認定することによって，障害のある人が，自立した社会生活を営むために必要と考えられる特別なニーズを支援すべく，社会的に用意されているさまざまな福祉サービスを利用できることを証明するためであることが究極

2. 障害の概念

表 2.1 わが国における障害者福祉法制度と障害認定（黒田（2011））

法律	児童福祉法	身体障害者福祉法	知的障害者福祉法	精神保健及び精神障害者福祉に関する法律
（制定年）	1947	1949	1960	1950（1995改正）
目的	児童の健全育成，その生活の保障と愛護（1条）	身体障害者の自立と社会経済活動への参加を促進するための援助と必要に応じた保護（1条）	知的障害者の自立と社会経済活動への参加を促進するための援助と必要に応じた保護（1条）	国民の精神保健の向上と，精神障害者の医療及び保護，社会復帰の促進，自立と社会参加の促進のための援助（1条）
対象	満18歳に満たない者（4条）	別表に掲げる身体上の障害がある18歳以上の者で，都道府県知事から身体障害者手帳の交付を受けた者（4条）	18歳以上の知的障害者（ただし知的障害者の定義はない）	精神分裂病，精神作用物質による急性中毒又はその依存症，知的障害，精神病質その他の精神疾患を有する者（5条）
障害認定・証明	身体障害者手帳交付による	身体障害者手帳による	療育手帳による	精神障害者保健福祉手帳による
障害の範囲または程度	・視覚障害（1〜6級） ・聴覚障害（2〜4・6級） ・平衡機能障害（3〜5級） ・音声，言語機能障害（3〜4級） ・そしゃく機能障害（3〜4級） ・肢体不自由（1〜6級） ・心臓機能障害（1・3〜4級） ・じん臓機能障害（1・3〜4級） ・呼吸器機能障害（1・3〜4級） ・ぼうこう直腸機能障害（1・3〜4級） ・小腸機能障害（1・3〜4級） ・免疫機能障害（1〜4級） ・肝機能障害（1〜4級）	・視覚障害（1〜6級） ・聴覚障害（2〜4・6級） ・平衡機能障害（3〜5級） ・音声，言語機能障害（3〜4級） ・そしゃく機能障害（3〜4級） ・肢体不自由（1〜6級） ・心臓機能障害（1・3〜4級） ・じん臓機能障害（1・3〜4級） ・呼吸器機能障害（1・3〜4級） ・ぼうこう直腸機能障害（1・3〜4級） ・小腸機能障害（1・3〜4級） ・免疫機能障害（1〜4級） ・肝機能障害（1〜4級）	A1 最重度 IQ20以下または IQ35以下かつ身体障害者手帳3級以上 A2 重度 IQ20以上35以下またはIQ50以下かつ身体障害者手帳3級以上 B1 中度 IQ35以上50以下 B2 軽度 IQ50以上	1級 日常生活の用を弁ずることを不能ならしめる程度のもの 2級 日常生活が著しい制限を受けるか，または日常生活もしくは社会生活に制限を加えることを必要とする程度のもの 3級 日常生活もしくは社会生活が制限を受けるか，または日常生活または社会生活に制限を加えることを必要とする程度のもの
対象障害者数	22.3万人	356.0万人	41.0万人	302.2万人

法律	障害者基本法（保健制度）	障害者総合支援法	介護保険法（保健制度）
（制定年）	1970（1995改正）	2013	2000
目的	障害者の自立と社会，経済，文化のあらゆる分野の活動への参加を促進（1条）	障害者基本法の基本的理念にのっとり，身体障害者福祉法，知的障害者福祉法，精神保健及び精神障害者福祉に関する法律，児童福祉法その他障害者及び障害児の福祉に関する法律と相まって，障害者及び障害児がその有する能力及び適性に応じ，自立した日常生活又は社会生活を営むことができるよう，必要な障害福祉サービスに係る給付その他の支援を行い，もって障害者及び障害児の福祉の増進を図るとともに，障害の有無にかかわらず国民が相互に人格と個性を尊重し安心して暮らすことのできる地域社会の実現に寄与することを目的とする。（1条）	この法律は，加齢に伴って生ずる心身の変化に起因する疾病等により要介護状態となり，入浴，排せつ，食事等の介護，機能訓練並びに看護及び療養上の管理その他の医療を要する者等について，これらの者が尊厳を保持し，その有する能力に応じ自立した日常生活を営むことができるよう，必要な保健医療サービス及び福祉サービスに係る給付を行うため，国民の共同連帯の理念に基づき介護保険制度を設け，その行う保険給付等に関して必要な事項を定め，もって国民の保健医療の向上及び福祉の増進を図ることを目的とする。（1条）
対象	身体障害，知的障害，又は精神障害があるため，長期にわたり日常生活又は社会生活に相当な制限を受ける者（2条）	身体障害者福祉法第4条に規定する身体障害者，知的障害者福祉法にいう知的障害者のうち18歳以上である者及び精神保健及び精神障害者福祉に関する法律第5条に規定する精神障害者（発達障害者支援法第2条に規定する発達障害者を含み，知的障害者福祉法にいう知的障害者を除く）のうち18歳以上である者並びに治療方法が確立していない疾病その他の特殊の疾病であって政令で定めるものによる障害の程度が厚生労働大臣が定める程度である者であって18歳以上であるものをいう。児童福祉法第4条に規定する障害児および精神障害者のうち18歳未満であるものをいう。	この法律において「要介護者」とは，次の各号のいずれかに該当する者をいう。 一 要介護状態にある六十五歳以上の者 二 要介護状態にある四十歳以上六十五歳未満の者であって，その要介護状態の原因である身体上又は精神上の障害が加齢に伴って生ずる心身の変化に起因する疾病であって政令で定めるもの（以下「特定疾病」という）によって生じたものであるもの 「要支援者」とは，次の各号のいずれかに該当する者をいう。 一 要支援状態にある六十五歳以上の者 二 要支援状態にある四十歳以上六十五歳未満の者であって，その要支援状態の原因である身体上又は精神上の障害が特定疾病によって生じたものであるもの
障害認定・証明	―	「障害程度区分」による	介護（度）認定区分による
障害の範囲または程度	―	区分1 障害程度区分基準時間が25分以上32分未満またはこれに相当すると認められる状態 区分2 障害程度区分基準時間が32分以上50分未満またはこれに相当すると認められる状態 区分3 障害程度区分基準時間が50分以上70分未満またはこれに相当すると認められる状態 区分4 障害程度区分基準時間が70分以上90分未満またはこれに相当すると認められる状態 区分5 障害程度区分基準時間が90分以上110分未満またはこれに相当すると認められる状態 区分6 障害程度区分基準時間が110分以上またはこれに相当すると認められる状態	要支援1・要支援2 社会的に支援が必要な状態 要介護1 部分的に介護を要する状態 要介護2 軽度の介護を要する状態 要介護3 中等度の介護を要する状態 要介護4 重度の介護を要する状態 要介護5 最重度の介護を要する状態 非該当 支援や介護が必要であるとは認められない
対象障害者数	―	―	―

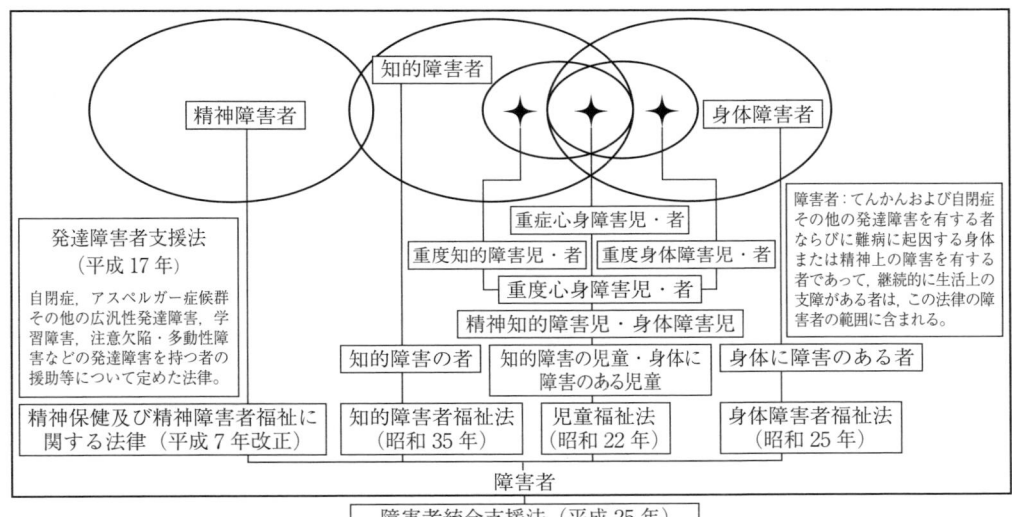

図 2.1 障害者福祉各法と障害児・者の関係（黒田（2013 改訂））

の目的であって，障害のある人とない人を識別する指標とするものではないことを理解しておかなければならない（**表 2.2**）。

表 2.2 障害者福祉および社会福祉システムの対象者

福祉システム	用　語	対象者の定義
●障害者保健福祉関連システム		
障害者基本法	障害者	身体障害，知的障害，精神障害（発達障害を含む）その他の心身の機能の障害がある者であって，障害及び社会的障壁により継続的に日常生活又は社会生活に相当な制限を受ける状態にあるものをいう。社会的障壁・障害がある者にとって日常生活又は社会生活を営む上で障壁となるような社会における事物，制度，慣行，観念その他一切のものをいう。
障害者総合支援法（障害者の日常生活及び社会生活を総合的に支援するための法律）	障害者	身体障害者福祉法第 4 条に規定する身体障害者，知的障害者福祉法にいう知的障害者のうち 18 歳以上である者及び精神保健及び精神障害者福祉に関する法律第 5 条に規定する精神障害者（発達障害者支援法第 2 条に規定する発達障害者を含み，知的障害者福祉法にいう知的障害者を除く）のうち 18 歳以上である者並びに治療方法が確立していない疾病その他の特殊の疾病であって政令で定めるものによる障害の程度が厚生労働大臣が定める程度である者であって 18 歳以上であるものをいう。
	障害児	児童福祉法第 4 条に規定する障害児および精神障害者のうち 18 歳未満であるものをいう。
	保護者	児童福祉法第 6 条に規定する保護者をいう。
身体障害者福祉法	身体障害者	身体障害者障害程度等級表に掲げる身体上の障害がある 18 歳以上の者であって，都道府県知事，政令市長から身体障害者手帳の交付を受けた者をいう
知的障害者福祉法	知的障害者	ない
精神保健福祉法	精神障害者	精神作用物質による急性中毒またはその依存症，知的障害，精神病質その他の精神疾患を有する者をいう
児童福祉法	障害児	身体に障害のある児童または知的に障害のある児童をいう
障害者雇用促進法	障害者	身体障害，知的障害または精神障害があるため，長期にわたり，職業生活に相当の制限を受け，または職業生活を営むことが困難な者をいう
●高齢者保健福祉関連システム		
老人福祉法	老人	ない
老人保健法	老人	ない
介護保険法	要介護者	要介護状態にある 40 歳以上の者（40 歳以上 65 歳以上の者は若年障害者であること）
	要支援者	要支援状態にある 40 歳以上の者（40 歳以上 65 歳以上の者は若年障害者であること）
高齢者虐待防止法	高齢者	65 歳以上の者

表 2.2 (続き)

福祉システム	用語	対象者の定義
●児童保健福祉関連システム		
児童福祉法	児童	満18歳に満たない者
	幼児	満1歳から小学校就学の始期に達するまでの者
	乳児	満1歳に満たない者
	少年	小学校就学の始期から満18歳に達するまでの者
	妊産婦	妊娠中または出産後1年以内の女子
母子及び寡婦福祉法	配偶者のない女子	配偶者と死別した女子であって現在婚姻していない者及びこれに準ずる者（準ずる者として、離婚した女子、配偶者の生死がわからない女配偶者から遺棄された女子等を含む）
	寡婦	配偶者のいない女子であって、かつ配偶者のない女子として民法規定により児童を扶養していたことがある者
	児童	満20歳に満たない者
	母子家庭等	母子家庭及び父子家庭
母子保健法	乳児	満1歳に満たない者
	幼児	満1歳から小学校就学の始期に達するまでの者
	妊産婦	妊娠中または出産後1年以内の女子
	新生児	出生後28日を経過しない乳児
	未熟児	身体の発育が未熟な乳児（出生時体重が2000g以下等の未熟）
	低体重児	出生時体重が2500g以下の乳児
児童手当法	児童	18歳に達する日以後の最初の3月31日までの間にある者
児童扶養手当法	児童	18歳に達する日以後の最初の3月31日までの間にある者または20歳未満で一定の障害の状態にある者
特別児童扶養手当法	障害児	20歳未満であって一定の障害の状態にある者
	重度障害児	障害児のうち政令で定める程度の重度の障害にあり、日常生活において常時の介護を必要とする者
	重度障害者	20歳以上で政令で定める程度の重度の障害にあり、日常生活において常時の介護を必要とする者
児童虐待防止法	児童	満18歳に満たない者
少年法	児童	満20歳に満たない者
労働基準法	児童	満15歳に満たない者
児童買春処罰法	児童	満18歳に満たない者
●婦女子保護関連法制		
配偶者からの暴力防止法	被害者	配偶者からの暴力を受けた者（内縁関係にある者からの暴力を受けた者及び元配偶者からの暴力を受けた者を含む）
売春防止法	売春婦	ない（「売春」は、対償を受け、または受ける約束で不特定の相手方と性交をすること）と定義している
●生活困窮者対策法制		
生活保護法	被保護者	現に保護を受けている者
	要保護者	現に保護を受けているといないとにかかわらず、保護を必要とする状態にある者
ホームレスの特別措置法	ホームレス	都市公園、河川、道路、駅舎その他の施設を故なく起居の場所として、日常生活を営んでいる者

2.3.3 児童福祉法での定義

障害のある子どもの福祉サービスはおもに児童福祉法によって実施されている。「児童の定義」は、児童福祉法第4条で「児童とは18歳に満たない者をいう」と規定され、満1歳に満たない者を乳児、満1歳から小学校就学の始期に達するまでの者を幼児、小学校就学の始期から満18歳に達するまでの者を少年としている。このことから障害のある子どもとは満18歳に満たない身体障害や知的障害のある児童ということになるが、障害のある子どもに対する実際の福祉サービスにおいて、身体障害者手帳を所持する児童と明記されているのは、補装具の交付・修理と一部の日常生活用具の給付についてのみである。

児童福祉法において、障害のある子どもの規定が明確でない要因の一つは、児童期におけ

る障害像の可塑性に依拠していると考えられる。早期発見，早期療育といった「障害」に対する取り組みが行われることによって，顕在化している障害が今後どのように変化していくかの予測がつきにくい。このことから，「障害のある子ども」の定義を明確にすることによって，早期に「障害が固定化」したかのように受け止められる恐れが大きくなる。そこで，子どもの持っている潜在的な発達能力と，治療・教育などのリハビリテーションの働きによる相乗効果が障害像の著しい変化をもたらすものとの期待から，明確な障害規定を児童期に当てはめることを避けていると考える。

2.3.4 身体障害者の定義

「身体障害者」とは，「身体障害者福祉法」の第4条ならびに同法別表（等級表）に掲げる「身体上の障害がある18歳以上の者であって，都道府県知事・政令指定都市長等から身体障害者手帳の交付を受けた者をいう」と定義されている。

等級表に規定される「障害者」とは，視覚障害，聴覚または平衡機能の障害，音声機能・言語機能またはそしゃく機能の障害，肢体不自由，心臓・腎臓もしくは呼吸器又は膀胱もしくは直腸もしくは小腸もしくはヒト免疫不全ウイルスによる免疫の機能の障害，肝機能障害を有し，その障害の程度（1～7級）が法に定める基準に該当する者とされる。1・2級は重度障害，3・4級は中度障害，5・6級は軽度障害といわれる。肢体不自由に関してのみ7級の区分があるが，これは7級に相当する障害が二つ存在する場合に6級と認定するためのものである。

身体障害者福祉法の障害の程度認定は，身体の損傷，機能喪失による日常生活，社会活動の制限を評価することによっている。ところが，機能障害の種類や程度が同一であっても，実際の生活上で生じる困難や必要となる福祉ニーズは一人ひとり異なる。このギャップを少しでも解消しようとしたのが「障害者自立支援法」の障害認定区分である。

この障害認定区分は，機能障害の程度によって一義的に福祉サービスの受給範囲を決めるのではなく，日常生活活動等による活動の制限，困難度を加味して障害程度を決定することによって，身体障害者手帳の種類・等級の判断基準では解消されなかった障害認定上の問題点，矛盾点の解消を図ろうとしたものになっている。

2.3.5 知的障害者の定義

知的障害者については法的に明確な定義がなされていない。「知的機能の障害が発達期（おおむね18歳まで）に現れ，日常生活に支障が生じているため，なんらかの特別な援助を必要とする状態にある者」との厚生労働省児童家庭局による「知的障害児（者）福祉対策調査」（1991（平成3）年）の報告内容が現行制度の指標となっている。

現行法では、社会通念上、知的障害と考えられる者を視野において、児童相談所ならびに知的障害者更生相談所の専門スタッフによる診断評価に基づいて「知的障害か否か」が判定される。

こうした方法によるのは、知的障害が、医学、教育、心理等の専門領域でまちまちに定義されている（確定していない）ため、障害の範囲が多少、不明確でも、知的障害のある人にそれほどの不利益を及ぼさないと考えられているためである。

知的障害の認定システムとしては、1973（昭和48）年から「療育手帳制度」が開始された。療育手帳は本人または保護者の申請に基づき知事が交付するものとされ、下記のように、常時介護を要するA判定（最重度、重度）と、その他のB判定（中度、軽度）がある。

ところで、近年、アメリカ精神遅滞学会（American Association on Mental Retardation, AAMR）が新たな知的障害の概念を　①知的能力の明らかな制約、②概念的、社会的、実用的な適応スキルで表される適応行動の明らかな制約、③18歳までの発症　と規定し、従来の知能指数による分類を廃止した。これは、知的障害を、医学的疾患でなく、知的能力と適応行動（個人が属している文化的・社会的規範に応じ得る能力）が機能的に制限された状態としてとらえ直すことにほかならない。

わが国においても教育上の定義として、学校教育法施行令において

① 知能発達の遅滞があり、他人との意思疎通が困難で、日常生活を営むのに頻繁に援助を必要とする程度の者
② 知的発達の程度が前号①に掲げる程度に達しない者のうち、社会生活への適応が著しく困難な者がある

との規定が示されている。これは、これまでの知能水準による規定を改め、日常生活や社会生活への適応性を視野に入れた、AAMRの定義と理念的に共通するものであり、将来この理念に沿って「知的障害の定義」が規定される可能性が示唆されている。

2.3.6　精神障害者の定義

1995（平成7）年に制定された「精神保健及び精神障害者福祉に関する法律」（第5条）において、「精神障害者」とは、「統合失調症、精神作用物質による急性中毒またはその依存症、知的障害、精神病質その他の精神疾患を有する者をいう」と定義されている。

同法による福祉サービスの受給資格（利用者規定）は、精神障害者保健福祉手帳の交付によって証明される。精神障害者保健福祉手帳の交付基準は、精神疾患を有するか否かだけではない。手帳制度実施要領によると、「障害等級の判定に当たっては、精神疾患（機能障害）の状態とそれに伴う生活能力障害の状態の両面から総合的に判定を行う」とされ、日常生活や社会生活の制限の程度が勘案されている。

2.3.7 発達障害者の定義

2005年に公布された発達障害者支援法（第2条1項）で「発達障害」とは，「自閉症，アスペルガー症候群その他の広汎性発達障害，学習障害，注意欠陥多動性障害，その他これに類する脳機能の障害であってその症状が通常低年齢において発現するものとして政令で定めるものをいう」と定義されている。さらに，施行規則において「脳機能の障害であってその症状が通常低年齢において発現する者のうち，言語の障害，協調運動の障害その他の心理的発達の障害並びに行動及び情緒の障害」となっている。

従来，知的な遅れがあり，広汎性発達障害や軽度発達障害のある児・者については，場合によっては福祉サービスの利用は可能であったが，知的な遅れがない場合には，福祉サービスの受給資格がなく，制度施策の谷間に置かれてきた。

小中学校の児童生徒の約6％が学習指導上，問題のある子供，いわゆる学習障害，注意欠陥多動性障害，高機能自閉症といった障害のある子供であることが，文部科学省の調査により明らかになった。これを契機に，発達障害ならびに発達障害に関する法的定義の明確化が図られ，発達障害のある人の福祉ニーズの確定，その支援などの具体的施策の確立が進められているが，教育分野ではすでに特別支援教育の中で具体的な取り組みが進められている。

2.3.8 障害者自立支援法から障害者総合支援法へ ― 法改正と障害観

障害者自立支援法において，「障害者」とは，「身体障害者福祉法に規定する身体障害者，知的障害者福祉法にいう知的障害者のうち18歳以上である者及び精神保健及び精神障害者福祉に関する法律に規定する精神障害者（知的障害者を除く）のうち18歳以上である者」をいい，「障害児」とは，「児童福祉法に規定する障害児及び精神障害者のうち18歳未満である者」をいう。ただし，65歳以上になり介護保険で同種のサービスが提供される場合に介護保険のサービスが優先されることは従来のとおりである。

同法は2005（平成17）年11月に公布された。この法律は，障害者基本法の基本的理念にのっとり，障害の有無にかかわらず国民が相互に人格と個性を尊重し安心して暮らすことができる地域社会の実現に寄与することを目的とし，障害児・者の能力・適性に応じ，自立した日常生活および社会生活を営むために必要な福祉サービスの給付その他の支援を行い，障害児・者の福祉の増進を図ろうとするものになっている。これに基づき，児童福祉法，身体障害者福祉法，知的障害者福祉法，精神保健及び精神障害者福祉に関する法律（精神保健福祉法）の福祉サービスが「障害者自立支援法」に移行して現在に至っている。

なお，障害者自立支援法への移行によって，児童福祉法，身体障害者福祉法，知的障害者福祉法，精神保健及び精神障害者福祉に関する法律（精神保健福祉法）がなくなったわけではない。「児童福祉法」や「精神保健福祉法」では福祉以外の保育，医療や保健サービスが

あり,「身体障害者福祉法」や「知的障害者福祉法」にも手帳制度があるため,法律を廃止するわけにはいかないからである。

2011年現在「障害者自立支援法」廃止を掲げる民主党政権は,2021年3月までに「障がい者自立支援法」を廃止して「障がい者総合福祉法(仮称)」を実施する準備をしていたが,2012年6月,それまでの協議および検討を踏まえて「障害者総合支援法」として法改正が行われ,2013年4月から実施された。この改正に伴い,障害者の定義に新たに「難病」などを追加し,制度の谷間がない支援を提供する方針を明確にした。2024年4月には,対象疾患が369件となっている(詳細は文献[3]のURLを参照)。

2.3.9　介護保険法の障害観

介護保険法は最も新しい社会保険制度で,2000(平成12)年4月に施行された。同法は国民の共同連帯の理念に基づき設けられたもので,加齢に伴って生じる心身の変化に起因する疾病などにより要介護状態となり,入浴,排泄,食事などの介護,機能訓練ならびに看護および療養上の管理その他の医療を要する65歳以上の者を対象に,これらの者が有する能力に応じ自立した日常生活を営むことができるよう必要な保健医療サービスおよび福祉サービスを給付し,国民の保健医療の向上および福祉の増進を図ることを目的とする。

介護保険法による介護給付リハビリテーションサービスを受けるには市町村による要介護認定を受ける必要があり,要介護認定は介護認定審査会で行われ,自立,要支援1と2,要介護1〜5の8段階分けになっていて,要支援より要介護で度数が高くなるほど介護状態が重度であると認定される。なお,40歳以上65歳未満の障害者の場合は,加齢に伴って生じる心身上の変化に起因する特定疾病によって要介護または要支援状態になった場合のみ介護保険の対象となる。

制度施行時の2000(平成12)年では256万人であった要介護認定者数は2007(平成19)年には440万人となり,とりわけ軽度の要支援,要介護1の認定者が顕著に増加した[4]。2024(令和6)年1月の暫定報告では,693.3万人になっている。

2.4　わが国における障害者の実態

2.3節で,福祉サービスを提供している法制度における「障害」,「障害者」の定義を一覧した。これらの制度の対象のうち,障害者福祉サービス,おもに障害者自立支援法(2013年4月以降は障害者総合支援法)の対象となる障害者の実態について,厚生労働省調査(2009)によれば,障害児・者総数は約724万人で,これは人口(2007年現在)の5.1%に相当する。内訳は身体障害児・者が約366万人,知的障害児・者が約55万人,精神障害

表 2.3 日本の障害者の実態

障害種別	年齢区分	総数	在宅者	施設入所者	65歳未満（構成比%）		65歳以上（構成比%）	
身体障害児・者	18歳未満	9.8万人	9.3万人	0.5万人	150.2万人	41.00%	216.1万人	59.00%
	18歳以上	356.4万人	348.3万人	8.1万人				
	合計	366.3万人	357.6万人	8.7万人	366.3万人（100%）			
知的障害児・者	18歳未満	12.5万人	11.7万人	0.8万人	1.6万人	3.00%	51.9万人	97.00%
	18歳以上	41.0万人	29.0万人	12.0万人				
	年齢不詳	1.2万人	1.2万人	0.0万人				
	合計	54.7万人	41.9万人	12.8万人	53.5万人（総数－年齢不詳，100%）			
精神障害児・者	20歳未満	16.4万人	16.1万人	0.3万人	87.6万人	29.00%	214.6万人	71.00%
	20歳以上	285.8万人	250.8万人	35.0万人				
	年齢不詳	0.6万人	0.5万人	0.1万人				
	合計	302.8万人	267.5万人	35.3万人	302.2万人（総数－年齢不詳，100%）			
総　計		723.8万人	667.0万人	56.8万人	722万人（総数－年齢不詳，100%）			
65歳未満：65歳以上構成（比）					239.9万人	33.00%	482.6万人	67.00%

黒田（2011）；内閣府「平成21年版障害者白書」参考

児・者が約303万人である（**表2.3**）。

　また，障害児・者の生活実態を見ると，身体障害児・者の地域・在宅生活と入院・施設利用の割合は41：1であるが知的障害児・者では3.3：1，精神障害児・者では11.7：1で，知的障害児・者や精神障害児・者のほうが身体障害児・者に比べて入院・施設利用への依存度が高い。このことから，知的障害児・者や精神障害児・者が地域で暮らすことは困難であり，より一層，知的障害児・者や精神障害児・者に対する理解促進のための啓発，および地域在宅生活を可能にする政策や支援が不可欠であることが伺える。

　さらに，これら「法的な障害者」に「障害のある者」，すなわち慢性疾患や生活習慣病，高齢に伴う感覚障害，精神機能低下で生活困難な者，社会福祉施設や病院などを長期間利用する者などを加えると，人口の1割（国連指標），1 000万人以上に達すると推計される。

　ところで，障害者の65歳未満と65歳以上の年齢構成比を見ると0.33：0.67で，障害者の3分の2が高齢者であることを示しており，ほとんどの人は高齢期になると心身になんらかの「障害」を経験することから，人口の高齢化によってさらに「障害者」が増加すると考えられる。

　このことから，障害者問題は同時に「高齢者福祉対策」の性格を合わせ持つものであるという理解が不可避となってきている。

　以上のことからも，障害者問題とは一部の特別な人の問題ではなく，きわめて身近で日常的広がりを持つ，しかもその問題解決に持続的に当たらなければならない問題であると理解しなければならない[5]。

2.5 国際障害分類・国際生活機能分類による障害理解

国際的には，障害を理解する上での概念として世界保健機関（WHO）が 1980 年に提唱した**国際障害分類**（International Classification of Impairment, Disability, Handicaps, **ICIDH**）において，「障害」を

① 機能障害（impairment）：「心理的，生理的，解剖的な構造，機能の一部またはすべての喪失または異常」
② 能力低下（disability）：「人間として正常とされる範囲で活動していく能力の機能障害に起因して起こる制限や欠如」
③ 社会的不利（handicap）：「機能，能力低下によって個人に生じた不利（益）が原因で，年齢，性別，社会・経済・文化面など生活上で正常な役割を果たすことが制限されたり妨げられたりすること」

の三つの概念で規定し（図 2.2），障害に対する理解の啓発を図った。これにより障害の理解が少なからず深化したが，障害を個人的なものとしてとらえ，サービス対象者の病理，弱さ，マイナス面に着目するいわゆる「医学モデルの障害観」が主調であったことに対する批判が起こった。

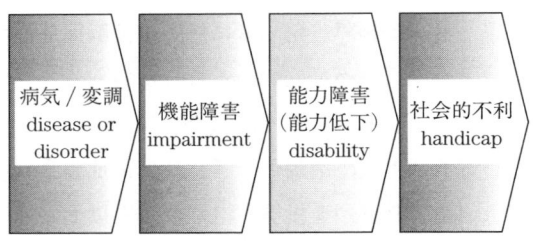

図 2.2　国際障害分類（ICIDH）モデル（黒田（2011））

これに対して，「障害」は社会的な解決が進んでいない結果として生み出された問題であり，このような問題の発生そのものも社会によってつくられた問題であり，「障害者」とは，障害になった原因や理由，時，場所，条件等に関係なく，日常生活・社会生活に支障や制限・制約を受ける人のことを指すとする「障害の社会モデル」による国際生活機能分類（ICF）が 2001 年に提案された。ICF は，人間の生活機能と障害について「心身機能・身体構造」，「活動」，「参加」の三つの次元および「環境因子」等の影響を及ぼす因子で構成されており，バリアフリー等の環境を評価できるように構成され，障害に関する認識の医学的なものから社会的なものへと転換を図る意図が組み込まれている（図 2.3）。

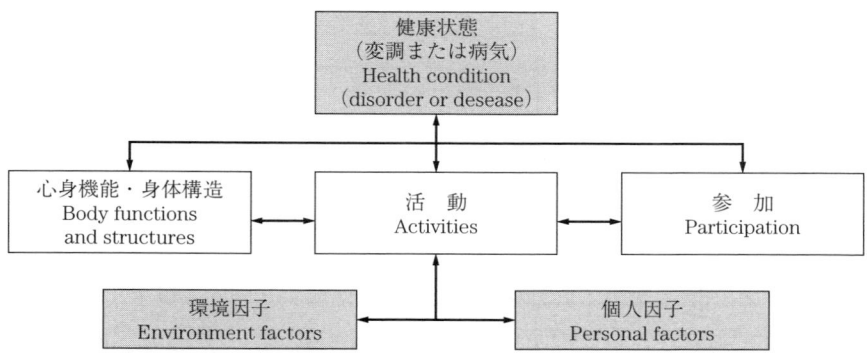

図 2.3 国際生活機能分類（ICF）モデル（黒田（2011））

　また，WHOは国際生活機能分類の目的を三点挙げている．第一は，「共通言語」を障害分野において確立することにある．障害分野には保健，医療，社会福祉，教育，職業，介護などの学問・専門職分野，行政機関が多くかかわっているが，障害問題の解決には，これらのさまざまな分野の理解と協力が不可欠である．そのためには，各分野の「障害」に関するとらえ方に統一性や一貫性が求められ，ここに各分野にまたがる共通言語を持つ根拠がある．第二は，障害分野に関する保健，医療，社会福祉，教育，職業，介護などの実際の場面において活用できる「障害」の総合評価，サービス計画などの臨床的方法および実際的手段を提供することである．そして第三は，障害分野の諸問題に関する国内的・国際的比較のための調査・統計の標準的な枠組みを提供することとしている．ICFの活用により，障害者の「参加の障害」を解消・軽減する多様な社会モデルアプローチが可能となる．環境の障壁を有効に取り除くことができ，機能障害や活動障害を軽減する医学モデルアプローチにも有効となる．こうしたことからICFの「障害・障害観」が現在，グローバルスタンダード化されつつある（**表 2.4**）．

　このようなICFの「障害観」の影響の下，わが国においても「日常生活上の利便の制約」

表 2.4 ICFの概観（WHO（2001））

構成要素	心身機能・身体構造	活動・参加	環境因子	個人因子
領域	心身機能 身体構造	生活領域 （課題，行為）	生活機能と障害への外的影響	生活機能と障害への内的影響
構成概念	・心身機能の変化 （生理的） ・身体構造の変化 （解剖学的）	・能力：標準的環境における遂行 ・実行状況：現代の環境における課題の遂行	物的環境や社会的環境，人々の社会的態度による環境の特徴が持つ促進的あるいは阻害的な影響力	個人的な特徴の影響力
肯定的側面	・機能的/構造的 ・統合性	・活動 ・参加	促進因子	非該当
否定的側面	機能障害（構造障害を含む障害）	・活動制限 ・参加制約	阻害因子	非該当

を考慮した「障害」観が重視されるようになり，障害ごとに提供されていた在宅ならびに施設福祉サービスを一元化して供給する「障害者自立支援法」が，新たな障害者のための福祉システムとして2005年に誕生したのである[1,6]。

2.6 「障害」と「障がい」の表記

　障害者基本法など32の法律で使われていた「精神薄弱」という表現を「知的障害」に改めたのは1999年であった。障害者団体などが「『精神薄弱』という用語は知的な発達に係る障害の状態を的確に表していない。また，精神・人格全般を否定するかのような響きがあり，差別や偏見を助長しかねない」と指摘し，表現の変更を求めていたことがこのときに実現した。

　しかし，「障害」の表記についても，以前から当事者をはじめ，保護者や障害者福祉関係者の間でさまざまな議論がなされているところである。「障害」という表記に負のイメージが強い「害」が用いられていることから，「障害」を持つ障害者は社会的価値としてマイナスのイメージを被ることになる。この障害のマイナスのイメージを払拭するために，「障害」を「**障がい**」などと表記する例が増加している。しかし，その一方で，障害者とは「害のある人」という意味ではなく「社会から害を背負わされている人」ととらえるべきである。『障がい』とすることは，安易な妥協であって，社会から背負わされている『害』をかえって周知する機会を自ら取り下げることにほかならない。よって「障害」の表記を堅持しなければならないという意見もある。さらに，「障害」は，本来「障碍」，すなわち何かことを行うときに差し支えてしまうことを意味する表記であるが，戦後，当用漢字に「碍」が採用されなかったために，「碍」に代わって「害」を用いたのであり，本来の意味を持つ『障碍』と表記するべきだとする意見もある。

　確かに「障害」の表記を変えれば，障害者差別や人権侵害がなくなるのであれば，だれもできればそうなってほしいと考えるだろうが，ことは必ずしもそのようにはいかない。障害のない者と，一人の市民としての障害者が，地域社会で平等に生きることがいかに困難なことかは，日々の社会生活において「障害」が醸成されている現実のあることからも明らかである。「障害」の表記をめぐってはさまざまな意見があり，実際に「障害」をどのように表記するかは，その表記に込められた「障害者」を排除する社会に対する批判を読み取り，十分に理解するとともに，「障害」者に対する偏見や差別をなくすことへの持続的な取り組みを展開した上で検討すべきである。

2.7 生活支援工学におけるユーザ（高齢者・障害者）評価

　他のものづくりと同様に生活支援工学におけるユーザ評価は重要であるが，障害者や高齢者の医学モデルに基づく身体機能障害は個別性が高く，身体機能評価のみでは実際に何に困っているのか，何ができないのか，道具のどんなところが使いにくいのか，などを特定することはできない。

　もちろん，個人の機能障害に適合させることが必要な義肢装具，眼鏡，補聴器などの補装具や，機能障害状況に対応する個別の家屋改修など身体機能評価を必要とする場合もあるが，特定の個人の機能障害に対する個別の工学的支援の場合の身体機能評価は医療従事者と義肢装具士，車椅子・座位保持装置製作業者が共同で行うことが多い。あるいは，リハビリテーションセンターのエンジニアにより個別対応の機器の開発や家屋改修などが行われる場合もある。

　リハビリテーション医療では，運動器に関する医学的評価は運動学に基づいている。運動学は骨格・関節・筋肉などの解剖学に基づいて人間の運動を力学的にとらえる手法であるが，関節可動域，徒手筋力テスト，歩容などの活動分析などその評価方法の多くは観察や検者の主観的な判断に基づくものである。

　運動学に対して，生体力学は人間の運動を力学的にとらえるという基本的な部分では同様で表裏一体のものであるが，さらに運動を数値化するなどして客観的に分析していくという特徴がある。その分析結果を，例えばCGに反映させて娯楽に利用するなどの利用のされ方が先行し，あるいは，人間の実際の運動への応用としてスポーツで利用されるなど，幅広く活用されてきたが，医療（リハビリテーション医療）への応用はまだまだ不十分で今後の課題である。その理由の一つは，例えば筋力などの客観的な数値が，個人の生活活動の制限に必ずしも反映するものではない点が挙げられる。体格・性差・年齢などによる筋力の違いを経験的に反映させている徒手筋力テストのほうが，実際の機能障害や生活活動の制限の評価に役立つ場合も現状では少なくない。しかし近い将来，生体力学的な評価が広く医療の現場で活用されることとなるのは間違いないと感じている。

　生体力学的な運動機能の評価が，機能のより高いスポーツ選手から，機能低下のある障害者・高齢者にまで応用可能であるという事実は，障害学を提唱する人たちが言う「身体機能の連続性」の存在を反映しているともいえる。医学的な評価である関節可動域にしても徒手筋力テストにしても連続性があり，どこからが機能障害（impairment）かという境界線を付けるのは実際には困難である。

　最終的に，生活支援工学のための障害者・高齢者の評価としては，生活活動の制限をどの

ように評価していくかという点にある。日常生活活動（ADL, p. 28 参照），社会生活活動についてはさまざまな評価法があるが，医学モデルの下で発達してきた経緯もあって，社会的障壁を示す具体的な評価手法はごく限られている。

内閣府あるいは東京都などの自治体で高齢者の生活実態調査や生活意識調査を実施しWebページなどで公表している。これらの調査結果から，俯瞰的に高齢者の生活活動制限の実態を見ることは可能である。近年では，高齢者がマジョリティーになりつつあり，高齢者のためのものづくりがユニバーサルなものになっていくともいえる。

個人の生活活動の制限を評価する手法もそれほど多くない。ICFをそのまま適応したり，**高齢者総合機能評価**（comprehensive geriatric assessment, **CGA**）を活用したりするのもよいかもしれない。

身体機能には連続性があるので，ある生活道具や生活環境が使いづらかったり使えなかったりする（制限）のは，その道具や環境の適応範囲が狭いことを意味している。ペドロスキー（Herry Petroski）は**実用品の進化**について，「形は失敗に従う」と述べ，実用品の形（デザイン）の進化は，「使いにくさ」によっていると述べている。その考えに従うなら，今後も継続的に道具や環境の適応拡大が起こるはずである。身体機能の連続性ということから考えれば，その適応拡大に必要な工学は障害者・高齢者に特有の工学ではない。

章 末 問 題

【1】「障害」をとらえる視点（価値観）について簡潔に述べよ。

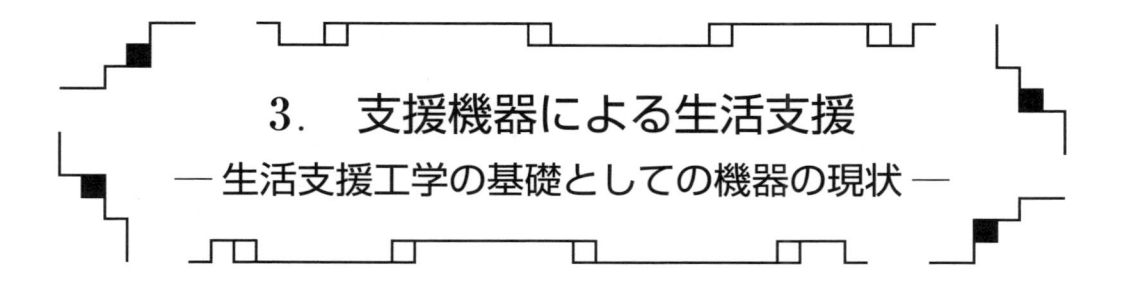

3. 支援機器による生活支援
― 生活支援工学の基礎としての機器の現状 ―

3.1 支援機器活用のポイント

3.1.1 支援機器の日本における変遷

「支援機器」は，障害者や高齢者およびその介護者を支援するための機器であることは異論のないところである。しかし，その歴史は意外に古く，よく知られている義肢（義手・義足）や車椅子は，これらの名称が当時からあったかどうかは定かではないが，すでに紀元前から使われていたという記録が残されている[1),2)]。このような機器類について公的に名称がつけられたのは第二次世界大戦以後であり，現在ではその範囲と種類も大きく広がってきている。

1章で述べたとおり，「支援機器」は厳密に定義されていない。そこで本節では，第二次世界大戦後から現在に至るまでの，支援機器を取り巻く歴史的経緯を示しながら，その定義と変遷について述べる。

〔1〕 **補装具費支給制度**[3)]　戦後間もない1947年に施行された**児童福祉法**と1950年に施行された**身体障害者福祉法**において新たに定義された**補装具**が，日本において「支援機器」を示す最初の公式用語である。当初における補装具の定義は，「身障者が身体の一部を損傷・欠損・機能低下を補うために用いる，恒久的な更生用機器・器具類」であった。簡単にいえば，リハビリテーションを目的とした，おもに身体の機能を補完・代償するための機器・器具である。

これら補装具の**公的給付**を円滑に行うため，その種類が「補装具の種目，受託報酬の額等に関する基準」として示された。これには，補装具の種目・工作法・交付基準額・耐用年数・修理基準額等が規定され，その内容は毎年改訂されている。この「公的給付」とは，対象者の納税額に応じて自己負担金を定め，それ以外の費用を国と自治体が負担する制度であり，対象者は，指定医の判定を受けて身体障害者手帳を取得しておく必要がある。

身体障害者福祉法が施行された時点では18歳未満の身体障害児には支給されなかったが，1951年の第1次改正で交付されるようになった。種目ごとに修理価格や再交付の年限が定

められている。**障害者自立支援法**施行（2006年）後には，従来の**応能負担**から，価格の1割を本人または家族が負担（上限あり）する**応益負担**に改められた。

補装具の対象機器（品目）は，当初は身体に装着する義肢・装具が中心であった。しかし，後述するような支援機器に対する考え方の広がりにより，その範囲と種類が飛躍的に拡大し，さまざまな機器が追加されるようになった。これらの変遷としては，例えば，電動車椅子（1979年），耳掛型補聴器（1983年），ストマ用装具（1984年，2006年に外れる），電動式人工喉頭・座位保持装置（1989年），挿耳型補聴器・歩行器（1990年），骨導型補聴器（1993年），電動リフト付電動車椅子（1994年），重度障害者用意思伝達装置（2006年）などがある。現在の対象品目を**表**3.1に示す。

表3.1 補装具種目一覧

(1) 義肢 ・義手 ・義足	(4) その他 ・盲人安全つえ ・義眼 ・眼鏡 ・補聴器 ・車椅子 ・電動車椅子 ・座位保持椅子（児童のみ）	・起立保持具（児童のみ） ・歩行器 ・頭部保持具（児童のみ） ・排便補助具（児童のみ） ・歩行補助つえ ・重度障害者用意思伝達装置
(2) 装具 ・上肢装具 ・下肢装具 ・体幹装具 ほか		
(3) 座位保持装置		

（注）より詳細な種目・名称については厚生労働省のウェブサイト[4]を参照。

〔2〕 **公的な支援による支援機器の開発** わが国においても支援機器が開発された記録が残されているが，国家的な規模で本格的な研究開発が行われるようになった契機の一つは，昭和60年頃に発生した薬禍による障害児のために動力義肢を開発するプロジェクトであった[4),5)]。

このプロジェクトの目的は，サリドマイドの薬害により手足を欠損して誕生した障害児が学齢期に達し，その就学を支援するための，動力を利用した義肢の開発であった。厚生省（当時）が研究班を組織し，動力義肢の研究開発を行っていた大学と企業が参加した。当時の障害者への機器による支援の目的が身体機能の補完・代償による**日常生活動作**（activities of daily living，**ADL**，日常生活活動や日常生活行為ともいう）の回復であったのに対して，サリドマイド児が求めていた支援は**生活の質**（quality of life，**QOL**）の向上であったため，実用的な義肢開発には至らなかった。しかし，それまでは本格的に行われていなかった支援機器の開発が公的な先導によるプロジェクトとして開始され，実際に試作品の開発まで行われたのは，当時としては画期的な出来事であった。

〔3〕 **日常生活用具給付等制度**[3)] 1969年に，従来の補装具に加えて，**日常生活用具**の給付（支給・貸与）が，身体障害者福祉法などの施策として実施されるようになった。日常

生活用具とは，「心身の機能が低下し，日常生活を営むのに支障のある一人暮らし老人，寝たきり老人，または在宅重度障害者の日常生活の便宜を図り，介護する家族の負担を軽減するため，障害者等用に改善された用具機器類」と定義された。日常生活用具の給付または貸与は介助者の負担軽減と在宅障害児・者等に対する福祉サービスであり，補装具のように身体に装着して使用する機器ではないが，利用により日常生活を便利または容易にする機器および道具が対象となった。これらの機器としては，視覚障害者用機器（例えば盲人用時計など）・聴覚障害者用機器（例えば振動式目覚まし時計など）・肢体不自由者用機器（例えば特殊寝台など）がある。

日常生活用具と補装具の制度上の違いとしては，補装具は修理や再交付申請が行えるのに対して，日常生活用具は同一品目では1回の給付のみである。

〔4〕 **リハビリテーションセンター等の設置** 1970年代に入ると，米国では，全米各地に設置され始めたリハビリテーションセンターが中心となり，支援機器を含め，障害者への直接的な技術支援がスタートした。これを側面から支援する形で，リハビリテーション法などが整備され，機器で支援された障害者の社会参加が促進されるようになった[6]。

日本でもこの影響を受け，この頃から，各地に支援機器の研究開発や障害者への直接的な技術サービスを行う部署を設けたリハビリテーションセンターや，支援機器の公的な研究機関が新たに設置され始めた[7]。これらは，兵庫県リハビリテーションセンター（現 兵庫県立総合リハビリテーションセンター福祉のまちづくり研究所），神奈川県総合リハビリテーションセンター，東京都補装具研究所（1997年廃止），労災義肢センター（後，労災リハビリテーション工学センター，2010年廃止）などで，その後，国立身体障害者リハビリテーションセンター（現 国立障害者リハビリテーションセンター）および国立身体障害者リハビリテーションセンター研究所（現 国立障害者リハビリテーションセンター研究所）や総合せき損センターなどが相次いで設置された。

1960年代における動力義肢の研究開発が大学や企業中心で行われたのに対して，1970年代では障害者に近いリハビリテーションセンターの研究部門などが，その役割を担うようになった。一方，これらの機関が医療現場に近く，加えて当時の医学的リハビリテーションの目標がADL機能の回復であったことから，対象となる支援機器も手足の機能を補完・代償する義肢・装具・車椅子などの補装具が中心であった。この頃には，リハビリテーション医学会において，支援機器について検討する関連機器委員会が発足した。

〔5〕 **ADLの向上からQOLの向上へ** このような状況において，米国の退役軍人庁（現 退役軍人省）義肢センター（Veterans Administration Prosthetic Center，**VAPC**）で開発された支援機器の展示会「リハビリテーション機器USA展」が東京で開催された（1977年）[8]。

この終了後，出展機器の多くが日本側へ寄贈され，各地のリハビリテーションセンターを中心に臨床評価が行われた。当時の日本製福祉機器の多くがADL機能の回復・支援を目的としていたものであったのに対して，提供された支援機器は，環境制御装置や電動車椅子など，ADLの回復が困難な重度肢体不自由者の自立支援を目的としていた。このような新しい目的を持った福祉機器の登場は，日本の関係者へインパクトを与えるとともに，当時は明確には認識されなかったQOLの向上という，支援機器の新たな目標を示した。

また，この臨床評価を担当したリハビリテーションセンターおよび研究機関のエンジニアが連携し，日本リハビリテーション工学協会（後述）を設立する母体となった，環境制御装置研究開発連絡協議会（1979〜1985年）を発足させた[9]〜[11]。

〔6〕 **支援機器の広がり**　日常生活用具の給付が始まった5年後の1974年，厚生省と全国社会福祉協議会の共催による，「社会福祉施設の近代化機器展」が東京で開催された[12]。当時は施設で働く職員の腰痛などが社会的問題であったため，展示内容は，おもに省力化を目的とした機器が中心であった[12]。

この展示会は，第2回からは在宅障害者の自立支援のための機器も加えて「社会福祉機器展」と名称を変更して開催された（第5回まで）。さらに，第13回からは海外企業も参加して名称を国際福祉機器展に変更し，第19回から現在に至るまで**国際（保健）福祉機器展**（home care and rehabilitation, **HCR**）として毎年秋に開催している。現在では3日間の会

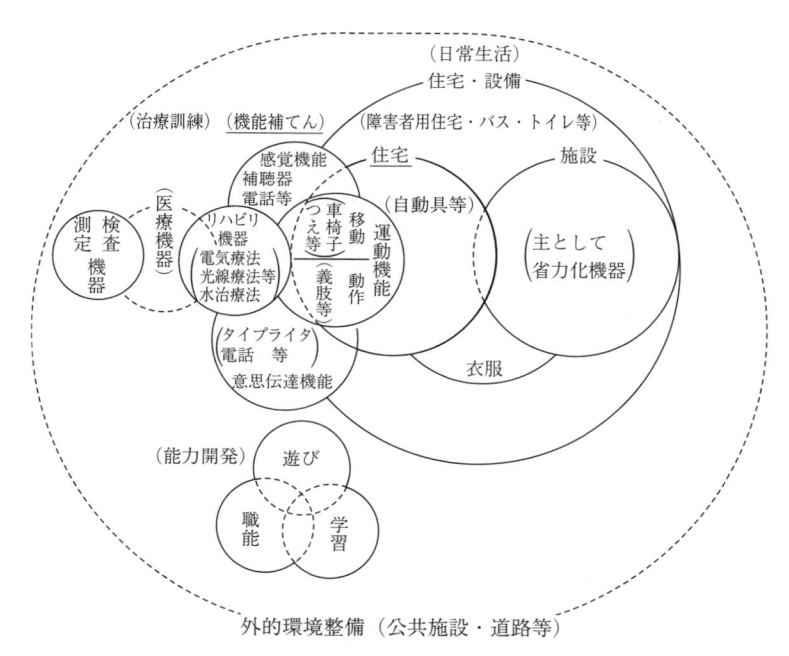

図3.1 福祉機器の開発普及に関する研究

期に，内外から約600社が出展し約13万人が来場する，世界のトップ3に入る福祉機器展にまで成長した。

一方，1975年の厚生省（現 厚生労働省）心身障害研究報告書「福祉機器の開発普及に関する研究」において初めて福祉機器の範囲と種類について，研究結果という形で定義が試みられた（図3.1）。これによると，「福祉機器とは，心身障害者，ねたきり老人等の治療訓練を行う機器，喪失した身体の機能を代替する機器，心身障害者の能力開発を行う機器の総称である」とされている[13]。この時期には前述した各地のリハビリテーションセンターや研究所において福祉機器の研究開発成果が出始めたこともあり，福祉機器という用語も一般に受け入れられるようになった。

〔7〕 **国 際 化** 1980年代に入ると，福祉機器の開発をハード面とすると，ソフト面である障害者福祉の分野においても，**国際障害者年**（1981年）や**国連障害者の10年**（1983～1992年）などの動きがあった。そして，WHOが1981年に，障害を**機能・形態障害**（impairment）・**能力障害**（disability）・**社会的不利**（handicap）に分類して，**国際障害分類**（International Classification of Impairment, Disability and Handicap, **ICIDH**）を定義した[14]。さらに，1980年代には，国際連合の下部組織で障害者を支援する国際リハビリテーション協会（Rehabilitation International, **RI**）世界会議[15]や国際義肢装具連盟（International Society for Prosthetics and Orthotics, **ISPO**）世界大会，極東・南太平洋障害者スポーツ大会（Far Eastern and South Pacific Paralympics, **FESPIC**）など，障害者福祉や福祉用具に関連する世界規模の学会や集会がわが国で開催された[16]。これらを通じて，「障害者の完全参加と平等」という言葉が政府で公認され[17]，障害者の自立と社会参加およびその支援が課題として示されるとともに，**インテグレーション**（integration）・**ノーマライゼーション**（normalization）など，いまでは一般化した社会福祉の概念と考え方が普及していった。

一方，支援機器の開発ではオリジナルの技術よりも既存技術の応用が多いため，技術的あるいは理論的な新規性を重視する工学系の学会や研究会で発表してもなかなか評価されないことが多く，当時は意見交換も十分に行えなかった。このような状況を改善し支援機器の発展を目指し，前述の環境制御装置研究開発連絡協議会に参加していたエンジニアが中心となり，支援機器について研究開発成果の発表や意見交換を行う場として，1986年に**日本リハビリテーション工学協会**（Rehabilitation Engineering Society of Japan, **RESJA**）が設立された[11]。その後，今日に至るまで，毎年夏にカンファレンス（研究発表と意見交換の会）が開催されている[18]。このカンファレンスは，従来の工学系学会とは異なり，支援機器の使用者・医療関係者・福祉関係者・教員・研究者・開発企業など，さまざまな立場で支援機器にかかわる人々が一同に会して意見交換することを目的とし，対象となる支援機器の種類と範囲は多岐にわたっている。

〔8〕 **高齢化社会の到来と福祉用具法**　1980年代後半から，少子化による若年層人口の減少と保健・医療技術の進歩による高齢者人口の増加により，高齢化率の上昇が社会問題として顕在化してきた[19]。これは，支援機器の観点からは，障害者だけではなく高齢者が新たな対象として登場してきたことを意味しており，先進国でトップレベルとなる**高齢化率の上昇**が社会問題化し，医療・福祉の内容と実施形態が変革を迫られることになった。

1980年代までの高齢者福祉施策は施設入所が中心であったが，1990年には身体障害者福祉法に代表される**福祉関連八法**が改正され，福祉制度は身近な市町村を基礎とする在宅福祉を推進する方向へ転換された[20),21)]。さらに，障害者基本法の改正（1993年），高齢社会対策基本法の制定（1995年）などにより，これまで病院・施設型であった高齢者・障害者への支援が地域・在宅型へと転換され，QOLの向上が目標として位置づけられるようになった[22)~25)]。このように社会福祉を取り巻く状況が大きな変化を遂げるに伴い，在宅の障害者・高齢者を支援するための支援機器の研究開発と，住宅や道路などの環境整備が大きな課題となった。

このような経過の中で，通商産業省と厚生省（いずれも当時）の共管により，1993年に**福祉用具法**（福祉用具の研究開発と普及の促進に関する法律）が制定された。これにより，これまで福祉機器・リハビリテーション機器など多くの名称で表現されていた障害者・高齢者を支援する機器具が，法律上は「福祉用具」[26)]という名称に統一された。ちなみに，福祉用具法における福祉用具の定義は「心身の機能が低下し日常生活を営むのに支障がある老人または心身障害者の日常生活上の便宜を図るための用具およびこれらの者の機能訓練のための用具並びに補装具」となった。これによって，従来の補装具・日常生活用具以外の，生活支援に役立つ機器・器具も福祉用具に含まれるようになったが，公的給付の対象品目は従来どおりであったため，一部に混乱を招くことになった。

このような問題点もあるが，福祉用具法により，経済産業省の指定団体である独立行政法人新エネルギー・産業技術総合開発機構（New Energy and Industrial Technology Development Organization, **NEDO**）と，公益財団法人**テクノエイド協会**が協力し，支援機器の研究開発と普及の促進を目指し，研究開発経費に対する助成を含め，積極的な施策が展開されるようになった[27),28)]。福祉用具法施行後は，民間においても新しい市場創出という期待とともに多数の企業が支援機器の研究開発に参入し，1996年に日本健康福祉用具工業会（現 日本福祉用具・生活支援用具協会）も設立された。このような動きによって，社会における支援機器に対する関心も高まり，前述の国際保健福祉機器展の出展社数および入場者数も，1993年以降は著しい増加傾向を示している[12)]。

〔9〕 **社会基盤整備とユニバーサルデザイン**　このように支援機器の研究開発と普及への支援が本格化するに伴い，これまでの支援機器研究とは異なった視点から，障害者・高齢

者への支援が行われ始めた。これらは，**社会基盤整備**と**ユニバーサルデザイン**である。

社会基盤整備は，いわゆる「福祉のまちづくり」に代表される，誰にでも住みよいまちづくりを目指す活動であり，古くは約40年前の仙台でのボランティア団体の活動が端緒といわれている[29]。その後，時代の変化もあり，福祉施策が病院・施設型から地域在宅型へ転換される中で，全国各地で福祉のまちづくり条例の制定[30),31)]や福祉の都市宣言などが行われるようになった。そして，これらを支援・促進する形で，建設省による「高齢者，身体障害者が円滑に利用できる特定建築物の建築の促進に関する法律」[32)]（通称 **ハートビル法**，1994年/2002年改正）や，「高齢者，身体障害者等の公共交通機関を利用した移動の円滑化の促進に関する法律」[33)]（通称 **交通バリアフリー法**，2000年）の制定へと発展し，これらは2006年に「高齢者，障害者等の移動等の円滑化の促進に関する法律」（通称 **バリアフリー新法**）へと統合された。

一方，ユニバーサルデザインは，自身も障害者であった建築家のロナルド・メイス（1941-1998）が提唱した「できるだけ多くの人が利用可能であるようなデザインにすること」という理念の下に提唱された七つの原則に基づく製品設計の考え方である[34)]。わが国では，障害児でも遊べる玩具の開発を行っていたE＆Cプロジェクトの活動が発展して共用品に結実し，障害者・高齢者のニーズに対応した規格作成配慮指針「**ガイド71**」が制定された（2001年）[35),36)]。このガイド71に基づき，関連分野でのJIS規格が作成されている。

〔10〕 **介護保険法と障害者自立支援法および障害者総合支援法**　増加する高齢者を支援するため，2000年に**介護保険法**が施行された（2006年改訂）[37)]。この介護保険法では，要介護度の判定結果に応じて，支援機器（福祉用具）については，貸与あるいは購入という二つのサービスを受けることができる。対象となる品目は指定されており，貸与と購入のいずれにおいても1割を利用者が負担する。サービスを受けるためには，介護保険制度に加入していることが必要である。

一方，2006年に施行された**障害者自立支援法**[38)]は，障害と年齢で分かれていた福祉制度（身体障害者福祉法・知的障害者福祉法・精神保健福祉法・児童福祉法）を一元化した。従来の法律で給付が行われていた補装具と日常生活用具が，給付対象であることは従来どおりであるが，費用の1割を利用者が負担するように規定が改められた。また，**補装具**は，① 障害者が日常生活を送る上で必要な移動等の確保や就労場面における能率の向上を図ること，および障害児が将来社会人として独立自活するための素地を育成助長することを目的として，身体の欠損または損なわれた身体機能を補完・代替する用具であること，② 身体に装着（装用）して常用するもの，または作業用に使用するもの，③ 給付等に際して医師の意見書（判定書）を必要とするものと定義された。**日常生活用具**は，「日常生活上の便宜を図るための用具」として定義された。内容は，① 介護・訓練支援用具，② 自立生活支援

用具，③在宅療養等支援用具，④情報・意思疎通支援用具，⑤排泄管理支援用具，⑥居宅生活動作補助用具（自宅改修費）の6分野に分かれ，具体的な日常生活用具の対象品目は，各市町村において地域の実情に応じて決定される。

また，障害者自立支援法の施行に伴い，補装具の種目や価格の改定と適正化を柔軟かつ円滑に行うことを目的として，厚生労働省に補装具評価検討委員会が設置された。この検討委員会にはⅠ類とⅡ類があり，Ⅰ類は主として義肢・装具，第2類は義肢・装具以外の補装具を対象とし，いずれも定期的に種目見直しと価格変更などが行われるシステムが構築されている[39]。本法は障害者範囲の見直しなどの改正が行われ2013年に**障害者総合支援法**となった。

3.1.2 「支援機器」の国際的な名称

これまで述べたように，日本において「支援機器」についてさまざまな名称が使われてきたが，国際的にも「支援機器」を示す用語についていくつかの変遷があった。

福祉機器の国際的な名称としては，**国際リハビリテーション協会**[40]（Rehabilitation International，**RI**）の下部組織である技術・アクセシビリティ委員会[41]（International Commission on Technology Accessibility，**ICTA**）の旧名称が"International Commission on Technical Aids"であったように，technical aids が福祉機器を示す最初の用語と考えられる。名称が変更された理由は，「aids」の発音がエイズ（HIV）を想起させ，表現上で誤解を生じるためといわれている。

その後に登場したのが，**assitive technology**（**AT**）である。AT は「障害を持つアメリカ人法」（Americans with Disabilities Act of 1990，**ADA**[42]）が制定された1990年前後から使われ始めた用語で，例えば米国障害者支援技術法（the Technology ─ Related Assistance of Individuals with Disabilities Act of 1988，通称 テック法）には以下の定義がある[43]。

"Assistive technology" is any item, piece of equipment, or system, whether acquired commercially, modified, or customized, that is commonly used to increase, maintain, or improve functional　capabilities of individuals with disabilities.

しかし，technology の「機器」という意味が一般的ではなく本来の「技術」と解釈されたため，AT の訳語を「支援技術」あるいは「福祉技術」とするなどの混乱を生じていた[44]。

このような状況に対して，2001年に改訂された国際障害分類（国際生活機能分類（ICF）のこと）では，福祉機器は環境因子として位置づけられ，用語は"products and technology"と表記され，「障害のある人の生活機能を改善するために改造や特別設計がなされた，あらゆる生産品，器具，装置，用具」と定義された[45]。

一方，国際標準化機構（ISO）の TC 173/SC 2/WG 1（第173専門委員会/第2分科委員会/第1作業部会）で ISO 9999（福祉機器の分類と用語）が検討されているが，2007年に

発行された第4版においては，タイトルが従来の"Technical aids for persons with disabilities classification and terminology"から"Assistive products for persons with disability classification and terminology"に変更された。これにより，福祉機器を示す用語が，誤解を招くtechnical aidsと，多様に解釈されるassistive technologyから，より広い機器までを包含する**assistive products**として再定義された[46]。内容は，「障害者によって使用される用具，器具，機具，機器，ソフトウェアであって，機能障害，活動制限，参加制約を予防，補償，検査，軽減，克服するものであり，特別に製造されたものであるのと，汎用製品であるとは問わない」とされている。

ICFにおける福祉機器の定義とISOにおける福祉用具の定義を比較すると，ICFの定義が障害者・高齢者に的を絞った機器類であることを示しているのに対して，ISOの定義はより広い範囲の機器類を包含している。

3.1.3 支援機器の分類

これまで支援機器の分類としては異なる視点からのさまざまな提案がなされているが，ここでは，代表的な分類方法について，特徴を述べる。

〔1〕 **身体への密着度から見た分類**　　これは，支援機器を，身につけて支援するものから周囲環境において支援するものまで，利用者と対象機器との位置関係（距離）から見た分類である。例えば，身体に最も近い支援機器は身体内部に装着するもので心臓ペースメーカなどがあり，次いで義肢・装具やストマー装具などがある。一方，利用者から離れた支援機器としては，手すり・スロープ・エレベータ・ノンステップバス・アクセシブルな公共建築物などがある。

この分類は，利用者の身体的な機能を支援する支援機器から，アクセシビリティを支援する支援機器まで，グローバルな視点から必要な支援機器を考える場合に適した方法といえる。

〔2〕 **支援機器の機能による分類**　　この分類は，移動支援・コミュニケーション支援など，生活における特定の動作・行為ごとに，支援機器を分類する方法である。例えば，コミュニケーション支援では，意思伝達装置・補聴器・白杖（じょう）・視覚障害者誘導用ブロック・人工内耳などがあり，これらはさらに肢体不自由者用・視覚障害者用・聴覚障害者用・認知障害者用などに分類される。利用者が自ら支援を希望する内容から支援機器を選ぶ場合に適した分類といえる。

〔3〕 **使用環境による分類**　　支援機器は生活の中で使うので，その環境による分類も重要である。これには，自宅・学校・職場・野外など，利用者の状況によりさまざまな環境が想定される。いずれの環境でも同じ支援機器を使える場合には問題はないが，複数の環境で

異なる支援機器を必要とする場合には，その条件に応じた検討と選択が必要になる。

〔4〕 **障害のレベルによる分類**　これは，必要とする機能が決まっている場合に，利用者の身体機能レベルによって分類する方法である。例えば，屋外での移動を支援する支援機器の場合，杖・歩行車・車椅子・福祉車両（自走）・福祉車両（介護）・公共交通機関などの選択肢があり，利用者の残存機能と QOL に応じた選択が求められる。

〔5〕 **国 際 分 類**　ISO の TC 173/SC 2 において，ISO 9999「福祉用具の分類と用語」が検討されているが，これまでの改訂結果を反映するとともに WHO が定めた ICF との整合性も考慮した最新版が 2016 年に公開されている。これは，以下に示す 11 分野の大分類で示されている。

医療用具	技能訓練用具
義肢装具	パーソナルケア関連用具
移動用具	家事用具
家具・建具・建築設備	コミュニケーション・情報支援用具
操作用具	環境改善・評価用具
就労支援用具	レクリエーション用具

これらは大分類で，特定の機能が含まれる名称がつけられている。各名称の下位に特定の用具名と特定の機能名が付された中分類，その下位に特定の用具名を示す小分類で構成されている。公益財団法人テクノエイド協会の福祉用具データベース（technical aids information system, **TAIS**）[47] は，ISO 9999（1992 年版）に準拠して制作されている[48]。

3.1.4　福祉用具の種類

複数の媒体がある関係の下につながったものを系といい，人間が機械を使ってある作業や仕事を行う系が「人間・機械系」あるいは「マンマシンシステム」で，その概念はおおむね**図 3.2** のように示される。この図において，人間側と機械側の間にあるのが，両者を仲介する要素で，一般にインタフェースといわれている。扱いにくい機械や操作が難しい機器は「インタフェースが悪い」と評価される。

一般的な人間・機械系の操作では，人間側にある程度の操作能力を期待できるため，インタフェースの部分が少なくても人間・機械系としての動作は可能である。しかし，障害者や高齢者が福祉機器を使う場合には，人間側の機能が低下したり損なわれたりしているため，人間側の面積は少なくなり，逆に機械側の果たすべき役割（面積）が大きくなる。さらに，インタフェースも，人間側が可能な操作方法を実現するため，広い幅が必要になる。したがって，一般的な支援機器における人間・機械系は**図 3.3** のように示すことができる。

一方，人間側のさまざまな操作能力に応じてインタフェースに柔軟性を持たせるという考え方がある。これが，ユニバーサルデザインの考え方で，**図 3.4** のように示すことができ

る。この図で，点線の位置は，人間側の機能（能力）により左側あるいは右側へ移動させることができる。これは，インタフェースが人間側の機能に応じて変化できる柔軟性を有していることを示している。すなわち，人の能力にかかわらず使用できるということを示している。このような考え方は人間優先型の設計方法として評価されているが，「ユニバーサルデザインの考え方でものづくりをすれば健常者も障害者も高齢者もともに使える機器が作れる」という誤った理解も生み出している。しかし，現在では，障害者専用機器がこのような考え方だけでは開発できないことが国際連合の「障害者の権利に関する条約」に示されており[49]，ユニバーサルデザインは一般製品を使いやすくするという考え方として理解されるようになってきている。

| 機械側の機能 | インタフェース | 人間側の機能 |

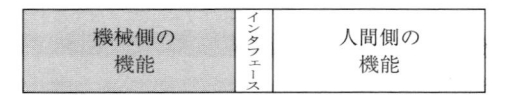

図 3.2 一般製品の人間機械系

| 機械側の機能 | インタフェース | 人間側の機能 |

図 3.3 支援機器の人間機械系

| 機械側の機能 | インタフェース | 人間側の機能 |

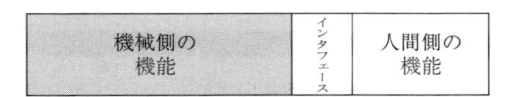

図 3.4 ユニバーサルデザイン製品の人間機械系

| 機械側の機能 | インタフェース | 人間側の機能 |

図 3.5 オーファンプロダクツの人間機械系

これに対して，操作能力が制限された人の場合には，系における人間側の能力がきわめて限定的になり操作方法も限られるため，一般製品に比較して，機械側の機能およびインタフェースの役割として特殊なものが必要となる。加えて，この限定された能力は非常に多様であるため，個別対応が求められる場合が少なくない。このような考え方による機器設計を**オーファンプロダクツ**（orphan products）といい，ユニバーサルデザインに対局する考え方としてとらえられている[50),51)]（**図 3.5**）。

3.1.5 支援機器の適合

支援機器を導入し使用する目的は，利用者の残存能力に応じて生活範囲を最大限に拡大して，QOLを向上させるとともに，（介護を受けている場合には）介護負担を軽減することにある。このため，一般民生機器を使う場合にはほとんど考慮の必要がない「適合」を行う必要がある。この適合にはさまざまな考え方があるが，一般的には，先に述べた機械側の機能とインタフェースの役割を使用者（人間）側の機能に合わせる作業である，つぎのようなステップが必要といわれている[52),53)]。

① ニーズの把握： 対象者の希望を聞き取りながら，最大のQOL向上のための真のニーズを見つけ出す。

② 解決方法： 最も適切な支援方法を見つける。
③ 支援機器の選択： 最も支援効果のある支援機器をさがす。
④ 試用： 選んだ支援機器を利用者が使用できるか実際の場で確認する。
⑤ フィッティング： 最終的に利用者に適合するよう支援機器を改良し調整する。
⑥ 入手支援： 支援機器入手に利用できる制度を検討する。
⑦ 導入と訓練： 支援機器を導入し，使用できるように訓練する。
⑧ 評価とフォローアップ： 一定期間ごとに使用状況を確認し，支援機器使用の有効性，身体機能の変化などを確認する。

各支援機器における詳細については，各論に譲る[54),55)]。

3.2 日常生活動作の支援

日常生活動作（ADL）[†]とは，起居・更衣・整容・食事・排泄・入浴等を指し，だれもが日々のくらしで行う動作である。障害のためにこれらの一部でも困難になればただちに生活が不便になる。したがって，それぞれの動作を支援する道具や機器の存在は，障害のある人や支援者にとってたいへん重要である。なお，生活に不可欠な移乗・移動・姿勢保持・コミュニケーションも広義の日常生活動作の一部と考えられるが，それらに対応する機器は本章内の別項に記述する。

本節では，日常生活動作を支援するための機器を自助具・義肢・装具およびその他に分け，現状と設計時の考え方について述べる。厳密にいえば日常生活動作に含まれない歩行に関連する義足と下肢装具についても本節で扱う。

3.2.1 自 助 具

自助具（self-help device）は文字どおり身のまわりの生活動作を助けるための道具であり，目的動作や身体機能などに応じて作製されるため，非常に多種多様である。文献1）～4）には材料・製作法を含め多くの具体例が紹介されている。ここではごく一部の自助具の機能と実際について紹介する。

なんらかの障害による関節可動域制限や姿勢保持機能減衰のため，手が届く範囲が極端に

[†] 日本リハビリテーション医学会ではつぎのように定義している。「ADL は，ひとりの人間が独立して生活するために行う基本的な，しかも各人ともに共通して毎日繰り返される一連の身体動作をいう。この動作群は，食事，排泄などの目的をもった各作業（目的動作）に分類され，各作業はさらにその目的を実施するための細目動作に分類される。リハビリテーションの過程や，ゴール決定にあたって，これらの動作は健常者と量的，質的に比較され記録される。」また，その他の生活に関連する動作には買い物や家事，自動車への乗車・運転などがあり，**生活関連動作**（activities of parallel to daily living，**ADPL**）と呼ばれる。

狭くなることがある．このような症状でもリーチャと呼ばれる自助具を使用することで，落とした物を拾い上げたり，機器や設備の操作ボタンを押したりすることができる．一見単純な道具であるが，全長や重量はもちろん，先端の形状なども使い勝手を大きく左右する．

複数のリーチャを用途に応じて使い分けている人もいるが，特に自分の状態に合った一種類のリーチャ（**図 3.6** に一例を示す）を特注し，車椅子やベッドサイドをはじめとして居宅内のいたるところに置いている重度リウマチの患者もいる．この人たちは，そのリーチャを落とした場合に備えて伸縮式リーチャ（ロッドアンテナの先端をリーチャ尖具に換装したもの）も常時所持しているとのことである．

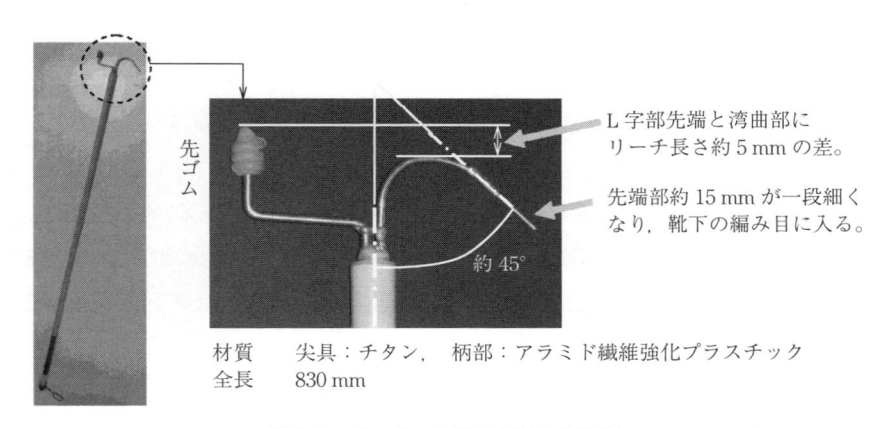

先ゴム

L字部先端と湾曲部にリーチ長さ約 5 mm の差．

先端部約 15 mm が一段細くなり，靴下の編み目に入る．

約 45°

材質　尖具：チタン，　柄部：アラミド繊維強化プラスチック
全長　830 mm

図 3.6　リーチャの例（市販品を改造）

電動の道具，例えば電動歯ブラシにより，しかるべき位置に保持するだけで頸髄損傷などで両上肢が不自由な場合でも歯磨きが可能になる場合がある．ただし，電動の道具のスイッチ類は幼児による誤操作防止や防水の観点から設計されており，弱い力で操作できなくなっていることが多く，スイッチの改造を施さないと本人のみで動作が完結しないこともしばしばある．この改造にあたっての問題点として，ほとんどすべての製品において元の構造や電気回路に手を加えることで故障時のメーカー保証が受けられなくなることが挙げられる．また，利用者によっては，改造を加えても，同居する家人などが使いにくくならないようにするか原状にすぐ戻せるように希望される場合もある．また，改造にかかる経費は少ないほうがよい．いずれにしても支援者は，一連の動作ができるだけ利用者一人で完結するよう配慮するとともに，事前に利用者の希望と実現できる解決方法についてすり合わせを行い，納得を得る努力を怠らないようにしたい．

作業療法士（occupational therapist，**OT**）は，一人ひとりの身体機能や予後をとらえた上で，その利用者に合った自助具を適用あるいは考案・製作できるプロフェッショナルである．しかし，リハビリテーションセンターや福祉施設で OT が自助具を製作することが減少

してきているといわれており,もう一つの核である製作ボランティアグループの活動がより重要になりつつある。医療福祉関係者が製作する場合,エンジニアサイドからの,新素材に関する情報提供,電気・電子工作,工作機械による比較的高度な加工,力学的により妥当で軽量化につながる提案などが望まれる場面もあろう。

なお,文献 1)～3) にも記述されているとおり,利用者の要望があるからといって,すぐに自助具を提供するのは避けるべきである。まず,本人の身体機能の改善が図られ,次いで動作のさせ方の工夫や環境の整備が試みられ(場合によって他の福祉機器の導入や改良も検討),さらに自助具以外の一般製品の活用でも困難が解消されない場合に初めて自助具の導入に至るのである。なお,多くの自助具がすでに市販されているので,手作りする前にそれら既製自助具の適用が検討されるべきである。

3.2.2 義肢 ── 定義および分類

義肢[6),9)] (prosthesis) は義手と義足の総称である。失われた上肢あるいは下肢の形態と機能を補おうとするものであり,切断部位による分類(**図 3.7**),機能による分類(**表 3.2**),装着時期による分類などがある。装着時期による分類には,アラインメント(構成部品どうしの位置関係)を検討し得る力の伝達部材(パイロンなど)とソケット[†](切断端を収納する部分)が組み合わされた**訓練用仮義肢**(temporary prosthesis),および,ソケット・力の伝達系・外装などすべての部品が組み合わされ実用に耐えられる**本義肢**(permanent prosthesis)がある。仮義肢には,早期離床を目的とした術直後装着義肢も含まれる。

3.2.3 義　　　手

装飾義手は見た目が良いが,機能はほとんど持たない。一部のタイプは,机上で物を押さえるなど補助手として使用される場合もある。わが国の公的制度では装飾義手が支給される割合が多い。

能動義手は肘の屈曲伸展や手先具による物の把持が可能な義手である。**図 3.8** に手先具の例を示す。おもな手先具は能動フック・能動ハンドで,肩甲の動きをハーネスや**鋼線**(コントロールケーブル)で伝えて開(閉)動作を行い,閉じる(開く)のにゴムバンドやコイルばねの弾性を用いる。電動フック・電動ハンドもあり,機械式スイッチや筋電位スイッチと

[†] 義肢におけるソケットは,人体と義肢が唯一接触する部分,つまりマンマシンインタフェースであり,義肢の活用にたいへん重要な役割を果たす。基本的に装着者の断端形状に沿って製作されるが,解剖学的・生理学的に強く接触すべきでない部分や荷重可能な部分などがあり,いずれも個人差もあるため,適合は義肢装具士の経験と勘に依存する。工学的には複雑シェルの設計問題の一種と考えられ,材料工学・材料力学・熱力学などから貢献できる余地があると考えられる。現在,仮ソケットには,接触状態の確認ができ形状修正が比較的容易なことから,透明な熱可塑性樹脂が用いられている。

3.2 日常生活動作の支援

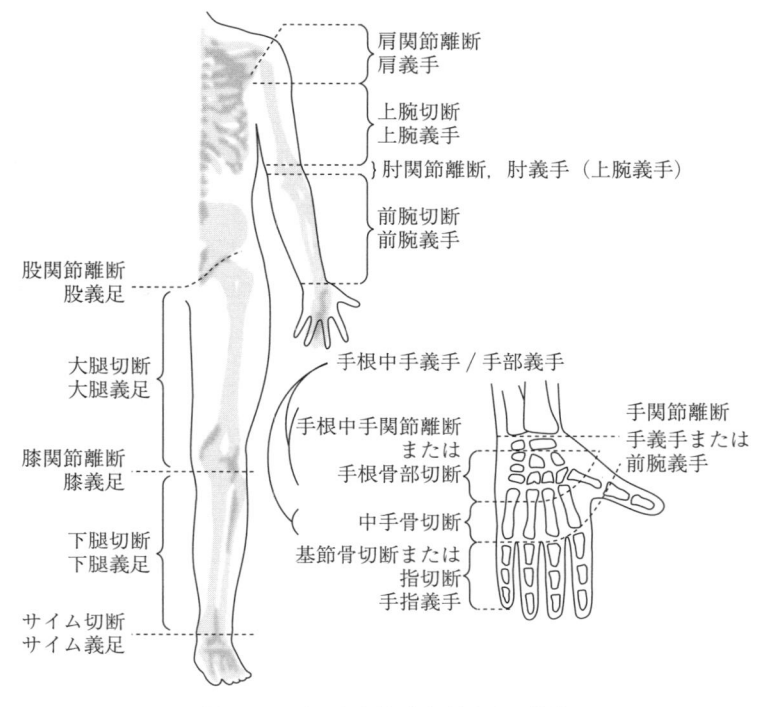

図 3.7 おもな切断部位と対応する義肢

表 3.2 機能による義肢の分類

装飾用義肢	外観や質感を重視。比較的軽量である。
能動義肢	外観の復元のみならず，なんらかの作動部と機能を持つ。作動のエネルギー源に応じて体内力源式と体外力源（動力）式に分けられる。
作業用義肢	農林水産業や工場労務などにおける特定の作業に用いる。

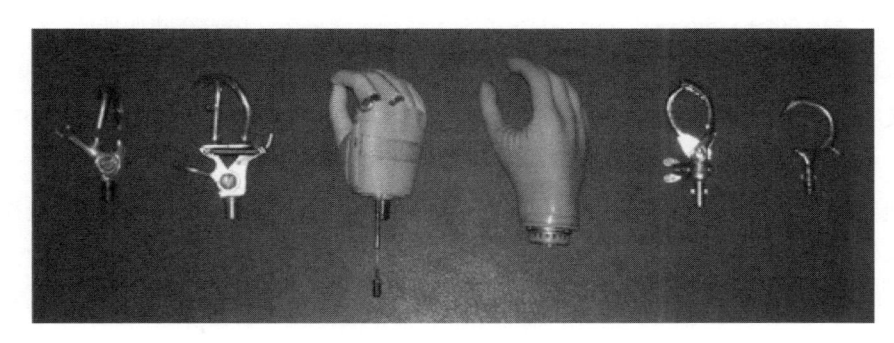

図 3.8 義手の手先具の例

制御回路・モータで開閉する。これら**電動義手**は，制度上あるいは習慣上，装飾義手や能動義手と並列に分類されることも多い。

作業用義手は文字どおり作業に特化した義手で，農林水産業や工場労務などにおける特定の作業に用いる。例えば，農耕具を固定し荷重するのに適した手先具を有している。複数の手先具を用途に応じて交換しながら作業を行う場合もある。

電動義手では，物の把持のためには母指を含む3本が動けばよいとの考えから，多くの市販電動ハンドにおける環指（薬指）・小指は飾りか示指・中指に追従して動く仕様になっている。すべての指を独立して動かせる国産電動ハンドが1999年頃リース販売されたが，高価であることと装飾手袋（コスメティックグローブ）がないことから臨床用として普及することはなかった。ところが，2007年，イギリスから5指すべてにモータを配し，母指は内外転するだけでなく対立位をとることもでき，さまざまな把持形態をとることができる電動ハンドが発売された。その後も同様の機能を持つ電動ハンドがいくつか発表されている。筋電位のセンシングから制御手法に至るまで電動義手に関する研究は古くから数多くなされているが，だれもが入手しやすい高機能な電動義手はいまだ存在しない。日本発の技術によりこれを達成するために全国電動義手研究会が結成され，第1回の会合が2010年3月に神戸で開催された。

3.2.4 義　　　足

義足は失った脚の代替として歩行時にその本質が問われる。**立脚相**（stance phase）の体重支持および**遊脚相**（swing phase）のスムーズな振り出しにより，身体の前方移動を導くことが求められる。

近年，コンピュータを内蔵し歩行の相に応じて特性を自ら変更する膝継手が普及しつつある。その端緒を開いたのがインテリジェント大腿義足膝継手（1993年市販開始，**図3.9**に義足全体を示す）である。その仕組みを**図3.10**で簡単に説明してみよう。まず，空圧シリンダ式膝継手では膝屈曲に伴いシリンダロッドがシリンダ内に進入し空気室の空気が圧縮される。義足側が遊脚期に入ると膝は伸展し始めるが，圧縮された空気が復元しようとするため，伸展補助の働きをする。そこで，圧縮される空気の量を変化させることで伸展補助力（モーメント）を調節できるが，これをニードル弁の弁開度を歩行速度（実際には完全伸展から一度屈曲し，再び完全伸展に至る時間）に応じて自動的に調節することで，遅い歩行にも速い歩行にも適度な下腿の振り出しが行えるのである。もちろん，装着者によって，また練習段階によって歩行速度の範囲は異なる上，義足の長さや足部パーツの違いから下腿部の慣性モーメントも異なるため，個別の弁開度セッティングが必要となる。これらの歩行速度と弁開度の関係をメモリに格納しておき，速度センサに応じてモータによりニードル弁の位

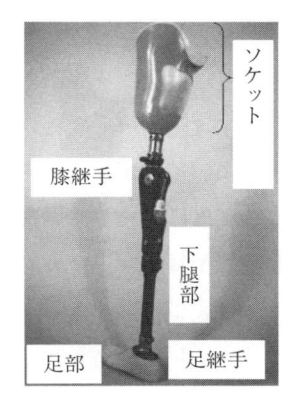

図3.9 インテリジェント膝継手を用いた大腿義足

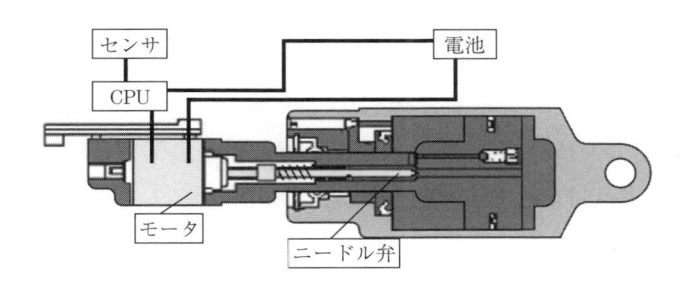

図3.10 インテリジェント大腿義足膝継手の空圧コントロールの仕組み

置を変化させ，適切な伸展補助を1ストライドごとに行っているのである。

　上記の膝継手は遊脚特性のみの制御であったが，その後，遊脚特性および立脚特性をコントロールする製品が出現している。このように，膝継手はメカトロニクス化が比較的進んだ義肢部品といえる。メカトロ足部も市販され始めた。しかしながら股継手については，股義足ユーザが少ないことも手伝い，メカトロ製品は見当たらない。股離断者にとっての究極の義足は股・膝・足部関節がすべてメカトロ化，もっといえば動力化された義足であろうが，股継手はおろか膝・足継手が健常者のように連動するものもまだない。ただし，動力源の問題などから実現困難と考えられていた動力義足に対して2006年に製品化されたPower Kneeは，膝のみとはいえ，一日の活動をカバーする動力膝継手であり，今後に期待が持てる状況である。

　ハイテクばかりに注目が集まりがちであるが，モジュラ式義肢の普及に伴い，膝部の直上で大腿部が回旋（あぐらが可能）したり，膝継手の深屈曲と足継手の大きな底屈角を許容（正座が可能）したりする部品などが開発された。これらは日本の生活様式をできるだけ維持したいという国内ユーザの声に応えたものであり，派手さはないがたいへん貴重な取り組みであったといえる。

　なお，どのような義肢であれ装具であれ，処方を行う医師，製作・**適合**（fitting）を行う**義肢装具士**（prosthetist and orthotist，**PO**），訓練を行う作業療法士や**理学療法士**（physical therapist，**PT**）の協働がなければ，その性能が十分発揮されることはない。開発を行おうとするエンジニアはエンドユーザである切断者だけでなく，彼ら中間ユーザの経験にもニーズを求めることが大切と考えられる。

3.2.5 装具[7)~9)] — 定義および分類

装具（orthosis）は失われた身体機能を補うものであり，形態が残存している身体にその外側から装着する点が義肢と大きく異なる。その目的は，関節の固定・運動制限，変形の予防・矯正，損傷部位の保護・免荷などである。通常は装着する部位によって分類され上肢装具・体幹装具・下肢装具などに大別される。このほか，**補装具費支給制度**に関連して**更生用装具**という呼称がある。これは，症状が固定しない段階で医療として治療目的で用いる**治療用装具**と対を成す言葉である。

なお，**補装具**の定義については 3.1.1 項の〔1〕および下のコーヒーブレイクを参照してほしい。

3.2.6 上 肢 装 具

上肢装具には肩装具・肘装具・手関節装具・手関節指装具・指装具がある。

肩装具には肩外転装具・腕吊りがあり，良好な肢位を保持するために用いられる。肘装具には肘固定装具と肘屈曲補助装具・肘伸展補助装具がある。屈曲伸展の補助にはばねなどの弾性体が用いられる。拘縮予防のためにターンバックルを用いて徐々に屈曲あるいは伸展させる場合も，屈曲補助あるいは伸展補助と呼ばれている。

手関節指装具は手関節指固定装具のことであり，手関節と指関節を伸展位に保持する。

手関節装具はおもに手関節背屈保持装具と把持装具のことである。手関節背屈保持装具は手関節背屈筋群の筋力低下による掌屈を防止するために用いられる。把持装具は，手関節背屈などの動きにより母指・示指・中指の三指によるつまみを実現する。

┌ コーヒーブレイク ┐

補装具 ＝ 装具？

装具に類似した言葉に補装具がある。混同されやすいが，補装具は，表 3.1 に示したように，車椅子や重度障害者用意思伝達装置あるいは一部の視聴覚障害支援機器を含む，より広い概念を示す法律用語である。その定義は「障害者等の身体機能を補完し，又は代替し，かつ，長期間にわたり継続して使用されるものその他の厚生労働省令で定める基準に該当するものとして，義肢，装具，車椅子その他の厚生労働大臣が定めるものをいう」（障害者自立支援法）となっている（p.33 参照）。

補装具は，つぎの三つの要件をすべて満たすものということもできる。
① 身体の欠損または損なわれた身体機能を補完，代替するもので，障害個別に対応して設計・加工されたもの。
② 身体に装着（装用）して日常生活または就学・就労に用いるもので，同一製品を継続して使用するもの。
③ 給付に際して専門的な知見（医師の判定書または意見書）を要するもの。

手指における関節を中手指節間関節（MP（またはMCP）関節），指節間関節（IP関節（母指以外では近位指節間関節PIPと遠位指節間関節DIPがある））と呼ぶ．指装具には，IP屈曲補助装具，IP伸展補助装具，MP屈曲補助装具，MP伸展補助装具，対立装具がある．

上肢装具に限定されないが，ある肢位を保つための力学作用は，対象とする関節を二つのリンクを結ぶ1自由度の回転軸とみなすとつぎのように説明できる．簡単のために回転面内のみで考える．すなわち，回転軸（のごく近く）に一方向から力を加えると同時に，それぞれのリンク上の同軸から離れたある点に最初の力と逆方向の力を加え，生体の関節が曲がろうとするモーメントに対してつり合うようにする．これを，装具の**3点支持の法則**あるいは**3点固定の原理**などという．

3.2.7 下 肢 装 具

下肢装具には骨盤帯付き長下肢装具，長下肢装具，膝装具，短下肢装具，靴型装具などがある．

短下肢装具（ankle-foot orthosis，**AFO**）は，脳卒中などによる**片麻痺**（hemiplegia）の回復期以降に適用されることが多く，立位保持や歩行を支援する．短下肢装具の例を**図3.11**に示す．短下肢装具による歩行の生体力学的解析から必要な機能を設計し製品に結びつけた貴重な例[10]~[12]としてゲイトソリューション†継手がある．また，同継手の機能を含めて装具全体を工業デザインの手法によりまとめたゲイトソリューションデザインは外観も美しい装具といえる．装具の外観を気にする装着者は多いため，広く受け入れられるためには見た目も大切である．

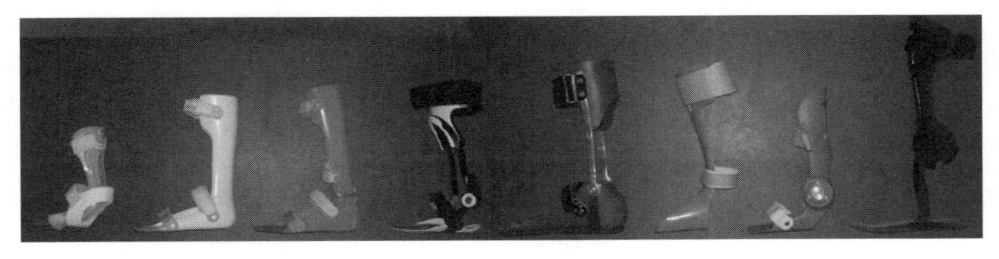

図3.11 短下肢装具の例

近年レンタルリース販売が開始されたHAL†福祉用は，床反力・関節角度・動作時筋電位を検知して立上りや歩行の補助を行う．これは動力骨盤帯付き長下肢装具の一種と見ることができる．また，歩行アシストは，股関節トルクや角度を検知して股関節屈曲伸展を補助する動力股装具ということができる．

---

† （p. 45, 46）ゲイトソリューションは川村義肢株式会社，HALはCYBERDYNE株式会社，マイスプーンはセコム株式会社の登録商標である．

3.2.8 体幹装具およびその他の装具

体幹装具には頸椎装具，頸胸椎装具，頸胸腰仙椎装具，胸腰仙椎装具，腰仙椎装具，仙椎装具がある。これらは，椎間板ヘルニアや側湾症などの疾患に対して，脊柱の運動制限や矯正等を行うために用いられる。前述のように，身体と装具の接触の様態は複雑で，工学的アプローチによる設計はほとんどなされていない。ただし，採型時の負担が患者と義肢装具士の双方にとって大きいため，3次元形状計測（立体スキャナ）とCADから成る採型・製造システムが採用されているケースもある。

3.2.9 その他の支援機器 ― 重度肢体不自由者用ロボットアーム

頸髄損傷，筋ジストロフィー，リウマチなどで上肢が不自由な人のために近年市販されたものにロボットアームがある。これは，電動車椅子などに取り付けてコップを把持し口元まで移動させたり，床上の物を拾い上げたりする機能を持つ。海外の製品アイ・アーム（iARM）が先行しているが，岐阜県情報技術研究所や独立行政法人産業技術総合研究所で開発が進められてきた同種のアームも実用化研究段階に入ったようである。また，食事支援に特化したアームとしてマイスプーン[†]が挙げられる。

3.3 姿勢保持・移乗の支援

3.3.1 車椅子上での姿勢保持における問題点[†]

国内で販売される車椅子は，折りたたみ機能を妨げないように，バックサポートやシートが，スリングやレザーなど薄いシート状であり平面であることが多い。一般的な一枚張りのバックサポートでは脊柱が描く生理的湾曲を保つことは難しく，重力や筋疲労によって丸くなる脊柱がバックサポートを押す反動で，臀部（尻）が前方に滑るように押し出される。その結果，座りも浅く骨盤が後傾した「仙骨座り」になることによる褥瘡（床ずれ）発生のリスクの増加，頭部をはじめとする上半身をバランスよく支持することができないことによる肩や頸部の疲れや痛み，臀部・大腿部の支持面積減少による痛みや痺れの発生，円背（猫背）による呼吸や嚥下（飲み下し）のしにくさ，などといった問題が生じやすくなる。姿勢が安定すると，車椅子上でのさまざまな動作がしやすくなるなど自立度が上がるだけでなく，コミュニケーションの増加や介護負担の軽減などにもつながる。姿勢保持には，使用者の身体状況に応じた適切な車椅子や車椅子シートクッションの選択が非常に重要となる。

---

† 車椅子については3.4節を参照。

3.3.2 身体寸法と車椅子寸法の適合

車椅子座位の基本は，使用者の身体と車椅子の寸法を合わせることである。日本リハビリテーション工学協会車椅子 SIG（special interest group）では，車椅子適合時に最低限必要な身体および車椅子の寸法として，**図 3.12** および **図 3.13** に示す項目を挙げている。まずは，身体寸法の計測を行い，それに対応する車椅子各部を適切に設定することが姿勢保持の第一歩である。

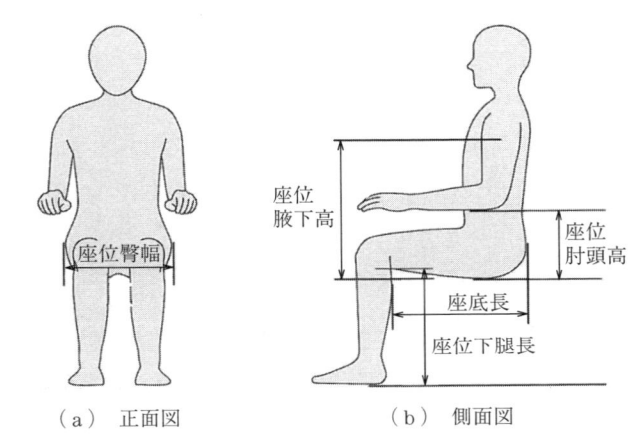

（a）正面図　　（b）側面図

図 3.12 車椅子適合に必要な身体寸法

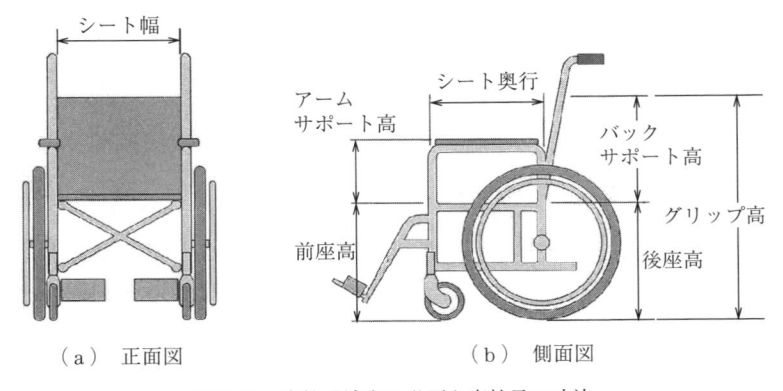

（a）正面図　　（b）側面図

図 3.13 車椅子適合に必要な車椅子の寸法

〔1〕**座位臀幅とシート幅**　座位臀幅とは「臀部における左右の最も外側に突出した部位間の水平距離」であり，通常は左右大展子間距離となることが多い。

シート幅は，一般的に座位臀幅プラス 50 mm 程度とされている。しかし，車椅子フレームとシートパイプ，サイドガードの位置関係が車椅子の種類によって異なる場合があり，カタログ表記のシート幅と実際に臀部が収まるサイドガード間の幅にはパイプ 2 本分（30〜40 mm）程度の誤差が生じることがある（**図 3.14**）。国産の車椅子に多いこのタイプの場合

には，座位臀幅プラス 20 mm 程度でよい。広すぎるシート幅は，車椅子駆動がしにくいだけでなく，身体の片寄りによる側湾などの身体変形を引き起こす原因となるため，注意しなければならない。一部メーカーにシート幅の調整が可能な機種もあるが，ほとんどの車椅子はあとからの変更や調整ができないため，車椅子選択時にしっかり確認しなければならない。

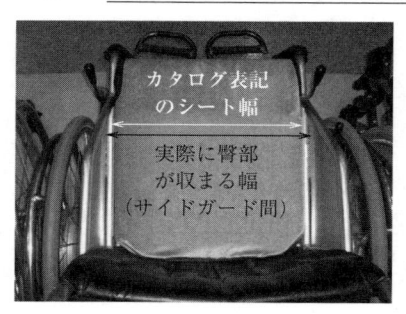

図 3.14 車椅子のシート幅

〔2〕 **座底長とシート奥行**　座底長とは「臀部後縁から膝窩（膝裏）までの水平直線距離」であり，その値マイナス 50 mm 程度をシートの奥行きの寸法とする。

座底長に対してシート奥行が長いと，**図 3.15** のように臀部とバックサポートの間にすき間ができる。この状態で身体がバックサポートにもたれると，いわゆるずっこけ座りやすべり座り，仙骨座りなどと呼ばれる骨盤が後傾した座位姿勢になってしまう。これは，軟部組織がほとんどなく褥瘡の頻発部位でもある尾骨部周辺への圧力集中を招いてしまうため，絶対に避けなければならない。また，骨盤の後傾は，円背など身体の変形にもつながりやすく，頸部や背部，腰部などに痛みが生じやすくなる。

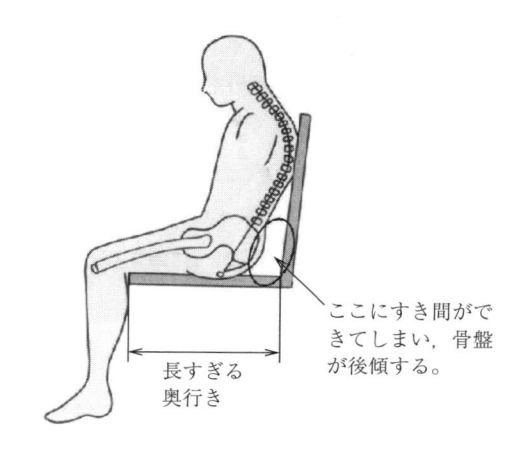

図 3.15 シートの奥行きと座位姿勢の関係

〔3〕 **座位下腿長と前座高・フットサポート高**　座位下腿長とは，「膝窩から足底までの垂直直線距離」であり，上肢駆動の場合はこの値プラス 70 mm，下肢駆動の場合はプラス 50 mm の寸法を前座高とする。

前座高が低い，あるいはフットサポートが高いと，膝の位置が高くなり，大腿後面における体重支持が不十分となる。その結果，座骨部周辺への座圧集中や骨盤の後傾による尾骨部周辺への圧迫を招く。ほとんどの車椅子のフットサポート高は調整できるようになっているので，必ず確認すべきである。

〔4〕 **座位肘頭高とアームサポート高**　座位肘頭高とは，「上腕を自然に下垂して肘を直角に曲げ，手のひらを内側にして前腕を水平前方に伸ばしたときの，シート面から肘の下縁までの鉛直距離」であり，その値プラス 20 mm 程度をアームサポート高とする。

アームサポートは，姿勢の安定や荷重の分散に大きな役割を果たしている。高すぎるアームサポートに肘を置くと，肩が上がり，肩や頸部が疲れやすくなるため，使用されないこと

が多い．アームサポートが高すぎると，腕の重みを支持できないだけでなく，身体の前に腕を出すことによって円背になりやすくなるなど，姿勢を崩す原因にもなるので注意しなければならない．

低すぎるアームサポートの場合，両肘がアームサポートにつく位置まで臀部を前に出して仙骨座りをするか，どちらかの片肘をアームサポートにつけるように身体を片側に倒して座ることが多い．その結果，褥瘡発生や身体変形の危険性が増してしまう．

〔5〕**座位腋下高とバックサポート高**　座位腋下高とは，「シート面から腋下（わきの下）までの鉛直距離」であり，この値マイナス 70 mm をバックサポート高の上限とする．バックサポートが高いと，肩甲骨部がバックサポートに当たって前屈みの姿勢になりやすく，また駆動時の肩甲骨の動きの妨げにもなりやすい．

3.3.3　安定した支持面と体圧分散性

身体の支持に重要な役割を果たすシート面とバックサポートができるだけ身体形状に沿う形状になれば，身体支持と体圧分散の両立を図ることが可能となり，安定した姿勢保持が可能となる．

〔1〕**バックサポートの適合**　最近では，バックサポートに張り調整機能を持った車椅子が増えてきた．これを調整することで，身体形状に沿ったバックサポート形状を作り，座位時の骨盤の後傾を防ぎ，かつ広い面で姿勢を保持することが可能となる．図 3.16 のように各メーカーによってベルトの数や幅，配置などは異なる．以下に，張り調整手順の例とおもなポイントについて述べる．

① バックサポートのカバーを外して車椅子に座り，体幹を前倒した状態で臀部をシート奥までしっかりと入れる．
② 身体を起こし，骨盤上部のベルトを締めて，骨盤の後傾を防止する．
③ 骨盤上部のベルトの少し上の位置を手のひらで押し，少しずつ上方に位置をずらしながら，脊柱が伸びるポイントを探す．
④ いったんバックサポートから身体を離し，ポイントに当たる位置のベルトをきつく締める．
⑤ 身体を起こし，背筋が伸び，胸を張った姿勢になっていることを確認する．
⑥ 残りのベルトの張り具合が同じになるように，脊柱の形状に合わせて締めていく．
⑦ バックサポートのカバーを，調整したバックサポート形状に合わせて取り付ける．カバーを張りすぎると，調整したバックサポートの形状が生かされないので注意する．

以上のような調整を行うと，下部胸郭がバックサポートに「乗る」感覚になり，臀部の負担も軽減できる．図 3.17 にバックサポートの張り調整前後の姿勢の違いを示す．

50　　3. 支援機器による生活支援 ― 生活支援工学の基礎としての機器の現状 ―

(a) (b) (c) (d)

図 3.16　バックサポートのさまざまな張り調整機能

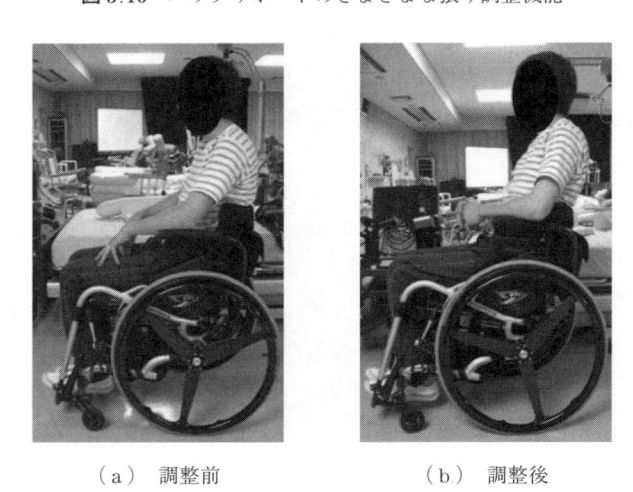

（a）調整前　　（b）調整後

図 3.17　バックサポートの張り調整前後の姿勢の比較

　バックサポートの張り調整機構がない車椅子では，面ファスナやストラップを用いてバックサポートやバックサポートフレームに取り付ける「簡易固定タイプ」，元から付いているバックサポートを取り外し，バックサポートフレームにアダプタを取り付けてしっかりと固定する「フレーム固定タイプ」といった市販の後付け可能なバックサポートを導入する方法もある。

〔2〕**車椅子クッションの使用**　　身体寸法に合った車椅子を選択し，調整を行うことに

よって，身体支持面を増やすことができる。車椅子クッションを使用すれば，さらに支持面が広がり，姿勢安定性や体圧分散性は高まる。車椅子クッションの役割や特性を理解し，適切に選び，必ず使用することが座位姿勢を考える上で重要である。

車椅子クッションは，素材や構造の違いによって着座時のクッション内部の変化が異なり，体圧分散性にも違いが出てくる。ウレタンフォームは，臀部が触れた部分が押されて圧縮される。加圧に比例して圧縮量も大きくなるため，大腿部などに比べて突出している座骨部周辺が受ける圧力が大きくなりやすい。ゲルは，押された部分がそのまま圧縮されて固くなるのではなく，その流動性によって周囲に少し移動するため，突出した座骨部周辺にかかる力もやや分散される。空気の場合は，クッション内部における移動量が大きく，押された部分の力がより広範囲に分散される（図 3.18）。このような理由から，空気，ゲル，ウレタンフォームの順で体圧分散性に優れるといえる。車椅子の使用時間が比較的長く，かつ褥瘡発生リスクが高い人（臀部に感覚障害がある人など）の場合，ウレタンタイプよりはゲル，ゲルよりは空気圧調整タイプを選択するほうが，長時間の座位における褥瘡発生のリスクを回避できる。

また，異なる素材による多層構造や一部（座骨部周辺など）に異なる素材を使ったものな

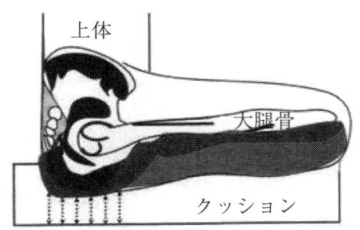

(a) ウレタンフォームクッション
内部がそのまま押しつぶされる。特に突出している座骨部周辺が圧縮されて硬くなる。

(b) ゲルクッション 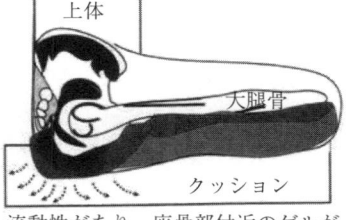
流動性があり，座骨部付近のゲルが周辺に少し移動することにより荷重を分散させる。

(c) エアクッション 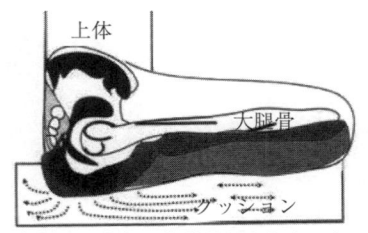
内部での空気の移動量が大きく，内部圧力が等しくなることによって荷重を分散させる。

図 3.18 着座時のクッション内部の変化

ど，複数の素材を組み合わせたクッションも増えている。素材の組み合わせにより，特長を生かし合い分散性を向上させたり，欠点を補い合うことで単一の素材では出せなかった特徴を出したりすることが可能になる。特長を生かし合う例としては，クッション上層部は低反発フォームやゲルなどの比較的柔らかい素材を用いて接触面性の増大を図り，クッション下層部には硬めのウレタンなどを用いてしっかりと体重を支持させる役割を担わせる，という構造のものが挙げられる。また，欠点を補う例としては，空気とウレタンの組み合わせ（ウレタンフォームをナイロン生地やウレタンフィルムなどで包み込んだ構造）が挙げられる。空気層のみに比べるとわずかながら座圧分散性能は劣るものの，座位安定性において優れ，パンクした場合でも中のウレタンがボトムアウトを防いでくれる。

3.3.4 移乗方法の分類と支援

移乗には，立って行う「立位移乗」，座ったまま臀部を移動させる「座位移乗」，自分で身体を動かすことができない場合に介助で行う「リフト移乗」といった方法がある。安全で確実な移乗方法の確保は，車椅子での移動へとつながり，生活範囲の拡大にもつながるため，たいへん重要である。移乗動作の支援には，適切なベッドや車椅子，リフトを選択するなど機器の側面からと住宅改修など環境の側面からのアプローチが考えられ，移乗場面に応じて両面から考えることが重要である。

〔1〕 **立位移乗の支援**　立ち上がり，立位を保持したまま方向を変え，移乗先に座る，という一連の動作において行う最も一般的な方法である。足を引いて身体を前傾させると立ち上がりやすくなるため，ベッドのフレーム形状やレッグ／フットサポートフレームの着脱やスイングイン／アウトといった機能（**図 3.19**）の選択に配慮する。また，立ち上がりや立位保持をサポートするための車椅子のアームサポート形状の検討，ベッド柵や手すりの導入も重要である。

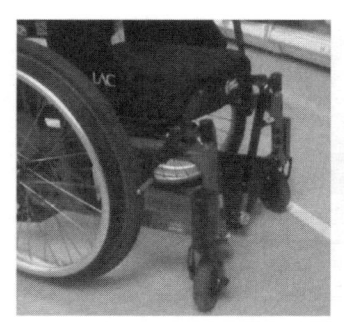

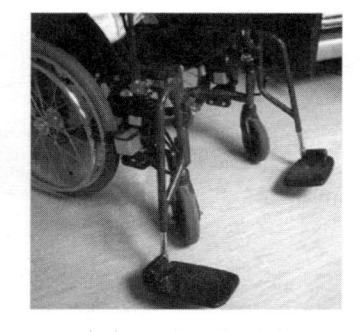

（a）スイングイン　　　　（b）スイングアウト

図 3.19　レッグ／フットサポートのスイングイン／アウト機能

〔2〕 **座位移乗の支援**　立ち上がりができない場合には，座ったまま座位移乗を行う。座位移乗には，移乗先に対するアプローチの違いにより，横移乗（側方アプローチ）と正面移乗（前方アプローチ）がある。横移乗は，上肢で体幹のバランスを保ちながら臀部を浮かせて，あるいはずらして移動する方法である（**図3.20**）。正面移乗は，足を伸ばした姿勢のまま臀部を前後方向にずらして移動する方法であり，上肢の筋力が弱く，体幹のバランス保持も困難な人でもできる座位移乗の方法である（図3.20）。いずれの場合も，移乗先との間にできる「すき間」や「高低差」，臀部を移動させる際の「滑りにくさ」をなくすことが移乗しやすくするためのポイントとなる。

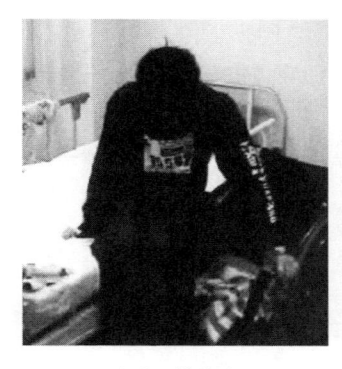

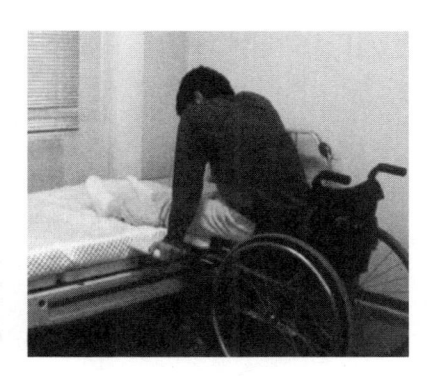

（a）横移乗　　　　　　　　（b）正面移乗

図 3.20　座位移乗

　横移乗および正面移乗，いずれの場合においても，車椅子のシートから前方の長さが短いほど移乗先との間にできる**すき間**は小さくなる。車椅子にレッグ/フットサポートフレームの着脱やスイングイン/アウトといった機能があれば，さらにすき間を小さくすることが可能である（**図3.21**）。わずかのすき間も問題となる場合には，トランスファボードの使用によってすき間をほぼ0にすることもできる。トランスファボードにはいくつかの種類があるが，横移乗の場合にはスライディングボードタイプ，正面移乗の場合にはベッド柵用の穴に固定するタイプなどを使用することが多い（**図3.22**）。横移乗を行う場合には，臀部を横方向にずらして移動させるため，車椅子のアームサポートを短くするか，着脱や跳ね上げといった機能の選択が不可欠となる。臀部が滑りにくく移動しにくい場合は，スライディングシートなど摩擦を軽減する用具を使用するとよい。

　移乗時の高低差に関しては，ベッドであれば高さ調節機能により高低差をなくすことが可能であるが，トイレや浴室などその他の生活場面においては，住宅改修による環境設定が必要となることが多い。車椅子と便器の高さが合わない，車椅子と便器の間にすき間ができるといった場合，便器をかさ上げして設置する，補高便座を使用する，便器周囲に移乗補助用の台を設置する（**図3.23**）などといった環境側での対応方法も検討すべきである。

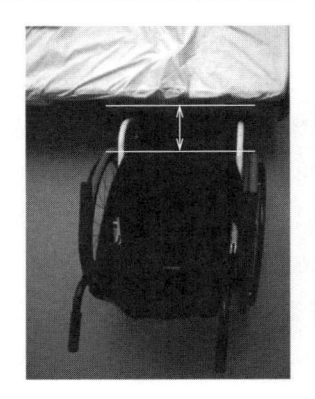

54   3. 支援機器による生活支援 ─ 生活支援工学の基礎としての機器の現状 ─

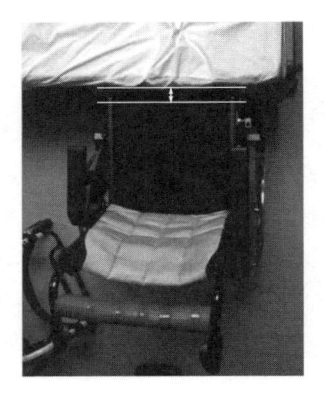

(a) サポートあり　　　　　(b) サポートなし

図 3.21　レッグ/フットサポートの有無によるすき間の違い

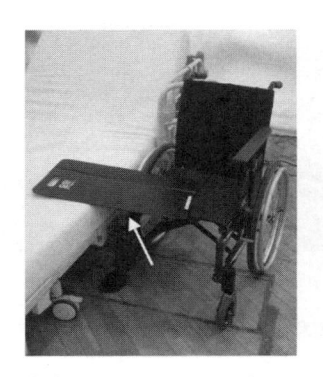

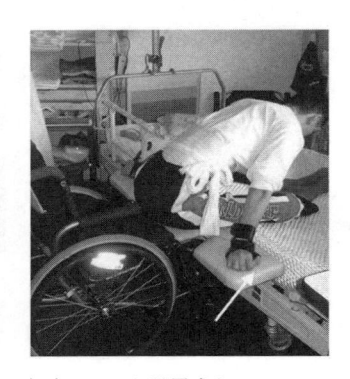

(a) スライディングボード　　(b) ベッド設置式トランスファボード

図 3.22　トランスファボード

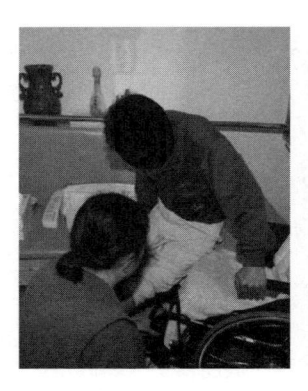

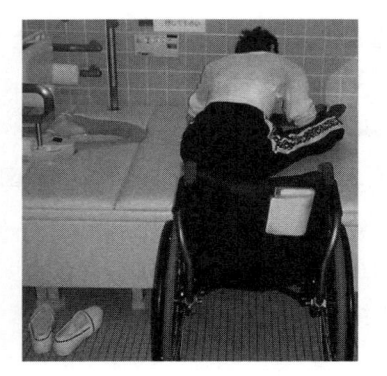

(a) 横移乗　　　　　　　(b) 正面移乗

図 3.23　トイレの移乗補助台

〔3〕 **リフト移乗の支援** 自分では身体を動かすことができない場合には，介助による移乗となる．その際，抱え上げは行わず，リフトを使用することで介助者の身体的負担を軽減することができる．リフトは，「レール走行式」，「設置式」，「移動式」に大きく分類され，住宅の状況や使用場面，介助者の操作能力などに応じて適切な機種の選択を行わなければならない．また，リフトの機種選定よりも重要といわれるのが，直接身体に装着する「吊具」の選定である．本人の身体機能やリフトの使用場面，介助者の操作能力に応じて，リフトの機種よりも先に適したものを選択することが望ましい．

〔a〕 **吊具の選定** 脚側のベルトを交差させて使用する「脚分離型吊具」（図3.24（a））は，最も基本となり，多く使用されているタイプである．ベッド上はもちろんのこと車椅子上での着脱も可能なので，移乗後に取り外すことができる．頭部まで支持することが可能なフルサイズと腰部までを支持するハーフサイズがある．また，脚分離型には，吊った状態でも衣服を着脱しやすいように装着時に臀部周辺が大きく開くように設計された「トイレ用吊具」（図（b））もある．トイレ用という名称であるが，着脱がしやすく通常の場面で使用するケースも多い．身体全体を1枚のシートで包み込む「シート型吊具」（図（c））は，ベッド上での着脱は可能であるが，車椅子上での着脱はできない．そのため，車椅子上では装着したままとなる．

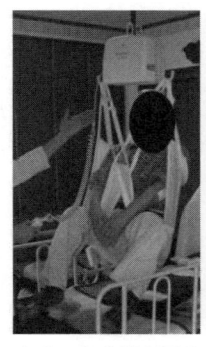

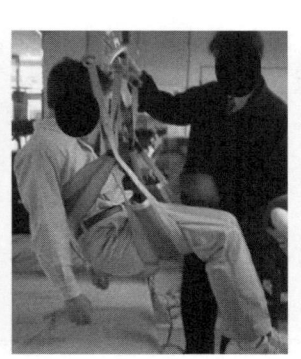

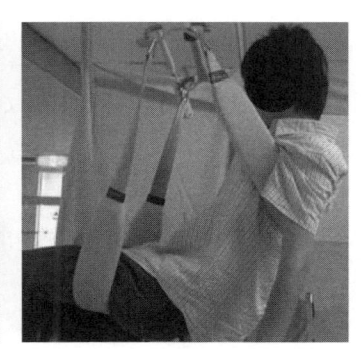

（a） 脚分離型吊具　　（b） トイレ用吊具　　（c） シート型吊具　　（d） ベルト型吊具

図3.24 吊具の種類

体幹ベルトおよび脚ベルトの2本から成る「ベルト型吊具」（図（d））は，最も簡単に装着が可能である．体幹ベルトは腋ではなく肩甲骨部周辺に，脚ベルトは膝ではなく大腿裏面中央部周辺にかけるのがポイントである．装着位置がずれると尻が下がった姿勢になりやすく，身体機能によっては落下することも考えられるので，注意が必要である．

〔b〕 リフトの種類と特徴

(ⅰ) レール走行式リフト

天井や壁，支柱など頭上に取り付けたレールに沿って移動するリフトである（**図3.25**）。天井に設置されたレール上を移動する「天井走行式」，ベッドの上などに門型のやぐらを組み，そのレール上を移動する「据置式」などがある。この種のリフトは，移乗介助スペースを広く確保しやすいので，介助者にとって負担の少ないリフトといえる。

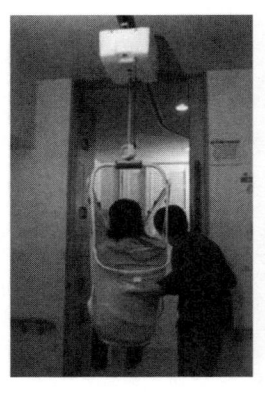

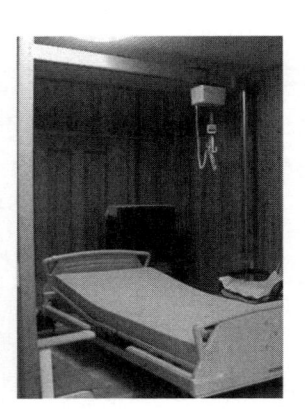

（a） 天井走行式リフト　　　（b） 据置式リフト

図3.25 レール走行式リフト

「天井走行式」（図（a））は，被介助者を吊ったまま移動するため，移乗と移動をリフトのみで行える点が大きな特長である。しかし，他のタイプに比べて高価であり，天井へのレール設置に住宅改修を要するなど大がかりになりやすい。ほとんどの場合は，新築や増築時に導入されることが多い。

「据置式」（図（b））は6畳用や8畳用など部屋の大きさに応じてレールの長さが設定され，支柱は部屋の隅に配置されるように配慮されている。しかし，ベッドの配置によっては，出入口や押入れなどのドアやサッシ部分に支柱がきてしまうこともあり，邪魔になることもある。

(ⅱ) 設置式リフト

壁面や天井，床，他の機器などを利用して固定し，あらかじめ設定された場所での移乗に用いるリフトである。「浴室用リフト」や「ベッド設置式リフト」などがある（**図3.26**）。

アームに取り付けられたリフト本体は支柱を中心に動くため，その到達範囲は円弧状の範囲に限られる。そのため，レール走行式と比べると，介助スペースを狭いと感じる場合が多い。

(ⅲ) 移動式リフト

人を吊り上げた状態で床面を自由に動かして他の場所に移乗または移動させるキャスタなどのついたリフトである。人を吊ったまま長い距離を移動するのは，危険を伴うため避けなけ

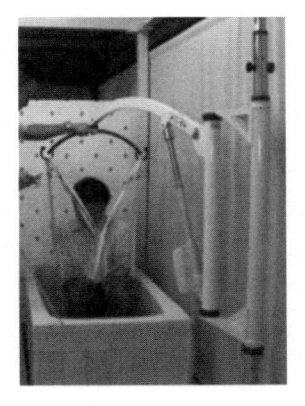

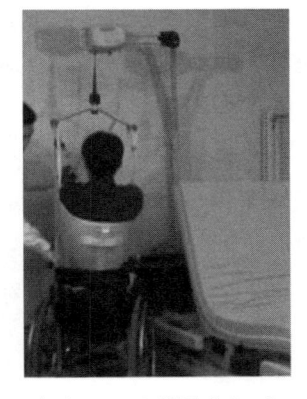

　　　　　　　　(a) 浴室用リフト　　　　(b) ベッド設置式リフト
　　　　　　　　　　　図3.26　設置式リフト

ればならない。選択の際は，他の方式と比べて介助負担が大きいこと，保管にある程度のスペースを要することなどをよく考慮する必要がある。在宅よりは，施設や病院などで使用されることが多いタイプである。

3.4　移動の支援

3.4.1　生活における移動の意義

　移動は生活の上で欠かせない活動の一つである。国際生活機能分類（ICF）においては活動と参加の中に章（第4章）として位置づけられている[1]。移動は，ただ単に体の位置を変化させるということ以外に，多くの社会活動への参加，また，精神機能にも大きく影響を及ぼす。**図3.27**はそのような移動の生活における効果をまとめたものである[2]。移動により行動範囲が広がり，日常の活動の自立度が向上することはもちろん，人や地域との交流を深めることにより参加が促進し，さらにこのようなことにより生活に意欲が出ると

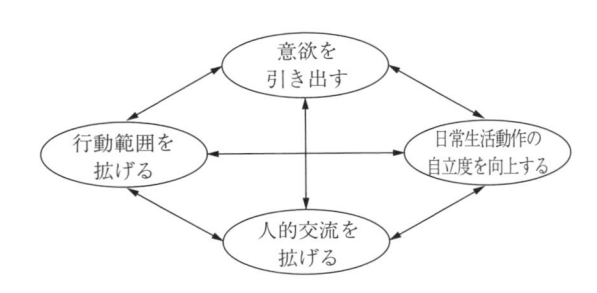

図3.27　生活における移動の意義

いった重要な効果が得られる。さらにこれらの効果は，相互に影響を及ぼし，それぞれの効果は高まっていくことにも注目すべきである。

3.4.2　支援機器による移動支援の考え方

　支援機器を用いた移動支援においては，利用者の身体機能に加えて，ニーズや生活環境と

いった要因を総合して考慮することが重要である．例えば，身体機能としては手動車椅子の操作が可能な場合でも，自宅が坂の途中にあって外出が困難なケースでは，積極的に電動車椅子の利用を考える必要がある．また，一方では環境調整により改善できる可能性もある．**住宅改修**なども合わせて，支援機器の導入時には考慮する必要がある．

　機器による支援では，**自立・自律**の促進を積極的に考えることも重要である．移動の支援を必要とする対象像は，下肢または四肢に障害があり，歩行が困難な者が主として想定される．**杖**，**歩行器**，**車椅子**などはこのような対象者に有効である．

3.4.3　移動支援機器

〔1〕　**杖**　　ISO 9999:2022 によれば，杖は**表 3.3** のように分類される．

表 3.3　ISO 9999:2022 における杖の分類

1203	杖（assistive products for walking, manipulated by one arm）
120303	ステッキ・T字杖（walking sticks and canes）
120306	エルボークラッチ（ロフストランドクラッチ）（elbow crutches）
120309	プラットホームクラッチ（forearm support crutches）
120312	松葉杖（axillary crutches）
120316	多脚杖（walking sticks and canes with three or more legs）
120318	椅子付き杖（walking sticks and canes with seat）
120321	サイドウォーカー（lateral support frames）
120324	車輪付き杖（walking sticks with wheels）

　ステッキ（図 3.28），**T字杖**（図 3.29）は杖として最も一般的なものである．ステッキは，加齢などにより下肢の機能が低下し，歩行が行いにくくなった場合の，軽い支えとして用いる．握り部がU字形なので，大きな荷重をかけて体重を支えることは難しいが，切符を買うなどの立位作業を行う際に，腕などにかけることが容易である．脳血管障害による片麻痺者のように，片手と片脚に麻痺がある場合には，T字杖のほうが，握り手部分に体重をかけやすく，有効である．長さ調節のできるものや，折りたたんで持ち運びが便利なものもある．

　エルボークラッチは，前腕にも支持部がついている杖であり，その代表的なものは**ロフストランドクラッチ**である（図 3.30）．前腕で支持する構造なので，握力の低下を補ったり，杖により大きな荷重をかけて体重を支持することが可能である．両下肢に運動機能の障害があり，杖なしでの歩行が不可能な場合や脳性麻痺などにより歩行の安定性が確保できない場合には，この杖を2本用いて上肢機能を最大限に使った歩行を行うことができる．

　プラットフォームクラッチは，杖の上端にプラットフォームをつけ，その先端に握りのあるものである（図 3.31）．プラットフォーム部に前腕をのせ，肘部で体重を支持する．肘を支持する部分には，弾力性のあるパッドを取り付け，外傷を避ける．リウマチや関節炎など

3.4 移動の支援　59

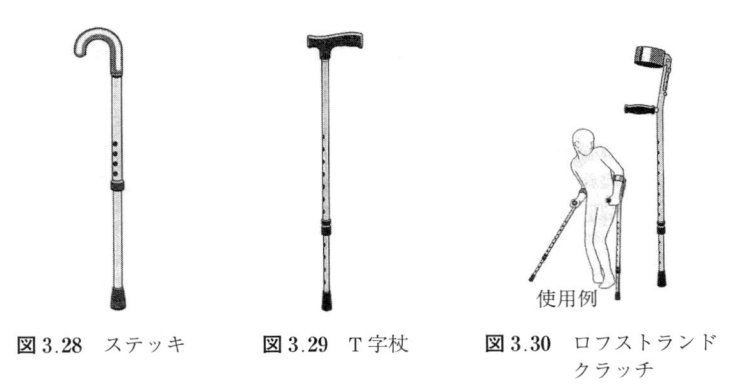

図 3.28　ステッキ　　図 3.29　T字杖　　図 3.30　ロフストランド
　　　　　　　　　　　　　　　　　　　　　　　　　　　クラッチ

使用例

により，手首や肘などに障害があり，自由にのばすことができない場合に有効である。
　松葉杖は，2本1組で使用し，前腕と腋下（わきの下）で体重を支持するものである（図3.32）。骨折などで下肢に体重がかけられない場合や，下半身に麻痺のある場合に有効である。
　多脚杖は，脚が3本もしくは4本に分かれている杖である（図3.33）。杖自身が安定しているので，立位保持が難しい場合や，脳血管障害による片麻痺者の初期歩行訓練に有効である。床面が平らでないと杖が安定しないので，屋外や不整地での使用は困難である。

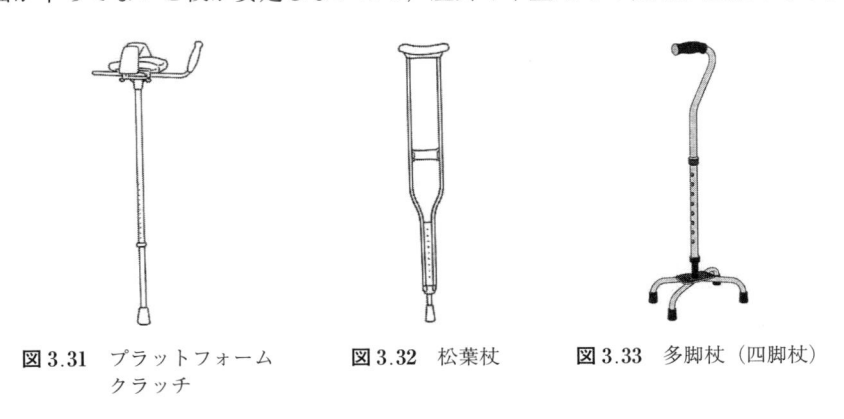

図 3.31　プラットフォーム　　図 3.32　松葉杖　　図 3.33　多脚杖（四脚杖）
　　　　　　クラッチ

　杖の適合においては，長さの調節が重要である。簡易的な方法を図3.34に示す。ステッキ・T字杖では通常使う履き物を履いた立位状態で，大転子部の高さに握り部がくる長さとする。松葉杖では身長から41 cmを引いた長さとする。しかし，下肢や上肢に変形や短縮がある場合は，この方法では最適長さが決まらない。その場合，ステッキ・T字杖では，肘関節を150°に曲げ，手関節を背屈させた部分に握りが位置し，足小指の前外側15 cmの位置に杖の先がくるように長さを決める（図3.35）。松葉杖では，背臥位（はいがい）をとり，軽く杖を腋下にあて，足小指の前外側15 cmのところに杖先がくるように長さを決め，肘関節を150°曲げ，手関節を背屈させた部分に握り手をつける。立位姿勢により最適な長さは変わり，高

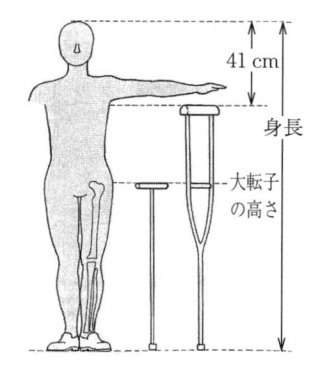

図3.34　杖の長さの目安　　　図3.35　T字杖の長さの決定法

齢者などで円背のある場合は，短めにする。

杖先ゴムの選択も重要である。濡れた路面などでは滑りやすく，転倒の危険を招く。また，衝撃の吸収も先ゴムの役割である。図3.36に例を示す。吸着性杖先ゴムは路面に吸着して滑りにくい。可撓性があり，吸着性の高いものもある。イボ型杖先ゴムは吸着性はないものの，滑りにくく実用性が高い。杖が斜めに接地することを想定した輪状杖先ゴムも実用性がある。いずれにしても，杖先ゴムは2か月程度で消耗するので，確認してこまめに交換する必要がある。

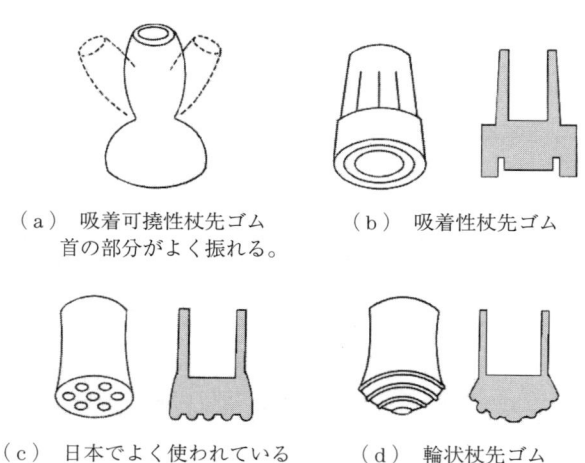

（a）吸着可撓性杖先ゴム
　　　首の部分がよく振れる。
（b）吸着性杖先ゴム
（c）日本でよく使われている
　　　イボ型杖先ゴム
（d）輪状杖先ゴム

図3.36　杖先ゴム

〔2〕**歩行器・歩行車**　　ISO 9999:2011によれば，**歩行器・歩行車**は表3.4のように分類される。

歩行器は，身体を囲むフレームと4本の脚から成り，固定式（図3.37）と交互式（図3.38）がある。固定式歩行器は，歩行器を持ち上げて前方に移動させ，それを支えにして身

3.4 移動の支援

表 3.4 ISO 9999:2022 における歩行器・歩行車の分類

1206	歩行器・歩行車（assistive products for walking, manipulated by both arms）
120603	歩行器（walking frames）
120606	歩行車（rollators）
120607	シルバーカー（walking trolleys）
120609	椅子付き歩行車（walking chairs）
120612	ウォーキングテーブル（walking tables）
120615	電動アシスト歩行車（powered rollators）

体を前に進める。歩行訓練の初期段階に使用する場合が多い。屋内での杖代わりに使用している例もある。交互式は，フレームがゆがみ，左右いずれかに体重をかけ，反対側を前方に押し出すことが可能である。固定式のように持ち上げる必要がない。片麻痺者は適応外となる。また，前脚に車輪の付いたもの（**図 3.39**）もある。車輪付き歩行器は，下肢の支持性はあるが，歩行の耐久性が低い場合に有効である。固定式歩行器のように持ち上げて移動するのではなく，後脚のみを持ち上げて前輪で移動することができるので，上肢の機能が低下している場合も使用可能である。

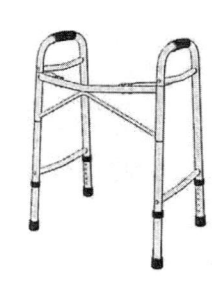

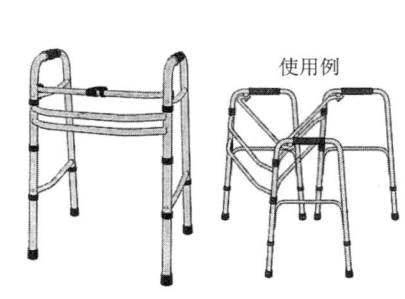

図 3.37 固定式歩行器　　**図 3.38** 交互式歩行器　　**図 3.39** 車輪付き歩行器

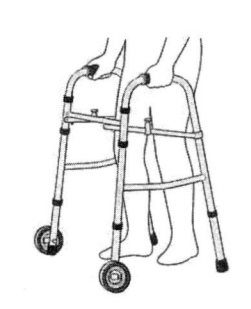

歩行車は，歩行器のすべての脚に車輪が付いたものであり，四輪または三輪である（**図 3.40**）。**歩行車**は，持ち上げることなく，移動可能である。ただし，段差や路面の影響を受けやすく，立位保持がある程度可能な場合に有効である。前方に体重をかけすぎると，歩行車が逃げて転倒の危険性があるので，ブレーキ操作を適切に行う必要がある。三輪歩行車は側方転倒の危険性があるので，支持性に左右差のある場合は使用しないほうがよい。立位の支持性が低い場合や上肢の機能が低下している場合は，**肘支持型の四輪歩行車**（歩行テーブル）が有効である（**図 3.41**）。これは，施設内での使用例が多い。段差などは超えるのが不可能である。**椅子付き歩行車**は，歩行中に体重を支える座またはスリングを備えた歩行支援用具である。

歩行器・歩行車ともに高さの調整は重要であり，調節機構のついているものが多い。

シルバーカーは日本独特の歩行補助具である（**図 3.42**）。屋外での買い物を想定してお

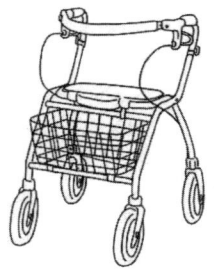

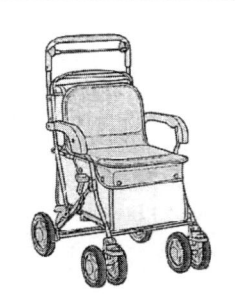

図 3.40　四輪歩行車　　図 3.41　歩行テーブル　　図 3.42　シルバーカー

り，物入れと腰掛けがついている。前輪はキャスタで後輪が固定輪であるものが多い。歩行は可能であるが，耐久性がやや低下している高齢者などが対象となる。ハンドルが前方に位置するため，体重を支えることは基本的には難しい。ハンドル部分が低く設定されると，前屈みになり転倒の危険が増したり，円背を進めることになる。高さ調節は重要である。

〔3〕 **手動車椅子**　　**手動車椅子**は，歩行が困難な人にとって，移動を行う上でとても有効な福祉用具である。おもに上肢で駆動することが多いが，下肢を使って駆動する場合もある。また，介助者が押して移動する場合も，有効な移動手段となる。

図 3.43 に代表的な自走用標準形手動車椅子の構造を示す。大きく分けると身体支持部分と駆動部分に分けられる。身体支持部分は，シート，バックサポート，アームサポート，サイドガード，レッグサポート，フットサポートなどから成る。フットサポートは，移乗や介助の際に邪魔にならないよう，跳ね上げ式になっているものが一般的である。駆動部分は，駆動輪，ハンドリム，キャスタ，ブレーキ，手押しハンドル，ティッピングレバーなどから成る。キャスタはソリッドタイプが一般的であるが，空気圧タイプ，クッションタイプ，サスペンション付きなど，振動を吸収する工夫がされているものもある。ティッピングレバーは，段差を超える際に介助者が踏み込むことで，前輪を上げやすくするためのものである。

手動車椅子の重量は，材料や構造によりさまざまであるが，アルミニウム合金製やチタン合金製の軽量タイプの車椅子では 10 kg 前後，スチール製では 15～20 kg 程度となる。寸

図 3.43　自走用標準形手動車椅子

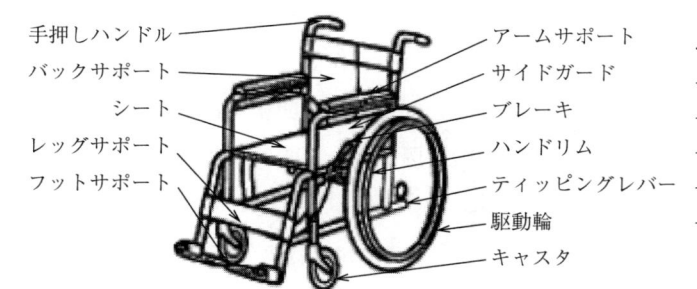

表 3.5　手動車椅子の寸法

部　位	寸法値
全長	1 200 mm 以下
全幅	700 mm 以下
フットサポート高	50 mm 以上
全高	1 200 mm 以下

法は JIS T 9201:2016（**表 3.5**）により定められているが，それぞれの車椅子で意図する用途に合わせてさまざまである。

JIS T 9201:2016 における手動車椅子の分類は**図 3.44** のようになっている。ここでは，大きく自走用と介助用に分けられている。自走用は，使用者自らが駆動・操作して使用することを主目的とした車椅子であり，駆動用の大径車輪がついているものが一般的である。介助用は，使用者自らは駆動せず，介助者が操作することを主目的とした車椅子であり，キャスタと中径車輪で構成したものが一般的である。自走用・介助用室内形車椅子は，室内での使用を主目的とした車椅子で，小回り性能を向上させるために駆動輪が中央にある六輪型車椅子（**図 3.45**）などがある。

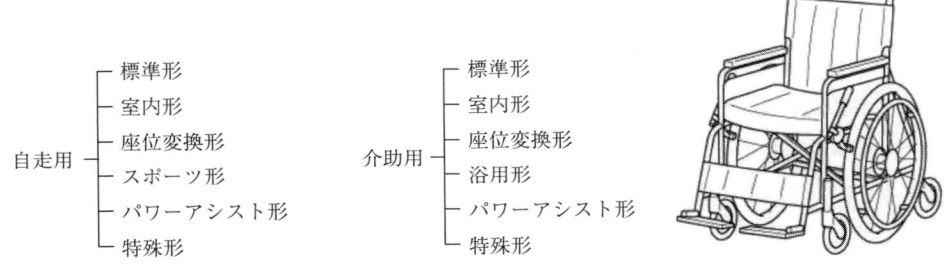

図 3.44 JIS 規格（T 9201:2016）における手動車椅子の分類

図 3.45 六輪型車椅子[1]

適した車椅子の選択には，移乗や座位保持に関する配慮が必要である（3.3 節参照）。

〔a〕 **移乗への配慮**　車椅子への**移乗**方法に対応した選択を行う必要がある。側方から移乗する場合には，前部が低くなっているデスク型アームサポート（**図 3.46**）や高さ調節式アームサポート（**図 3.47**），取り外しが可能なアームサポート（**図 3.48**）を選択することで移乗が容易になる。片麻痺者の場合のように，立位を一度とって移乗する場合には，フットサポートが邪魔になり転倒の危険にもつながる。このような場合には，フットサポートの跳ね上げ機構やスイングアウト機構，取り外し機構がついた車椅子を選択するとよい。

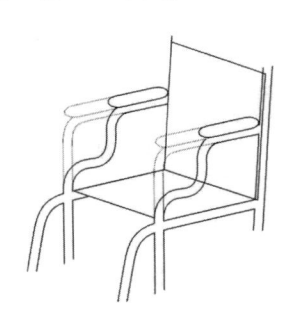

図 3.46 デスク型アームサポート

図 3.47 高さ調節式アームサポート

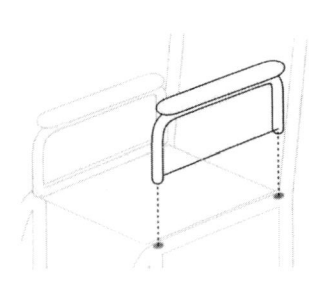

図 3.48 取り外し式アームサポート

また，介助が必要な場合やリフトを使用する場合などは，アームサポート，フットサポートが取り外し式となっているもののほうが介助を行いやすい。移乗の際に車椅子のブレーキをかけ忘れることで，事故につながることも多く報告されている。また，立位をとって移乗する場合には，フットサポートを上げずに立ち上がり，転倒するケースも多く見られる。これらの危険を十分考慮して，移乗を行う必要がある。また，立ち上がると自動的にブレーキがかかる車椅子の利用も効果的である。

〔b〕 **座位の確保** 利用者の**身体寸法**に合った車椅子を選択することが重要である。標準規格品で適した車椅子がない場合は，オーダーメード品やモジュール型を選択する。

車椅子の使用にあたって，**クッション**は必要不可欠である。クッションの機能としては，座位姿勢の保持と臀部の除圧の二つがおもなものとして挙げられる（適切な座位保持の選定については，3.3節を参照）。

車椅子で自走する場合，駆動輪の車軸の位置が重要なポイントとなる。後輪駆動式車椅子の場合，車軸はなるべく前方にあったほうがこぎやすく，機動性も高くなる。しかし，車軸を前方にすることで，後方転倒の危険性が高くなる。体幹機能の状態を考慮し，後方転倒しない範囲で適切な位置を設定する必要がある。目安としては，後方転倒の危険を感じる位置から5cm程後方に設定することがよいとされている。段差を超える際は，**図3.49**に示すようなキャスタ上げを行って，後輪のみで段差を超える。車軸が後方にある場合は，このキャスタ上げが行いにくくなる。車椅子の特徴として，上り坂では駆動力を必要とし，下り坂では速度が速くなる。また，横傾斜のある場所では，後輪駆動タイプでは重力により側方へ車椅子が引っ張られ，直進が困難になる。走行する路面の状態に十分注意を払うことが必要である。

図3.49 キャスタ上げ

片麻痺者の場合，片手と片足を使って車椅子を駆動する。基本的には，上肢でハンドリムに力を加えることで車椅子を駆動し，下肢で床をけることで進行方向を調節する。その際，前座高が重要なポイントとなる。車椅子上で座位をとった際に，かかとが床につくことが望ましいとされる。すなわち，図3.12（b）に示す座位下腿長と前座高が等しくなるように設定する。介助者が押すことが多い場合は，グリップ高の設定に注意が必要である。目安としては，介助者のへその位置から股関節位置の間の高さが良いとされる。坂の多い場所で使用する場合は，介助者用のキャリパブレーキをつけることも有効である。通常の車椅子のブレーキは停止している際のパーキングブレーキとしての機能しかないが，キャリパブレーキは自転車のブレーキと同様に走行速度を制限するための使用が可能である。また，段差を超える場合などは，ティッピングレバーを足で踏み込むこ

とで，容易に前輪キャスタを上げることができる。

〔4〕 **電動車椅子**　電動車椅子は上肢および下肢に障害のある人に対して，自立移動の実現を可能とする。したがって，重度の障害がある人にとって，生活活動を大きく広げるための重要な福祉用具である。

図3.50に代表的な後輪駆動式電動車椅子の構造を示す。大きく分けると，身体支持部分，操作部分，駆動部分に分けられる。身体支持部分は手動車椅子と同様に，シート，バックサポート，アームサポート，レッグサポート，フットサポートなどから成る。

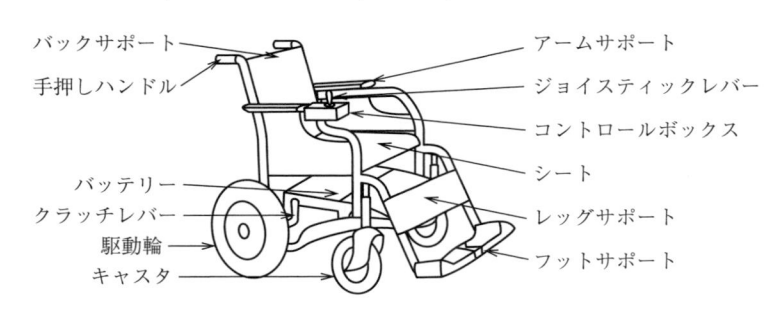

図3.50 後輪駆動式標準型電動車椅子

操作部分はジョイスティックが一般的である。レバーを倒す方向に応じて電動車椅子の回転半径が変化し，レバーを倒す角度によって電動車椅子の速度が変化する。すなわち，1本のレバーを操作することにより，二つの機能を実現している。コントロールボックスには，ジョイスティックレバーのほかに電源スイッチや速度設定スイッチ，バッテリー残量計などが取り付けられている。操作部分は，上肢による操作以外にも顎での操作，下肢での操作，頭部での操作など，利用者の身体状況に応じて設定可能である。一つのスイッチで操作可能な電動車椅子も市販されている。

駆動部分は，一般的には，左右二つの電動モータとそのコントローラ，それらに電源を供給するバッテリー，車輪，クラッチから成る。クラッチは，電動モータの回転を車輪に伝える働きをし，クラッチをつなぐことにより電動での走行が可能となり，クラッチを切ることで車輪がフリーになり介助者が押して移動することが可能となる。

電動車椅子の最高速度は，道路交通法により6 km/hと決められており，歩行者とみなされる。JIS規格では，低速用（4.5 km/h以下）と中速用（6.0 km/h以下）の2種類が規定されている。障害者総合支援法による補装具の給付制度においても，JIS規格に基づいた低速用と中速用が規定されており，利用者の身体機能に

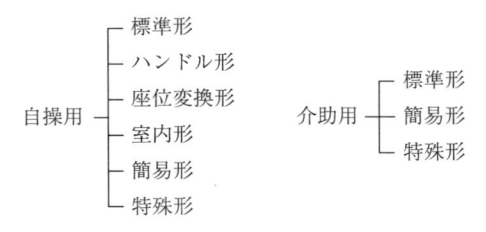

図3.51 JIS規格（JIS T 9203:2016）による電動車椅子の分類

応じて使い分けられている。

JIS 規格における電動車椅子分類は**図 3.51** のようになっている。ここでは，大きく自繰用と介助用に分けられている。ISO 9999:2022 では，電動三輪車・電動四輪車（手動でハンドルを操作するもの），電動車椅子（操舵も電動で行うもの），電動介助用車椅子に分類される。電動ではないが，エンジン付き車椅子の項目もある。

電動車椅子の操作入力装置には，一般的なジョイスティック以外にも，多くのものがある。**図 3.52** は，スイッチ入力式ジョイスティックであり，ジョイスティックを倒す方向により，前進，後退（停止），右その場回転，左その場回転，前進右折，前進左折，後退右折，後退左折の八つの操作を行うことができる。速度の調整はできないが，通常のジョイスティック操作のような微妙な動作ができない利用者に適しており，チン（顎）コントロールでの操作に使用することが多い。頭部でヘッドサポートを押すことで操作が可能なもの（**図 3.53**）や，押しボタン入力装置（**図 3.54**），一つのスイッチ操作によりスキャン方式で進行方向を選択する 1 入力操作装置（**図 3.55**）など，より重度の障害を持つ人のための入力装置が市販されている。

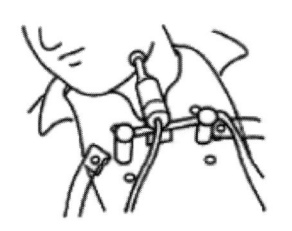

図 3.52　スイッチ入力式ジョイスティック

図 3.53　ヘッドコントロール式操作入力装置

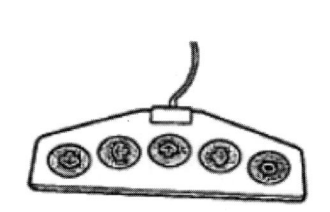

図 3.54　押しボタン式入力装置

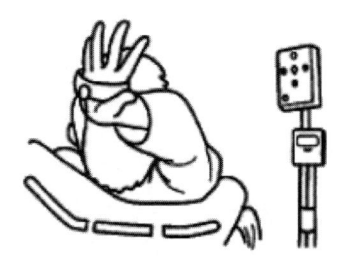

図 3.55　1 入力スキャン式電動車椅子操作装置

手動車椅子と同様に，適した電動車椅子の選択には，移乗や座位保持に関する配慮が必要である。（3.3 節参照）。

〔a〕**移乗への配慮**　手動車椅子と同様に，**移乗**方法に合わせて，適切なアームサポー

トやフットサポートの選択が必要である（3.3 節参照）。電動車椅子の場合，座面高が高いものが多く，**移乗用リフト**を使用する場合は，吊り上げ高さとの関係にも注意が必要である。

電動三輪車，電動四輪車では，側方より乗り込むことになり，立位をとって移乗する場合は，ステップを踏み外すことによる転倒の危険等に注意を払う必要がある。

〔b〕 **座位の確保** 手動車椅子と同様に，身体寸法や身体機能に合った電動車椅子を選択することが重要である（手動車椅子参照）。座位変換型電動車椅子では，電動でリクライニングやティルトのできるものがあり，利用者が自らこれらの操作を行うことができる。この機能は自立を促進する有効な機能である。ただし，座位の変換により，座位姿勢が崩れ，ジョイスティック等の操作入力装置が操作できなくなる可能性があり，その点は十分に注意する必要がある。

〔c〕 **操作入力装置の選択** まず，対象者の身体機能を評価し，電動車椅子操作の可能性がある部位を探すことから始まる。操作部位の優先順位としては，上肢，下肢，あご，頭部，その他の順番で探すのが一般的である。操作する機能としては，上肢が最も適しており，下肢は上肢に比べると巧緻性が劣るとされている。顎や頭部での操作は，視覚や聴覚への影響が考えられ，上肢，下肢よりも優先順位を低く考えたほうがよい。

操作入力装置の優先順位は，通常のジョイスティック，スイッチ入力式ジョイスティック，押しボタン入力装置，1 入力操作装置であり，この順番で操作可能な電動車椅子の走行性が低下していく。通常のジョイスティックでは，回転半径，走行速度の調節を任意に行うことができるが，スイッチ入力式ジョイスティックでは，走行速度の調節ができなくなる。さらに，押しボタン入力装置では，機種や設定にもよるが，連続した走行が不可能になり，一度停止して方向変換を行わなければならない。1 入力操作装置では，さらに進行方向をスキャン方式で決定するために，時間がかかってしまう。

以上，利用者の身体機能と操作入力装置の特徴を考慮して，入力装置の選定を行う。ジョイスティックを倒す方向および角度を微妙に調整することができる場合は，通常のジョイスティックを選択する。不随意運動や筋緊張異常があり，通常のジョイスティックの操作が困難な場合，スイッチ入力式ジョイスティックを選択する。押しボタン入力装置は，動作方向の制御がうまくいかないものの，押しボタンであれば押せるような対象者に有効である。スイッチの操作が 1 か所のみ可能な場合は，1 入力操作装置を選択することになる。評価にあたっては，実際のスイッチを使用して試すべきである。また，電動車椅子を実際に操作すると，身体機能に変化が見られたり，加速度などの影響で操作能力が変化する場合もあるので，評価用の電動車椅子を借り，基本的な走行を行い，評価した上で選定することが望ましい。

電動三輪車・電動四輪車では，ハンドル操作やアクセル操作，ブレーキ操作が確実に行え

ることが選定条件となる。したがって，上肢の運動機能がある程度良好である必要がある。筋疾患のある利用者では筋力の状況，リウマチなどにより関節可動域に制限がある場合は，動作範囲についての考慮が必要である。

〔d〕 **移動における注意点** 電動車椅子は重量もあり，操作を誤ると大事故になりかねない。使用にあたっては，認知や判断といった知的機能がしっかりしていることが重要である。また，視覚（特に視野）も大切な機能である。これらの身体機能について，操作能力以外にも確認する必要がある。

適切な速度の選択は，操作性に大きく影響する。最高速度を制限することで，走行が安定したり，危険の回避が安全に行えるようになる場合がある。また，走行場面に応じて適切な速度を選択できることも，重要である。機種によっては，プログラミング機能を有しているものもあり，最高速度などの値が利用者の状況に合わせて設定できるものもある。これらの機能を有効に活用することで，より重度の障害者に対して，電動車椅子の適応範囲を広げることが可能となる。また，電動車椅子の操作は，身につくまでに慣れも必要である。適切な機器の選定にあたっては，試用を行いながら評価する必要がある。

電動三輪車は，側方への安定性が悪く，転倒事故の報告もある。なるべく四輪車を選択することが望まれるが，三輪車を選択する場合には，どのような状態になると転倒するかについて，利用者に説明し，理解してもらうことが大切である。

介助用電動車椅子には，機種によってはハンドルを前方に押し込むことで，電動駆動のスイッチが入るものがある。一見便利そうではあるが，走行する道路の状況によっては，ON/OFFが繰り返される状況に陥る場合がある。あらかじめ試した上で選択することが大切である。

電動三輪車や電動四輪車は，電車への乗車を拒否される場合がある。選択する場合は，よく利用する鉄道会社への確認が必要である。

〔e〕 **そ の 他** 子供にとって自立移動は，発達や学習に大きく影響を及ぼすとともに，多くのことを経験し成長する過程でも重要な活動である。現在，日本では子供用の電動車椅子は危険が伴うことから，あまり支給されていない。しかし，海外では子供専用の電動車椅子も多く市販されており，健常児が歩き始めるのと同じ時期に電動車椅子を導入するべきであるとの意見もある。危険性に対する対策を備え，できるだけ早期に自立移動を実現することを考えることは重要である。

〔5〕 **自 動 車** 中長距離の移動の際に，**自動車**は有効な支援機器といえる。公共交通機関の利用も有効ではあるが，ドアツードアでの移動を考えると，自動車の利便性は高い。障害者の自動車利用については，自操するか否かで配慮項目が異なる。

〔a〕 **自操における配慮点** 自操の場合，歩行可能な者もしくは手動車椅子利用者が

対象となり，下記のような問題を解決する必要がある．

- 運転操作
- 乗り移り
- 車椅子の積み込み・積み降ろし
- 褥瘡対策

運転操作については，手動装置や特別な改造により対応する．**図 3.56** に，下肢麻痺者を対象とした手動装置の改造例を示す．ハンドルにノブを取り付け，片手でも回転しやすい配慮を行うとともに，アクセルおよびブレーキ操作を左手で行うようレバーを取り付ける．このレバーの動きはリンク機構により，アクセルペダルおよびブレーキペダルに連結されている．通常，発進時や制動時の加速度を考慮し，前方に押すとブレーキがかかり，後方に引くとアクセルとなる．

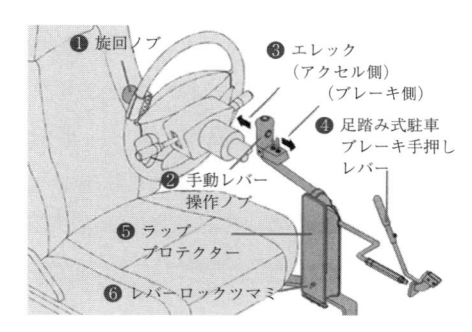

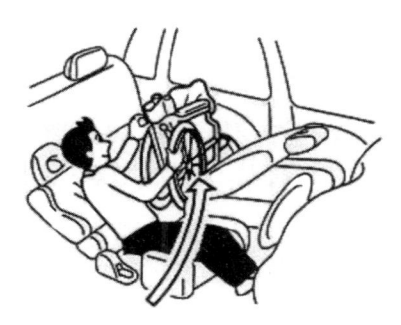

図 3.56　自動車手動装置　　　　図 3.57　手動車椅子の車への積み込み

乗り移りと車椅子の積み込み・積み降ろしは一連の動作であり，車椅子と自動車のシートに高さの差がある場合や，下肢の機能に加えて上肢の機能にも障害がある場合には，自動車運転のネックとなる．車椅子の積み込みは，一般的に**図 3.57** に示すように，体の上を経由して後部座席に格納する方法がとられている．

運転中に褥瘡を発症する事例も多く見られており，車椅子上と同様に，適切なクッションを使用するとともに，定期的な除圧を図るといった対策が必要である．

自動車の運転の可否は，就労に直結する問題となることが多く，社会参加に対する促進因子としても重要な役割を担う機器である．就労は障害者総合支援法にも示されているとおり，障害者が生活を成り立たせる上で，最も重要な要因である．したがって，これに関連する移動実現の意味は非常に大きい．

〔b〕**介護乗車に対する配慮点**　搭乗者としての自動車利用も，移動範囲の拡大に有効である．障害に対する配慮としては，座席への着座と車椅子ごとの乗り込みの2点がおもなものとなる．座席への着座補助では，**図 3.58** に示すような椅子の移動機能がついている

図 3.58　スライドアップシート　　　　　　　図 3.59　リフト付き自動車

図 3.60　スロープ付き自動車

車両が，立位からの乗車や車椅子からの介助移乗において有効である。また，リフト（図 3.59）やスロープ（図 3.60）は，車椅子ごと乗車する際に有効な機能である。車椅子での乗車の際には，車椅子の固定も重要なポイントであり，ベルトやくさび等でしっかり固定する必要がある。

3.4.4　移動支援機器の開発・設計のポイント

移動支援機器の開発や設計を行う際に考えるべきポイントを以下に示す。

- 体型への対応
- 身体能力への個別対応
- 安全性の確保

〔1〕**体型への対応**　　移動支援機器は，立位や座位での使用が主となり，利用者の体型への対応が重要なポイントとなる。一つの方策は，**アジャスタブル化**である。杖の長さが変えられる機構や，歩行器の脚の長さが変えられる機構は，その例である。車椅子でも，座面の高さや長さ，背もたれの高さ等が変更できる機能を有するものがある。しかし，アジャスタブル化により，強度の低下を招く可能性もある。このような場合には，サイズ別に機種を用意するという対応も可能である。

〔2〕**身体能力への個別対応**　　利用者の身体状況の個別性への対応も重要なポイントである。特に，重度の障害者が利用するような手動車椅子，電動車椅子では，その重要性はさらに高まる項目となる。この解決策の一つに前述のアジャスタブル化が考えられる。しかし，体型のように寸法により対応できる要素だけではなく，さらなる配慮が必要となること

が多い。この場合，**モジュール化**を図ることで対応することが有効である。利用者とのインタフェースの部分をモジュールとして独立させることで，利用者の個別性に応じて，そのモジュールを交換することで，幅広い障害に対する利用を可能とする。車椅子の座位保持装置では，背もたれの種類や，サイドパッドの種類を変更することができるモジュール型のものがある。また，電動車椅子では，入力装置の取り替えが可能となっており，身体状況に合わせた入力方法が選択できるような配慮がなされているものもある。利用者数の限られるオーファンプロダクツでは，モジュール化により共通部分の利用者の数を増やす配慮は有効な方策である。

〔3〕 **安全性の確保**　移動支援機器はその利用において，転倒や転落，衝突などの身体への危害の可能性を含んだ機器といえる。その点については，慎重な配慮が必要である。機械的な安全性については，日本産業規格等において基準が設けられており，それは安全性の目安となる。しかし，移動支援機器はさまざまな環境の下で使用される機器であり，想定される利用環境を十分に配慮し，**リスクアセスメント**を行う必要がある。

　また，電動車椅子や自動車など，操作者の判断や操作の問題も考慮する必要がある。自動車では運転免許証制度があるため，ある程度，利用者への教育や能力の管理が可能である。しかし，電動車椅子については，障害者総合支援法では判定機能を有しているものの，利用者の操作能力のチェックは十分とはいえない。また，高齢者では，認知機能の低下も問題であり，自損，他損の事故につながる可能性も高くなる。このような状況の中，機械としての安全確認，安全性向上技術の開発，利用者への教育，利用環境の改善など包括的な取り組みが重要となる。その意味で，移動支援機器の安全性については，社会全体で考える問題ともいえる。認知機能低下に対応する安全機能の向上は，今後期待される開発課題の一つである。

　また，褥瘡や上肢のオーバーユースなど，利用者の身体への二次障害についても配慮が必要である。このような安全性の向上は，今後の移動支援機器における重要な課題となるであろう。

3.5　コミュニケーションの支援

　コミュニケーションは，生活を支援していくためには，最初にアプローチするといってよい。
　しかし，野中が指摘するように，日本人には情緒的一体感が先に醸成されることにより，言語によるコミュニケーションが省略されがちである[1]。
　一般的なコミュニケーションに関しては，いろいろな定義があり，多くの人の納得を得るものの一つである藤巻によれば，「よりよい人間関係を築くこと」といった定義でもある[2]。

コミュニケーションの定義を整理して記載している書籍などもある[3]。

コミュニケーションが成立するためには、だれに、どのように、という点をまず明確にし、構造を明確にすることが必要である。

コミュニケーション自体の定義は多岐にわたるが、生活支援工学の範疇からは、構造を、「距離」と「チャンネル（メディア）」に大別すると、理解しやすい。

まず距離とは、図 3.61 に示すように、「同一空間」なのか、「物理空間」なのか、「メディア空間」なのかの分類が必要である。

「同一空間」、「物理空間」は、情報の発信者と受信者とが、一緒にいる度合いを示している。例を挙げると、8畳の和室に二人がいて、会話をしている、といった場合は、「8畳の和室」という「同一空間」に

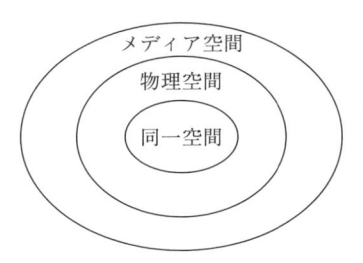

図 3.61　コミュニケーション（距離）

いると表現することが可能である。

「メディア空間」とは、後述するチャンネル（メディア）によって、コミュニケーションが成立する場合を、距離という視点で分けたものである。

つぎに、チャンネル（メディア）とは、表情、ジェスチャ、声・ことば、音、電話、FAX、手紙・葉書・電報、メール、SNS、絵・写真、のろしといった、情報を伝える手段ともいってよい。新しい技術が生まれることで、使われるチャンネルは異なってくる。1965年以前にはメールは存在しておらず、現在の日本では"のろし"に実用性はない。

技術的な問題とともに、匿名性があるのかないのか、即時性を求める必要があるのかないのかといった2点も、よく検討することが必要な事項である。一般的には、FAXやはがきの匿名性は低いとされる。電話には即時性を求められるが、メールやSNSは即時性を求めないとされている。

構造的に、「距離」と「チャンネル（メディア）」を理解することで、対象者に対して、どの「距離」で、どのような「チャンネル（メディア）」を使うかが明確になるため、機器を導入することも可能となってくる場合もある。

誤解を生じている場面が少なくないので追記すると、機器がないとコミュニケーションできない場合は非常に限られた場合であるのが実態である。

この限られた場面で有効なのが、「重度障害者用意思伝達装置」である（図 3.62 参照）。

図 3.62　意思伝達装置の例
（（株）日立ケーイーシステムズ）

3.5 コミュニケーションの支援

3.5.1 重度障害者用意思伝達装置

重度障害者用意思伝達装置が開発されたのは，身体障害に隠れた脳性麻痺児・者の内言語に気づく機器開発が最初であったと考えられている。当時の養護学校に在籍していた遠藤知見，また育英工業高等専門学校（現 サレジオ高専）に所属していた依田 勝による「タイパーマトリックス」が，国内のコミュニケーションに関する機器支援の最初であると位置づけられる。

いろいろな患者ニーズへの対応とともに，一般的には，ワードプロセッサやパーソナルコンピュータが普及し，キーボード入力による書字代替が一般的になってきた。

諸外国でも同様の経緯で，重度の障害者用書字機能代行は進んできた。

日本では，医療保険制度の整備によって，人工呼吸器の装着が，本人が望めば利用できる状況となってきた。世界的に見れば，最も重度な障害に対応しているのは日本である[4]。

制度的に見ると，平成22年3月31日 厚生労働省告示124号により，「文字等走査入力方式」と「生体現象方式」に分けられた。

本質的なところでは，「生体現象方式」とは，生体信号等を利用する高額な操作スイッチであるため，操作スイッチを中心として補装具制度としてはとらえているといえる。

対象が，重度の両上下肢および言語機能障害者であって，重度障害者用意思伝達装置によらなければ意思の伝達が困難な者であることからしても，非常に限られた身体機能に対応しているというのが位置づけといってよい。

操作スイッチは，身体適合の必要な部分であり，2006（平成18）年10月からは，補装具としての扱いをすることとなっている。価格的な課題もあり，修理項目となっているが，最も対応すべきところは操作スイッチである。重度障害者用意思伝達装置として，制度で決定されている方式について「重度障害者用意思伝達装置」導入ガイドラインから引用する。

〔1〕 **接点式入力装置**　接点式入力装置は，押しボタンスイッチのように，荷重をかけて機械的な接点を閉じる操作をする入力装置で，種類も形状も豊富に市販されている。

操作がわかりやすく，クリック音やクリック感などの操作感があるので，入力したことを確認できる（**図3.63**）。手だけでなく足や頬などいろいろな身体部位で操作することができる。小さな力，小さな動きで操作できるものもあるが，意図しない誤入力も入りやすく，スイッチの反発力が少ないため，押しっ放しになることがあるので注意を要する。一般的に，進行性の神経筋疾患等ではその初期段階に用いられる。

最も多く使われている種類の入力装置である。

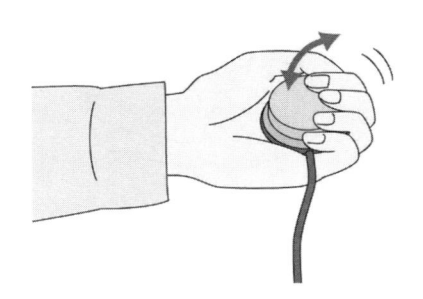

「重度障害者用意思伝達装置」導入ガイドラインからの引用。

図3.63　接点式入力装置

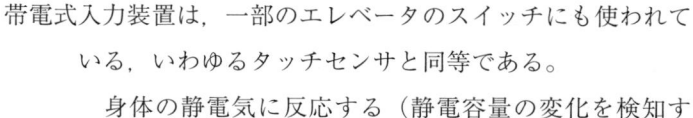

〔2〕 **帯電式入力装置** 帯電式入力装置は，一部のエレベータのスイッチにも使われている，いわゆるタッチセンサと同等である。

身体の静電気に反応する（静電容量の変化を検知する）入力装置なので，荷重をかける必要がなく，操作部位に力がなくても操作できる。（図3.64）。神経筋疾患等のかなり進行した段階でも使用可能である。ただし，触った感覚だけでクリック感がないので，正しく操作していることを確認するため，表示ランプ，音や画面で操作している本人に知らせる（フィードバックする）必要がある。

「重度障害者用意思伝達装置」導入ガイドラインからの引用。

図3.64 帯電式入力装置

〔3〕 **筋電式入力装置** 筋電式入力装置は，腕や顎などの大きな筋肉が収縮するときに発生する筋電（electromyogram，EMG）の強弱を，皮膚表面に貼り付けた電極で検知する入力装置である。（図3.65）。

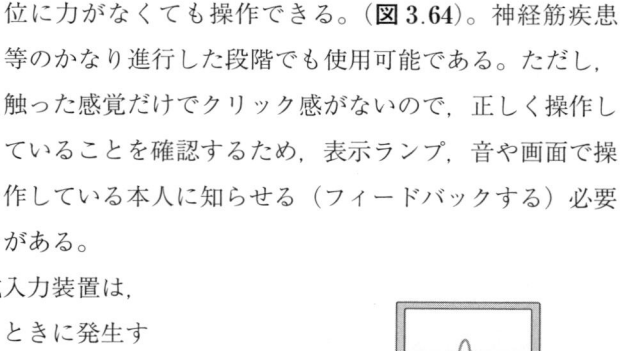

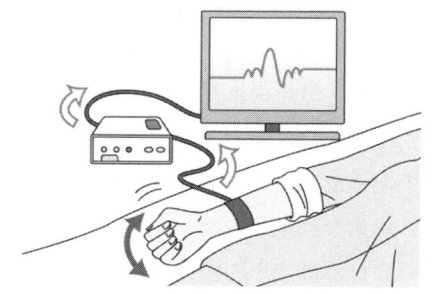

顎をかみ締める，肩に力を入れるなど，必ずしも巧緻性の高い動作は必要ないことが長所となる。しかし，有線のセンサを身体に装着することが必要なので，うっとうしい，煩わしい，ベッドや車椅子に引っかかって断線する，線が動くと雑音が入って誤動作する，などのリスクがある。電極の貼り付け部分のかぶれにも注意が必要となる。

「重度障害者用意思伝達装置」導入ガイドラインからの引用。

図3.65 筋電式入力装置

〔4〕 **光電式入力装置** 光電式入力装置は，対象物に光を当てて，その反射の強さを検知する入力装置である。

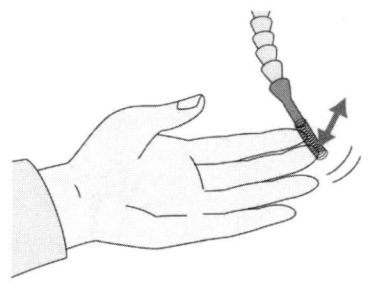

スイッチにタッチしなくても設定した距離まで近づけば反応するので，額やまぶたなど，接触が煩わしい操作部位でも使用できる（図3.66）。感度が高く，操作部位のわずかな動きを検知することができる。ただし，接触の感覚がないので，操作感もない。〔2〕の帯電式入力装置と同様のフィードバックが必要となる。また，目のまわりで使用する際には，直接光が目に入るとまぶしいので，設置位置に注意が必要となる。

「重度障害者用意思伝達装置」導入ガイドラインからの引用。

図3.66 光電式入力装置

〔5〕 **呼気式（吸気式）入力装置**　呼気（吸気）式入力装置は，おもに高位の頸髄損傷者がよく使用する，チューブやストローを通して呼気圧（吸気圧）を検知する入力装置で，同じスイッチで「吹く」と「吸う」の二つの入力まで可能である。（図3.67）。

操作がわかりやすく，圧をかけることによって自分の口元にも圧がかかり，操作感がある。

先端のチューブやストローを一度放しても，くわえ直せるように設置位置を調整する必要がある。チューブにたまる唾液や水滴は，放置すると不衛生で，かつ入力装置の寿命を縮めることになるので，定期的な洗浄と乾燥が必要となる。

「重度障害者用意思伝達装置」導入ガイドラインからの引用。

図3.67　呼気式（吸気式）入力装置

〔6〕 **圧電素子式入力装置**　圧電素子式入力装置は，身体の動きによってピエゾ素子と呼ばれる薄板がたわみ，発生した電圧を検知する入力である。

わずかな力でもたわみが生じるため，操作部位のわずかな動きをとらえることができる（**図3.68**）。手，足，顔などさまざまな部位で使用できるが，有線のセンサを身体に貼り付けるため，筋電式と同様の注意が必要となる。この入力装置は，ピエゾ素子がたわんだ瞬間のみスイッチが入るワンショット出力のため，呼び鈴分岐装置等で多く用いられている動作に必要な長押しができない。よって，呼び鈴分岐装置として，設定時間内に決められた回数の短い入力を行うなど他の方法が必要となる。

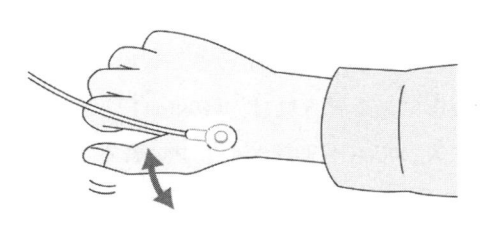

「重度障害者用意思伝達装置」導入ガイドラインからの引用。

図3.68　圧電素子式入力装置

以上，「重度障害者用意思伝達装置」導入ガイドラインからの引用改変である。

本体として，三つの場合分けがされるようになった「文字等走査入力方式」に関しては，本体の基本構造としては，2010（平成22）年4月1日より，「意思伝達機能を有するソフトウェアが組み込まれた専用機器であること。文字盤又はシンボル等の選択による意思の表示等の機能を有する簡易なもの」として再定義され，追加機能として，「通信機能が付加されたもの」と「環境制御機能（3.6.3項を参照）が付加されたもの」の2種が追加された[6]。2018（平成30）年4月までには，操作スイッチの項目として，空気圧式入力装置・視線検知式入力装置が含まれた。

定義が書字機能のみから，「距離」，「チャンネル（メディア）」ともに拡大されたものである。

補装具になったことによって，より多くの人が重度意思伝達装置にかかわることとなった。充分な支援を受けてこられなかった人にも支援が届くことになり，より多くの困難に対し

ては，生活支援工学として解決策が求められている。

制度の利用ができないが，より重度で，短期間の残存機能にしか利用できない機器の開発もされており，ブレインマシンインタフェース（brain machine interface，BMI）のように，実際に患者が利用できるシステムの実用化が図られ始めている。

また，大学の基礎研究としては，実際の生活場面での検証は必要なものの，鼻の穴の移動量を検出して，マウス操作とするといったユニークな開発もされてきている[7]。

今後も，生活支援工学が果たすべき分野である。

とかく工学では，最先端技術・ハイテクノロジーを志向した機器開発に目が向いてしまうが，コミュニケーションは，重度な運動機能の人だけ支援すればよいものではない。

重度でない人は，訓練して残存する機能を使ってという短絡的な発想に陥ることなく，意思伝達装置を使うほどではない障害の人たちへの支援も重要である。

ハイテクノロジーを使わない道具とともに，技術的にはシンプルだが，中身的にはハイテクノロジーを使ったものの一つとしてVOCAがある。voice output communication aidの頭文字をとったものであり，東京大学の中邑による分類では，使用者が携帯可能なものを指す場合が多い[8]。特に中邑は，生活している社会環境の中での必要度によって，VOCAは有効であるとしている。中邑の指摘例に「アメリカでは店に入るときには，「Hello！」と言って入るのが最低限のマナーであり，無言でコンビニに入っても不思議がられない日本とは異なっている。」といったものがある。

日本でのVOCA導入例は，確かにアメリカの出荷台数を考えると，きわめて少ない。研究的には，出荷台数等を基にした開発のきっかけ作りということはわかりやすいが，今後の生活支援工学においては，文化背景や医療体制等を十分に加味する必要がある。従来からいわれてきていることではあるが，自分が持っている技術をどこに使おうかとしたときの危険性が，いまだに存在している。その的外れ感を共有している研究者が増えていることは，今後への期待とも考えられる。

3.5.2 感覚代行機器

身体の運動機能以外に重度の障害がある場合として，感覚の障害がある。これらも情報のやりとりに障害が生じ，コミュニケーションの支援が必要となる。機器に関しては，感覚障害を代行するという表現で，「感覚代行機器」という用語が使われている。

現行法での対象は，視覚障害・聴覚障害が該当しており，感覚機能の損失度合いに応じて機器の開発がされてきた。

感覚の障害は，外界からの刺激という側面があるので，いつの時点で感覚の障害があるかということが，重要な課題である。

視覚障害に関しては，生まれたときからであれば，先天性のいう表現で，感覚程度を盲・弱と分けている。

工学的には，感覚受容のためのセンサ開発と，他の感覚器への刺激提示という観点から，支援が始まった。

視覚障害関係で有名なものは，オプタコンであった。1970年代にスタンフォード大学で開発された機器で，光学系の読み取り装置によって得られたイメージを，2次元配置された振動子によって，示指に触覚パターンを描くものであった。現在は製造中止となっている。オプタコン自体の取り扱いのために，日本盲人職能開発センターにおいて指導者の養成も行っていた。アメリカでの開発・国内での取扱支援のキヤノン株式会社とともに，連携に関しても先駆的なシステムであった。

現在は，**OCR**（optical character recognition：光学文字認識）技術が進んだことで，パソコンを経由するものを含めて読書機が代行可能となっている。

経緯や，技術的背景に関しては，清水[10]のサイトに詳細に掲載されている。

聴覚関係では，研究から市販化されたレベルとして最初のものは，音声タイプライタ（ベンチャー企業のB.U.G.）であった。北海道大学に日本で最初に開設された医工学研究室の流れをくみ，伊福部等による開発を，製品化したものであった[11],[12]。

長年の基礎研究を基に，触覚にフィードバックする技術はつねに最先端であり，現在では，VR（vertual reality）・ロボット技術に幅広く応用されている。

聴覚障害に関して最も成功した代行機器といわれているのは，携帯電話によるメールである。音声では電話を十分使えない障害であっても，文字入力可能で直接的なメディアとして個別性の高い携帯電話に直接的に届くメールシステムは，インターネットメール，ショートメールを問わず，聴覚障害にとって有効である。

いわゆる五感についてはそれぞれが重要であるが，特に視覚・聴覚については，コミュニケーションにおいて重要とされてきた。双方が障害された盲ろうに関しては，さらに課題が残る。触覚に関して，より幅広いアプローチをすることが，今後はより求められていくと考えられている。

触覚研究で有名な篠原は，触覚は単独ではなく，運動を伴う機械刺激であることを強調している[13]。VR技術への応用分野も広いことから，今後の基礎研究とともに，応用に期待が持てる分野である。

3.6　機器操作の支援

私たちが普段あまり意識することなく行っている機器の操作は，障害者や高齢者の人に

は，大きなハードルがあり，難しい場合がある。例えば，外出先から帰宅して「鍵を開ける」，「部屋の照明をつける」，「エアコンをつける」，「テレビをつける」，「チャンネルをかえる」など，あらゆる作業に，なんらかの**機器操作**が伴う。これらの操作は，ほとんど指先で行い，「押す」，「回す」，「はじく」，「触れる」ことによって達成される。しかし，事故や病気により，上肢に麻痺がある場合は，指先で何かを操作することは困難である。機器操作の支援とは，操作者の身体機能に合わせた操作方法を検討し，道具や機器の導入，場合によってはそれらのカスタマイズを行い，自立操作を実現することである。

3.6.1 操作方法の検討

例として，交通事故による頸髄損傷で，上肢が麻痺して，指先でテレビのリモコンのボタンを押せない場合を考えてみよう。

この場合，以下に示すいくつかの方法がある。

① 介助者にお願いする。

② **マウススティック**（口にくわえて手の代わりにボタンを押したり本をめくるのに使う棒）などの**自助具**を利用して，自分で操作する（図3.69）。

③ 自分の身体機能に合った入力方法で操作できる機器を使う。

図3.69 マウススティックによる機器操作

① の介助者は最も確実な方法である。本人が介助者に，声またはその他の方法で，見たいチャンネルなどの希望を伝えることができればよい。しかし，例えば家族が介助者の場合，外出中や就寝中は頼めないかもしれない。

② のマウススティックや**タイピングエイド**（図3.70），上肢装具，**ポータブルスプリングバランサ**（図3.71）などの自助具を利用できる人は，テレビに付属のリモコンをそのまま

図3.70 タイピングエイドによるキーボード操作
（アビリティーズ・ケアネット（株））

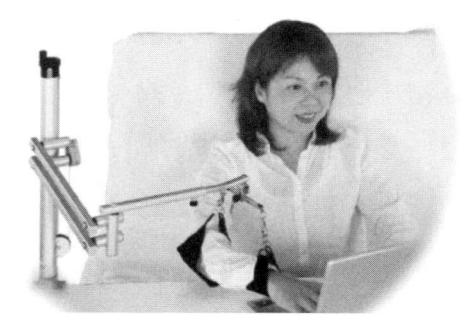

図3.71 ポータブルスプリングバランサによる機器操作（（有）ハニーインターナショナル）

利用できるかもしれない。上肢で操作できなくても、マウススティックのように、棒を口でくわえて、首や頭の動きでボタンを押すことができる。しかし、自助具をつねに利用できるように身のまわりに置いておく必要があり、また、自助具の利用には介助者による身体への装着が必要な場合がある。

③の例としては、押し込むのに大きな力が必要な押しボタンの代わりに、力のいらないタッチスイッチを使うように、身体機能に合った入力方法が使えるようにすることも一つの方法である。この場合、さまざまな入力スイッチを受け付ける特殊なリモコンや、市販のリモコンを改造するなどが必要となる。また、操作できるスイッチの数が限られているときは、操作項目を選択する方法を工夫する必要がある。

どの操作方法が本人に最も適しているかは、作業療法士などの専門家によって試用場面を評価してもらうとよい。本人の操作しやすさだけでなく、介助者の介助量や費用なども総合的に判断する必要がある。

3.6.2 機器操作に必要な入力方法

〔1〕 **選 択 方 式**　身体機能によって、適切な機器操作の方法は異なる。パソコンのキーボードを操作するように、機器操作の選択肢の数だけ、選択用の入力装置（ここではキーボード上のキーのこと）を押し分けることができる人、上下肢機能になんらかの制限があり、操作できる入力装置の数が限られている人、一つの入力装置をさまざまなパターンで押し分けられる人など、疾患や障害によって機器操作の能力はさまざまである。機器の操作は、操作したい機器とその機能を選択することで行われる。操作できる入力装置の数に制限がある中で、数多くの選択肢から希望の操作項目や機能をどのように選択するかを**選択方式**（selection techniques）と呼び、以下のような三つの方法が知られている。直接選択法、走査法、コード化法である。

〔a〕 **直接選択法**　操作者の身体機能によって、操作できるボタンの数は異なる。テレビリモコンには、電源ボタン1個、テレビのチャンネルに対応した数字ボタン12個、チャンネルの送りボタン上下2個、音量の大小ボタン2個、入力切替ボタン1個など、最低でも18個以上のボタンがある（**図3.72**）。これらのボタンを直接押し分けてテレビを操作する場合には、選択肢を直接選ぶという意味で、**直接選択法**（direct selection）と呼ぶ。広い範囲に身体や身体の一部を動かしてボタンを選択し、隣接するボタンを誤って押してしまわないように押し分ける巧緻性（細かく身体の動きを調節する器用さ）が求められる。また、場合によっては、ボタンを押すことにはかなり大きな力が必要な場合がある。

〔b〕 **走査法（スキャン法）**　走査法（スキャン法）（scanning）は、上肢の麻痺が重度で、押し分けられるボタンの数が限られている場合、選択肢を画面に表示し、1～5個のボ

ボタンが大きく押しやすくなっている。

図 3.72　市販の汎用テレビリモコンの例
（朝日電器株式会社ホームページ）

タンで選択と決定を繰り返して，実行したい選択肢を決定する方法である．押し分けられるボタンの個数とボタン操作できる度合いによって，以下のようにいくつかのスキャン方法がある．

（ⅰ）　**自動スキャン**

自動スキャン（auto scanning）は，操作できるボタンの数が1個の場合によく用いられる方法である．画面や表示器に表示された選択肢を一定時間ごとに色や明るさを変えて選択可能であることを知らせる．これをスキャンと呼ぶ．実行したい選択肢の色が変わったときにボタンを押して実行する．ボタン操作の反応の速さによって，スキャンの速さを変えることで，操作している人に最適な速さを設定できる（**図 3.73**）．

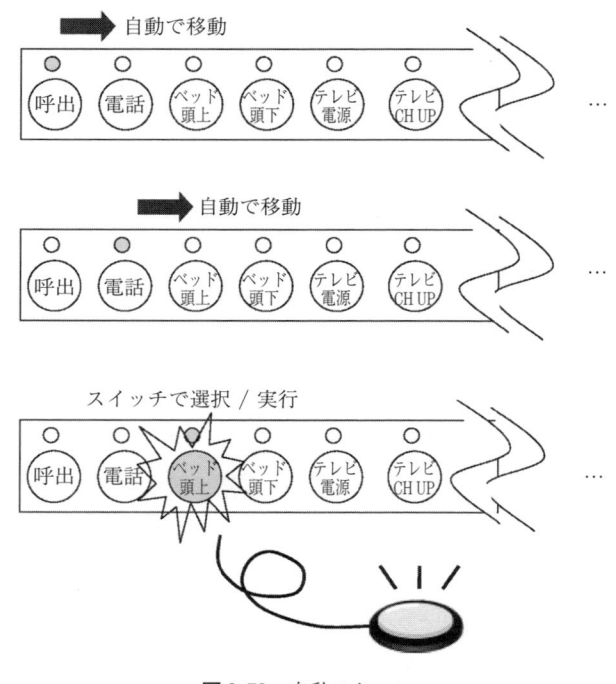

図 3.73　自動スキャン

自動スキャンの一種として，**逆スキャン**（inverse scanning）がある。これは，ボタンを押し続けることでスキャンが進行して，希望の選択肢でボタンを離す（スイッチを切る）ことで選択肢を実行する。ボタンを操作する人が，スキャンにタイミングを合わせてボタンを押すより離すほうが操作しやすい場合に用いる。

（ ii ） 手動スキャン

手動スキャン（manual scanning）は，2個以上のボタンを押し分けることができる場合に，片方のボタンで，選択肢を選び，もう一方のボタンで決定し実行する方法である。選択のボタンを押すと，選択肢を順番にスキャンしていくことができる。希望の選択肢が選択されているときに，実行ボタンを押す（**図 3.74**）。

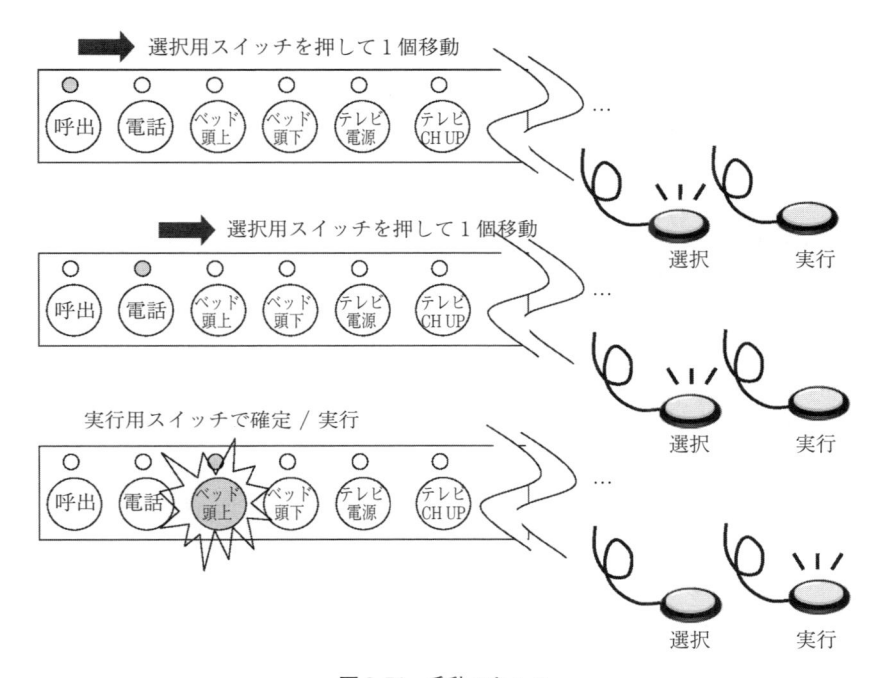

図 3.74 手動スキャン

3個のボタン操作が可能であれば，テレビのチャンネル切り替えのように，選択肢を反対方向にスキャンするボタンを追加することが可能になる。希望の選択肢が一番端にある場合，他の選択肢を飛ばすために何度も選択ボタンを押さなくても，反対方向にスキャンすれば，その分操作が速くなる。

（ iii ） 方向スキャン

方向スキャン（directed scanning）は，手動スキャンの1種で，50音表のように選択肢を縦横のマス目に配置し，ジョイスティックのように画面上の選択肢を上下左右にスキャンして，実行ボタンで決定する方法である。上・下・左・右・実行の最低五つのボタンが押し分

けられることが必要となる．斜め方向のボタンを追加して，8方向にスキャンすることも可能だが，押し分けるボタンの数が九つになり，押し分けに高い巧緻性が必要となる（**図3.75**）．

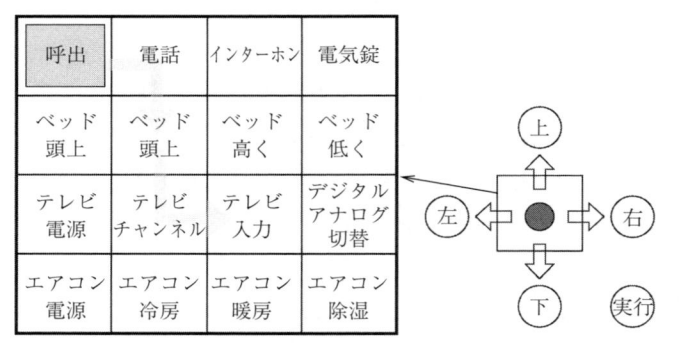

呼出	電話	インターホン	電気錠
ベッド頭上	ベッド頭上	ベッド高く	ベッド低く
テレビ電源	テレビチャンネル	テレビ入力	デジタルアナログ切替
エアコン電源	エアコン冷房	エアコン暖房	エアコン除湿

例えば，ジョイスティックを入力装置に用いて右，下，下，右，実行と選択すると，テレビの入力切替のメニューが選択できる．

図 3.75 方向スキャン

〔**c**〕**コード化法** コード化法（coded access）は，1個のボタンを素早く連続して操作することができて，ボタンを押す時間を長短押し分けることができる場合に用いる方法である．例えば**表 3.6** に示すモールス符号（Morse code）のように，ボタンの押し方の長短の組み合わせ（コード）と選択肢（50音表）が1対1で対応している．操作する人は，選択肢とボタンの押し方の対応表を見ながら操作するか，あるいは対応表を暗記する．選択肢が多くなると，どちらの場合も操作がたいへんになる．

表 3.6 モールス符号の例

	国際モールス符号		和文モールス符号
A	・－	イ	・－
B	－・・・	ロ	・－・－
C	－・－・	ハ	－・・・
D	－・・	ニ	－・－・

「・」は入力装置を短く操作し，「－」は長く操作する．

表 3.7 はこれら三つの選択方式の特徴をまとめたものである．身体機能の特徴に合わせて，操作する人に最適な方法を見つけることが大切で，3.5節で述べた入力装置の選定と合わせて行う．

表 3.7 選択方式の特徴

選択方式	説明	長所	短所
直接選択法	選択肢に対応する入力装置を直接操作する。	・選択肢を直接選ぶので手順が少なく，操作に必要な時間が短い。	・選択肢の数だけ入力装置の数が必要。 ・数多くの入力装置を操作する巧緻性が必要。
走査法	自動または手動で選択可能な選択肢が順番に色や明るさを変えて表示されて，希望の選択肢のときに入力装置で選択/実行する。	・少ない数の入力装置で機器操作ができる。 ・操作に求められる巧緻性は高くない。	・選択肢を選択するのに手間がかかり，時間がかかる。
コード化法	選択肢に対応した入力の長短の組み合わせ（コード）を入力することで選択/実行を行う。	・少ない数の入力装置で機器操作ができる。 ・選択に必要な操作時間が短い。	・素早く連続的に長短を押し分けて入力装置を操作する巧緻性が必要。 ・対応表を覚えることが必要。

3.6.3 機器操作の実際

　機器操作の対象となるのは，テレビ，ビデオ，照明，エアコン，電動ベッド，電話，インターホン，家の鍵（電気錠）などである。また，3.5 節で述べた，コミュニケーション機器やパソコン等の情報機器も含まれる。本項では，家電製品に付属または別売のリモコンを改造する場合と，**環境制御装置**（environmental control system，**ECS**）と呼ばれる専用機を使う場合を紹介する。

　〔1〕**リモコンの利用**　　上肢の機能があまり重篤でない場合，リモコン操作が可能な家電製品については，操作しやすい大型ボタンのついたリモコンなども市販されているので，操作する人に合ったものを探す。

　テレビの操作など，例えば電源とチャンネル送りに操作項目を絞れば，二つの入力装置を操作することで，最低限の操作が可能になる（**図 3.76**）。

TV リモコン電源 ON/OFF とチャンネル送り用に二つのスイッチがつなげるように改造したリモコン。

図 3.76　市販リモコンの改造
（株式会社エスコアールホームページ）

リモコンのボタンを直接押すことが難しいときには,リモコンを改造して,入力装置を接続する端子を用意すれば,操作する人に合った入力装置をつなげることができる。ただし,市販品の改造は,メーカー保障の対象外となるので注意が必要である。

〔2〕 **環境制御装置**　　環境制御装置は複数の対象機器を集中的に操作するもので,利用者が身体機能に合った入力装置で,操作したい項目をメニューから選択／実行する。環境制御装置は,1960年代に,おもに事故や病気による高位頸髄損傷による四肢麻痺の患者の日常生活を支援するために英国で開発された[4]。日本でも1980年代に製品開発が行われ,市販化されている。

高位頸髄損傷者にとって,血圧や体温の調節は重要であり,ベッドの背上げを高く起こしていると起立性低血圧を起こすので,ベッドの角度は上げたり下げたり時々調節が必要である。また,夏など高温時には発汗による温度調節ができないため,扇風機やエアコンで身体を冷やす必要がある。これらをすべて介助で行うことは,介助者に大きな負担となるので,自分で必要なときに操作できることが望ましい。

環境制御装置は三つの構成要素から成る。入力装置,本体,表示器である(**図3.77**)。

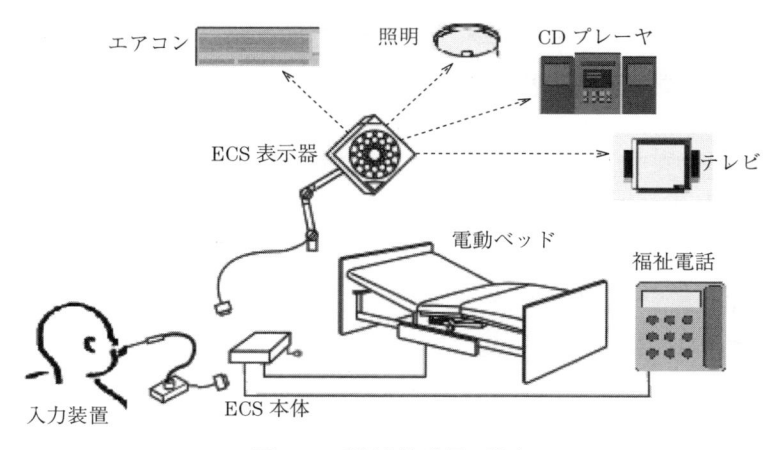

図3.77 環境制御装置の構成

(ⅰ)　**入力装置**

入力装置(input device)を通して,利用者は,なんらかの身体部位の動きや,音声,筋電などの生体信号で,環境制御装置を操作する。

(ⅱ)　**本体**

本体(controller)は,入力装置からの入力信号を受け取って,操作対象となる家電製品などに制御信号を送る頭脳の部分である。リモコン信号の出力や,リレー接点が用意され,操作する人の生活の中で使い勝手が良いように,カスタマイズして使う。

(ⅲ)　**表示器**

表示器（display）では，メニューと状態表示を行い，操作している人に情報提供と操作を確認するためのフィードバックを行う。メニューは，操作対象機器に合わせてカスタマイズする。状態表示はランプ（光）だけでなくブザー音（音）も併用して，機器操作に慣れたユーザは表示器を見なくても操作ができる（無視覚操作）。

製品によっては，パソコンを利用して付属のリモコンを専用のソフトウェアで操作するものもあり，特にノート型パソコンの場合には入力装置，本体，表示器が一体である。

3.6.4 操作対象機器との接続方法

環境制御装置と制御したい機器との接続は，大きく三つの形態に分けられる。一つはリレー接点を利用する方法で，ここにさまざまな機器のスイッチを接続すれば，そのスイッチをON/OFFすることができる。ただし，スイッチから環境制御装置にコードを延ばす必要がある。

二つ目は，コンセントをON/OFFするリモコンを用いて機器の電源を入れたり切ったりする方法である。コンセントを差し込めばいいだけなので，簡単に電源のON/OFFができる。最近の家電製品は，機械式ではなく電子式のスイッチを使用しているので，この方法が難しくなっている。

三つ目は，赤外線を利用する方法である。現在では，ほとんどのリモコンが赤外線方式なので，環境制御装置から赤外線信号を発信することで多くの家電製品を制御できる。家電製品のリモコンは赤外線のほかに超音波や電波（ブルートゥースなど）を用いているものもあるが，その場合はリモコンの改造を行って，リレー接点につなぎ込む方法をとる。

3.6.5 対象機器の制御方法

環境制御装置の操作対象となる家電製品などを操作するときに，モメンタリとオルタネートの2種類の信号出力がある。例えば，照明器具を操作する場合など，電源をONにするとその状態を保つ動作を**オルタネート**（alternate）と呼び，電動ベッドの頭を上下する場合など，入力装置を操作している瞬間だけONになる動作を**モメンタリ**（momentary）と呼ぶ。最近の家電製品はリモコンで操作できるものが多いので，ほとんどがモメンタリ動作だが，リモコンのない照明器具などはオルタネート動作である。オルタネートの場合は，入力を保持するための**ラッチ**（latch）回路を必要とする。

3.6.6 環境制御装置の操作

環境制御装置の操作の様子について，その一例を図3.78に示す。

おもな対象者である高位頸髄損傷者の場合，呼吸気スイッチが有効である。これは，一つのスイッチで，**吐く**（sip），**吸う**（puff）の2種類の入力が可能なので，手動スキャンによってより速く操作できるからである。もちろん，一つの入力装置による自動スキャンでも操作できる。

例えば，1日の生活の中で，環境制御装置をつぎのように活用する。

呼吸気スイッチでの吐く/吸うの2入力による手動スキャン

図3.78 環境制御装置の操作の様子

朝起きると，電動カーテンを開けて，外の様子を見る。今日は天気がよさそうだ。つぎに，電動ベッドを操作して頭を上げて，テレビをつけ，ニュースと天気予報を確認する。予定どおり友人の家を訪問できそうだ。ハンズフリーの電話をかけて，先方の予定を確認する。パソコンでメールのチェックも済ませておこう。インターホンで家の人を呼び，着替えと電動車椅子への移乗をお願いする …。

3.6.7 いろいろなタイプの環境制御装置

これまでの説明は，おもにベッド横に設置する据置型の環境制御装置であったが，携帯型や音声認識型の環境制御装置も登場している。

〔1〕 **携帯型環境制御装置**　携帯型は，スマートフォンやタブレットの専用アプリから操作し，外付けの赤外線リモコンユニットを通して家電製品等を操作する。画面のタッチパネル操作が難しい人は，必要に応じてスマートフォンやタブレットを操作するための入力装置を追加する。本節の冒頭で例として挙げたように，外出先から帰宅したとき，環境制御装置の利用者は車椅子や電動車椅子上から機器操作をしなければならない。携帯型の環境制御装置であれば，操作用の入力装置とともに車椅子に取り付けて使用できる。携帯型は便利で取り扱いが容易な反面，一般的に赤外線リモコンなので，有線で接続することが必要な機器や，電波を用いたリモコンで操作する機器などを直接，操作できるとは限らない。スマートフォンやタブレットの充電池の充電に注意する必要がある。

近年，WiFi（無線ネットワーク）やブルートゥースに接続してスマートフォンのアプリなどからリモコン操作を受け付ける家電製品（スマート家電）が登場し，機器操作方法の一つとなっている。

〔2〕 **音声認識型環境制御装置**　スマートスピーカーのように，音声認識技術を用いて，前述の赤外線リモコンユニットを組み合わせると，環境制御装置を構成できる。メニューからの選択を行わずに，操作項目を直接選択することが可能になり，操作時間が短くなる。明瞭な発声・発語ができることが条件になる。単語によっては発音が似ている場合が

あり，別の言葉と誤認識される場合があるので，メニューに対応する音声を選ぶ場合には注意が必要である．環境制御装置の側から，確認の音声を発するようにすると，正しい命令を伝えたことが確認されて安心できる．視覚的な表示器も併用することが望ましい．これは，メニューが階層化されている場合に操作がわかりやすくなる．

3.6.8 環境制御装置で実現できること

身のまわりの機器操作ができることは，自分でできることが増えて，生活の自立度が上がることである．たとえ四肢麻痺の人がベッド上で生活する時間が長くても，環境制御装置を通して，電話やインターホンの操作，電気錠を用いて家の開錠施錠ができると，家族の中で役割を担うことができる．また，留守番ができるようになり，介助者が外出して用を足すことができるようになる．自分のやりたいことができる自己実現と介助負担の軽減につながり，全体として生活の質の向上に貢献する．

ただし，ここで気をつけなければいけないのは，環境制御装置を導入したから介助者なしで生活できるわけではないことである．個々人のニーズに合わせ，人手と機械をうまく組み合わせて高齢者や障害のある人の生活を支えていくことが大切である．

3.7　情報収集・発信の支援

3.7.1　情報の収集・発信の意義

人間が社会の一員として生きていくためには，自分自身の知識を増やし，意見を表現する活動が必要である．これは健常者のみでなく，高齢者・障害者も含めた人間全体が自分を豊かにし，人と協調して社会生活を歩むために必要不可欠なものである．そのために，学校では教科書を読んだり，先生の話を聞いたり，作文を書いたり，意見などの発表をしたりと，さまざまな情報の収集と発信の訓練を行っている．

本節では，このような「情報の収集と発信」に関して
① 具体的にどのような行動があり，どのような人間の機能が必要とされるのか．
② 障害・高齢によってどのような困難さが生じるのか．
③ その困難さを解決するために，どのような支援機器が存在するのか．
④ 実際に機器の導入を行う場合，どのような注意点があるのか．
について説明する．

3.7.2　情報の収集・発信の行動と必要な機能

情報の収集や発信は，健常者の場合には何気なく行っていることであるが，整理すると

「情報の収集」は，「見る」行為と「聞く」行為

「情報の発信」は，「書く」行為と「話す」行為

と考えられる。

「見る」行為は，「読む・観る・眺める」などの行為を含み，「本や教科書を読む」，「絵画や演劇を観る」，「景色を眺める」などの「視覚を用いて情報を収集する」行為である。「情報獲得の90％以上は視覚から収集している」といわれるほど，「見る」行為は重要な役割を持っている。情報としては，書籍・新聞などの紙媒体，観劇などの映像媒体，その獲得手段としてはテレビやパソコンなどの電子媒体などがある。

「聞く」行為は，「聞く・聴く」などの行為を含み，「人の話を聞く」，「音楽を聴く」などの「聴覚を用いて情報を収集する」行為である。視覚に比べて情報量は少ないが，会話などは感情が込められた情報であるため，話者の思いが明確に収集できるなどの利点もある。情報には，対面する話者やラジオ，パソコンなどからの言語情報，音楽などの音響情報などがある。

「書く」行為は，「書く・描く」などの行為を含み，「文字を書く」，「絵画を描く」などの「身体（おもに手）を用いて情報を発信する」行為である。「書く」行為は，紙や電子媒体として保存可能なために，「話す」行為に比べてより多くの読み手に情報を発信することが可能である。情報としては，紙や電子機器への文字情報や絵画情報，テレビ・パソコンなどの映像情報などがある。

「話す」行為は，「話す・歌う」などの行為を含み，「言語を話す」，「歌を歌う」などの「身体（おもに口）を用いて情報を発信する」行為である。「話す」行為はすぐに消えてしまうが，感情をこめることができる利点もある。また，録音によって残しておき，多くの聞き手に情報を発信することも可能である。しかし，周辺音などの雑音のため，正確な情報が伝えづらい弱点もある。情報としては，会話やパソコンでの言語情報，ラジオなどの音声情報などがある。

3.7.3 障害の内容・程度と，情報の収集・発信の困難さ

情報の収集・発信には「見る・聞く，書く・話す」の行動が必要であることを説明したが，障害者や高齢者の場合は，これらの行動が容易に行えるだろうか？　例えば，視覚に障害があると，本を読むことが困難・不可能である。また，書くことも，正しく書けているかどうかを確認することに困難・不可能さを生じる。

このように，障害の内容と程度によって，情報を収集・発信することが困難・不可能である状況を生じる場合がある。障害の内容・程度と情報の収集・発信の困難さの具体的な関係を以下に述べる。生活支援工学とは，これらの困難・不可能な部分について，他の感覚機能

や運動機能を用いたり，ユーザインタフェースの部分を改良したりの工夫を行った機器を開発することで，健常者と同様な情報の収集・発信が行えるようにする取り組みである。

〔1〕 **視覚に障害のある人の場合**　視覚の障害は，全盲などの「まったく見えない」状態と，弱視などの「多少は見えるが，見えにくい」状態に大別される。双方ともに，「聞く」および「話す」機能に問題が生じることは少ないが，「書く」ことについても確認するために「見る」行為が必要なため，不可能または困難さが生じることとなる。

「まったく見えない」場合，「見る」「書く」行為はほとんど不可能に近い。後天盲なのでたとえ「書く」行為は行えたとしても，晴眼者の確認などが必要となる。

「見えにくい」場合，「大きな文字のみを読むことが可能である」などの困難さや制約が生じることとなる。

〔2〕 **聴覚に障害のある人の場合**　聴覚の障害は，全聾などの「まったく聞こえない」状態と，難聴などの「多少は聞こえるが，聞こえにくい」状態に大別される。双方ともに，「見る」および「書く」機能に問題を生じることは少ないが，「話す」ことに関しては自分の話した音声を確認することが不可能・困難であるために，会話自体に困難さが生じることもある。

「まったく聞こえない」場合，「聞く」行為はほとんど不可能に近い。「聞こえにくい」場合は，「大きな音声のみを聞くことが可能である」などの困難さや制約が生じることとなる。

〔3〕 **運動機能に障害のある人の場合**　運動機能の障害は，上肢の欠損や不随意運動・緊張などで起こり，「見る」および「聞く」機能に問題が生じることは少ないが，「話す」ことに関しては，障害の内容や程度によっては会話に困難さが生じることもある。

〔4〕 **発話機能に障害のある人の場合**　「話す」ことへの障害には，〔2〕の「聴覚の障害」に起因するものと，「運動機能の障害」に起因するものがある。前者は「話す」機能と「聞く」機能に困難さが，後者は「話す」機能と「書く」機能に困難さが生じるものである。

3.7.4　情報の収集・発信を支援する機器[†]

さまざまな障害の内容や程度によって，「見る・聞く，書く・話す」の情報の収集・発信に不可能さや困難さが生じる。その結果として，情報の収集・発信全体が不可能・困難なものとなり，社会生活や就労に大きな損失を与えるものとなってしまう。

生活支援工学では，さまざまな障害のある人でも，健常者と同様に社会生活や就労が実現できるために，支援機器を考案・構築し，支援を行うものである。以下で，実際に活用され

[†] 本章で例として紹介している企業名などに関しては，新製品の出現やパソコンのOSの変化等により販売の中止などが生じることがある。最新の機器の情報については，つねに開発・販売企業のホームページなどより確認すること。

ている機器を特に情報処理機器を中心に紹介する。

〔1〕「見る（読む）」ことへの支援機器　「視覚」の困難さに対する支援の方法としては，「視覚の感覚機能を他の感覚機能に変換して情報を伝える」という方法をとる。すなわち，「視覚情報」を「聴覚情報」や「触覚情報」に変換するということである。具体的に言うと，「文字を音声に変換して伝える」，「文字を点字に変換して伝える」ことである。

現在では，「見る」情報の支援の中心は「文字情報」であり，書籍などの紙に書かれた文字情報への支援や，パソコン上でのテキスト情報への支援がある。「見えにくい」人へは「拡大文字」の表示での支援が，「見えない」人へは「音声」の表示や「点字」の表示での支援が行われている。特に「見えない人」への静止画や動画の情報の収集に関する支援は，輪郭線の触覚による情報伝達が一部行われているが，詳細の表現までは困難な状況である。

（ⅰ）　紙媒体の「見えづらい」人への拡大表示対応 ― 拡大読書器

書籍や新聞などの紙媒体の「見えづらい」への対応は，実際に拡大して表示する「拡大読書器」が用いられている。これは「虫めがね」と同じイメージで，紙媒体を台に置き，レンズを通してモニタに拡大して表示する機器である。拡大の倍率の自由な変更，カラー／白黒表示や白黒反転表示，コントラストの調整などが可能で，利用者の状況に適応して利用できるようになっている。本製品については，（株）システムギアビジョンなどが開発販売を行っている。

（ⅱ）　電子媒体の「見えづらい」人への拡大表示対応 ― 拡大反転ソフトウェア

パソコンの画面に表示された文字などの「見えづらい」への対応は，画面の一部を拡大して画面表示する「拡大反転ソフトウェア」が用いられている。これは，画面上の希望する部分を拡大して表示するもので，拡大読書器と同様に，拡大の倍率の変更や反転表示などが可能で，利用者の状況に適応して利用できるようになっている。本製品については，（株）アメディアなどが開発販売を行っている。

（ⅲ）　紙媒体の「見えない」人への音声表現対応 ― 音声読書器

書籍や新聞などの紙媒体の「見えない」への対応は，**OCR**（optical character reader：光学式文字読取装置）を用いて，紙媒体をスキャナで読み取り，文字認識技術で画像から文字を識別して文字データにし，音声に変換して読み上げるものである。本製品については，（株）アメディアなどが開発販売を行っている。

この音声読書器のほかにも，書籍などの場合は，あらかじめ音声で読み上げてテープに格納した「録音図書」や，読み上げた音声情報を章ごとにタグをつけて読みやすくしてCDに格納した「DAISY図書」なども存在する。

（ⅳ）　電子媒体の「見えない」人への音声表現対応 ― スクリーンリーダ

パソコンの画面に表示された文字などの「見えない」人への対応は，画面情報を音声に変

換して読み上げる「スクリーンリーダ」ソフトウェアが用いられている。これは，画面上の文字の部分を順次音声に変換して読み上げるもので，表などの読み上げが可能なものも存在する。また，キーボードからの入力内容も音声で知らせてくれるために，文章の作成や発信も可能である。

（ⅴ）　紙媒体・電子媒体の「見えない」人への点字表現対応 ― 点字ディスプレイ

「見えない」人への対応として，音声以外に「点字」での表現があり，「点字ディスプレイ」が用いられている。これは，紙媒体から OCR 技術を用いたり，パソコン上ですでに電子化されている文字情報を点字情報に変換し，ピンの上下で点字表現を行うものである。本製品については，ケージーエス（株）などが開発販売を行っている。

近年では，文字表現のみでなく，多数（20 本程度以上）のピンを縦横に平面的に並べ，図の輪郭線をピンの上下で表現する「点図ディスプレイ」も存在している。

〔2〕「聞く（聴く）」ことへの支援　　「聴覚」の困難さに対する支援の方法としては，感覚機能を視覚の場合と同様に，「他の感覚機能に変換して情報を伝える」方法が挙げられる。すなわち，「聴覚情報を視覚情報に変換すること」である。具体的にいうと，「音声を文字に変換して伝える」や「音声を手話に変換して伝える」ことである。

現在，「聞く」情報の支援の中心は「言葉による音声情報」であり，音楽などの情報収集は困難な状況である。

「聞こえにくい」人へは音量を上げることでの対応が主であるが，音声の速度を調節した支援も行われている。また，「聞こえない」人へは「音声内容の文字や手話表現」による支援が行われている。

（ⅰ）　音声情報の「聞こえづらい」人への速度変更対応 ― 話速変換プログラム

「聞こえづらい」人への対応は音量を上げることが主となるが，「音声の内容を理解する」という目的からすると，高齢者では「音声の速度が速すぎる」という問題もある。このような場合には，音声のピッチを維持したままでの早聞き・遅聞きを可能とする「話速変換プログラム」が用いられている。これは，パソコン上のアプリケーションソフトウェアであり，音声情報の速度を変更して出力することができるものである。

（ⅱ）　音声情報の「聞こえない」人への手話表現対応 ― 手話アニメーションソフト

「聞こえない」人への対応は，音声情報を文字情報に変換して，さらに手話のアニメーションとして表示する「手話アニメーションソフト」というソフトウェアが用いられている。これは，アニメーションで手話を表現するもので，文字情報を併せて表示することもでき，情報内容の収集がより正確にできるものとなっている。本製品については，（株）日立製作所などが開発販売を行っている。

〔3〕「書く」ことへの支援　　情報の発信で「書く」ことの困難さは，上肢の障害（不

随意運動や緊張など）で文字を書くことができない人をおもな対象としている。このような場合，「ワープロ機能を用いて，キーボードの打鍵や，それも困難な場合はON/OFFのスイッチなどを用いて入力する方法」と，「音声認識機能を用いて音声を文字化する方法」がある。

現在のところ，後者の音声認識は認識率に問題があり，また，身体障害であると発話も困難な人が存在するために，なかなか容易に利用できない状況である。しかし，音声認識技術は健常者にとっても音声での文字入力や機械通訳技術などで有効な技術であり，各所で研究・製品化が行われている。

■ 文字を「書くことが困難／できない」人へのワープロ利用 ― スクリーンキーボード

直接「書く」ことが困難な人でも，パソコンのワープロ機能が利用できれば，また，キーの打鍵ができれば文字を書くことが可能となる。そして，印刷や通信を用いた情報発信が可能となる。

障害の程度が重度であり，キーの打鍵も筋力や手の可動域の問題で困難な場合でも，画面上にキーボードのキーを提示し，入力候補を自動的に順次カーソルを移動させ，入力したいキーの所でON/OFFスイッチを用いて入力することにより，キーボードからの入力と同じ文字の入力を行うことが可能となる「スクリーンキーボード」で実現可能となる。このソフトウェアは，OSに付属されているものや，フリーソフトで手に入れることができるものもある。また，利用者の障害への支援となる機器については，テクノツール（株）などが開発販売を行っている。

〔4〕「話す」ことへの支援　　情報の発信で「音声で言葉を発する」ことの困難さに対しては，重度の身体障害で手の動きや発話が困難な人への支援が主となっている。この場合，前述した一つ，または複数のスイッチを用いて「スクリーンキーボード」と同様な方法で文章を作成し，それを音声に変換して発話する方法がある。また，3.5節に示した意思伝達装置の利用も有効である。

3.7.5　利用者の要求と障害の内容・程度・スキルに適応させた導入

さまざまな支援機器を紹介してきたが，実際に高齢者・障害者が自由に情報の収集・発信を行えるための導入が必要である。その導入へのポイントを以下で述べる。

〔1〕利用者の要求を的確に把握すること　　利用者がどのような情報収集・発信を行いたいのかを把握し，それを満たす支援機器の導入を行うことが重要である。例えば，家族とのコミュニケーションをとりたい高齢者であれば，直接の会話や電話などでの会話を主目的にし，「聞く」機能と「話す」機能の支援を充実させるべきである。また，就労を目指す障害者の場合には，インターネットを用いた情報収集・発信やプレゼンテーション資料の作

成・発表など，パソコンを用いた全般的な機能の支援を考える必要がある。

〔2〕 **利用者の障害内容と程度を的確に把握すること**　視覚・聴覚・運動・発話機能に関して，「どの程度の困難さがあるのか」，「どの程度まで利用可能か」を把握し，有効な支援機器やスイッチ類を選定することが重要である。例えば，随意的に動かすことができる場所が1か所なのか2か所なのかで入力方法が異なり，効率も大きく異なる。また，極度に感覚機能を用いる手法をとると，かえって障害が悪化する場合などもある。この点は，医師や療法士（理学療法士・作業療法士など）と相談しながら実施する必要がある。

〔3〕 **利用者の支援機器の利用スキルを的確に把握すること**　高齢者に対して，今まで使ったこともないパソコンを「すぐに利用しろ」といっても，使い方そのもののスキルがないために支援は実現困難である。このように，利用者のこれまでの機器の利用状況や，新しい機器の利用へのチャレンジの度合いなどを把握して，支援機器を導入する必要がある。仮に，パソコンの難しい利用が必要な場合などは，この利用方法の理解で自分自身の世界がどのように広がるのかを正しく把握させ，利用者本人の動機付けと教育体制をしっかりさせる必要がある。

〔4〕 **利用者の障害の変化に即座に対応できる環境を整備しておくこと**　利用者は，高齢や障害の度合いが日々進行する場合がある。導入時は快適に利用できていても，しだいに使いづらくなることがある。このような状況をできる限り即座に検知し，新たな支援が行えるように，支援機器の業者や医師・療法士などと連携をとっておく必要がある。

3.8　認知障害に対する支援

3.8.1　生活における認知障害の困難さ

認知機能とは，日常生活を送るために必要な記憶，見当識，注意，言語，記憶，思考，判断などの脳機能である。この機能の低下により環境に適応できなくなったり，新しい問題に適切に対応することができなくなったりなど，生活面の広範囲にわたって障害を引き起こすこととなる。**認知障害**は，英語の cognitive disorder / disturbance の日本語訳であり，最近では広義の**高次脳機能障害**と同じ意味を持つ用語として理解されている[1]。

高次脳機能障害は，中島らによれば，「大脳の器質的病因に伴い，失語・失行・失認に代表される比較的局在の明確な大脳の巣症状，注意障害や記憶障害などの欠落症状，判断・遂行・問題解決能力の障害，社会的行動異常などを呈する状態像」と定義される[1]。なかでも近年，記憶障害や注意障害，遂行機能障害，社会的行動障害が注目されている。原因疾患は，厚生労働省高次脳機能障害モデル事業における調査によれば，外傷性脳損傷が多く，続いて脳血管障害，低酸素脳症が挙げられている。

一方，**認知症**も認知障害を考えるには重要なキーワードである。認知症は，WHOのICD-10[2]（国際疾病分類）によれば，「通常，慢性あるいは進行性の脳疾患によって生じ，記憶，思考，見当識，理解，計算，学習，言語，判断等多数の高次脳機能の障害から成る症候群」と定義されている[3]。高次脳機能障害の定義との違いは，進行性を含む点であり，徐々に認知機能が衰えていくという特徴がある。そのため，その状態像はさらに複雑になる。認知症の**中核症状**としては，記憶障害，見当識障害，実行機能障害が挙げられる。見当識障害は，現在の時間や場所がわからなくなる症状であり，高次脳機能障害ではあまり見られない症状である。主たる原因疾患は，アルツハイマー病や脳血管障害であるが，その他レビー小体病，ピック病や，正常水頭症，甲状腺機能低下症などがある。

また，**発達障害**でも認知障害が見られ，**注意欠陥・多動性障害**（attention deficit/hyperactivity disorder，**ADHD**）などでは注意力の持続が難しくなる[4]。

認知障害の生活上の困難さは，目に見えない障害であることが大きな要因となる。また，認知機能はほとんどの生活活動に影響を及ぼすため，一つのボトルネックにより，多くの生活上の障害をきたす可能性がある。例えば，日にちの把握が困難になると，予定どおりの行動が不可能となり，コミュニケーションや人間関係に支障をきたす。記憶の障害は，作業の手順を覚えることができなくなるために，就労の機会を奪うことにもなりかねない。認知症では，上述の中核症状のほかに，**周辺症状**が規定されている。具体的には，妄想，幻覚，睡眠障害，異食行動，徘徊（はいかい），暴言・暴力，介護抵抗，不安・焦燥，抑うつなどが挙げられる。これらの症状は，中核症状である記憶や見当識の障害から引き起こされるとされ，これらのケアには，中核症状への適切な対応が鍵となる。

3.8.2 支援機器による認知障害に対する支援の考え方

認知障害は身体障害などに比べて非常に複雑である。そのため，利用者のかかえる問題を的確に把握し，適切な機器を導入することが重要となる。また，機器を利用する上でも，認知機能の障害が大きく影響するため，それに対する配慮も必要となる。例えば，スケジュールの把握を可能とする情報呈示装置を導入したとしても，注意障害があるときにはその存在に気づくことがなく，せっかくの情報がなんの役にも立たないという場合がある。このような場合には，注意が向きやすいように原色で目立つ色を使ったり，よく目につく気に入った写真を貼っておくなどの工夫が必要である。

記憶障害のある場合では，使い方の練習も丁寧に時間をかけて行う必要がある。認知症等では，新たな機器の利用は不可能であるとの認識があるが，軽度から中等度の認知症では，利用方法の理解や時間をかけた練習，利用方法を指示するためのちょっとした工夫などにより，導入が可能である。認知障害の特徴の把握や，個々の状況を理解し，機器との適合を

しっかりと行うことによって，適切かつ効果的な支援機器の利用が可能となる。

本節では，認知障害のうち，記憶障害，見当識障害，注意障害に着目し，それらに対する支援機器および認知の負荷を低減する機器について，その実例を紹介する。さらに，認知症に効果のある情緒の安定を図る機器についても実例を示す。

3.8.3 記憶や見当識，注意障害に対する支援機器

〔1〕 **服薬支援機器**　軽度から中等度の認知障害が対象であり，以下のような生活上の困難のある人に役立つ機器である。

- 薬を飲み忘れることが頻繁にある。
- 薬を飲んだかどうか覚えておらず，二度飲みをしてしまう。
- 促してもらわないと薬が飲めない。

服薬支援機器の使用により，薬を飲む時間を知らせることができ，また，1回分の薬しか取り出せないようにすることで，二度飲みや，飲み間違いなどを防ぐことができる。

支援機器の実例として，「アラーム付き薬入れ」を**図 3.79**に示す。この機器は，あらかじめ設定しておいた服薬時間がくると，薬が納められたケースが自動的に回転し，1回分の薬だけが取り出せるようになる。同時に，アラームが鳴り，蓋の赤いランプが点滅して認知症者に服薬を促す。アラームは，薬を取り出す際のケースをひっくり返す動作により止まる仕組みで，その持続時間は5分から60分の間で選択可能である。服薬時間は，1日に飲む回数を複数回，設定可能である。ケースには28回分の薬を，一度にセットしておくことができる（1日4回なら1週間分，1日1回なら約1か月分）。Kamimuraら[5]は，18名の認知症患者に本装置を導入

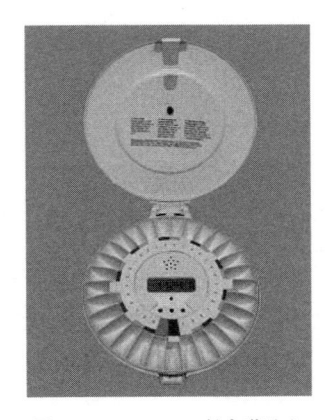

図 3.79 アラーム付き薬入れ

したところ，1か月後で83.3％，3か月後で72.2％の者に服薬自立度の向上が見られたことを示している。

〔2〕 **自動カレンダー**　軽度から中等度の認知障害を対象とし，以下のような生活上の困難のある人に役立つ機器である。

- 日付がわからなくなり，不安になって家族に繰り返し聞くことがある。
- 曜日がわからなくなり，デイサービスの利用等の予定がわからなくなる。
- 時間帯（昼夜）がわからなくなり，夜中に近所に出かけてしまったり，家族に電話をかけたりする。

「自動カレンダー」を用いることで，日付や曜日を把握することが可能となる。また，中

等度の認知障害で周囲の状況や記憶から時間帯を知ることが難しい場合には,「自動カレンダ（時間帯表示機能付き）」を用いると有効である．

支援機器の実例を以下に示す．

（ⅰ）「自動カレンダー（英語版）」（**図 3.80**）

黒いプレートの中に，白い文字で，曜日，日，月を表示。コントラストが高く，文字が読み取りやすい．プレートは，機械式で自動的に変わり，うるう年にも対応している．高齢者になじみがあり，毎日用いるアナログ時計と組み合わされているので，日付の情報に気づきやすい．

（ⅱ）「自動カレンダー（日本語版）」（**図 3.81**） ※ 試作品

黒い背景に，赤の LED で月，日，曜日を表示する．認知症者に認識されやすい赤色で文字が発光することで，日付の情報に気づきやすい．

（ⅲ）「自動カレンダー（時間帯表示機能付き）」（**図 3.82**）

黄緑色のバックライトがついた液晶画面に，黒い文字で曜日，日，月，時間帯（午前，午後，夕方，夜）を表示する．バックライトがあるために，文字が読み取りやすく，夜中でも確認できる．季節感を与える花などのプリント写真を入れられるようになっており，写真を目印に，日付の情報を見つけられるようにしている．

図 3.80　自動カレンダー（英語版）

図 3.81　自動カレンダー（日本語版）※ 試作品

図 3.82　自動カレンダー（時間帯表示機能付き）

〔3〕 **スケジュール把握支援機器**　軽度から中等度の認知障害を対象とし，以下のような生活上の困難のある人に役立つ機器である．

- 予定を覚えておいたり，タイミングよく思い出すことができない．
- 予定がわからず，繰り返し聞くことがある．
- 予定がわからないために，見通しが持てない．

支援機器の実例を以下に示す．

（ⅰ）「スケジュールリマインダー」（図3.83）

あらかじめ録音したメッセージを指定した曜日と時刻に再生できる。毎週同じ曜日など繰り返しの指定も可能である。入力部は，専用のペンで押して設定でき，出力部は，切り離して持ち運びが可能である。メッセージは数分おきに繰り返して再生され，わかった時点で「OK ボタン」を押して再生を止める。聞き逃した場合は，「？ボタン」を押すと最後に再生したメッセージを確認できる。また，出力部の表示で曜日や時刻を確認でき，「日時確認ボタン」を押すことで，音声での確認も可能である。

（ⅱ）「デイプランナー」（図3.84）

左側に赤いランプで現在時刻が表示され，その横に予定を書いて使用する。予定時刻にアラート音で注意喚起をすることも可能である。右側は青いランプがつき，夜中であることが確認できる。個人宅で寝室の壁にかけるなどして用いられる。

（ⅲ）「デイプランナー（メッセージ表示機能付き）」（図3.85）　※ 試作品

グループホームなど，複数の認知症者が生活する場で用いることを想定したものである。赤いランプによる現在時刻のほか，つぎの予定を文章で電光掲示版に表示する。フレームは赤，背景は黄色で，掲示物が多い場所での注意喚起を促す。

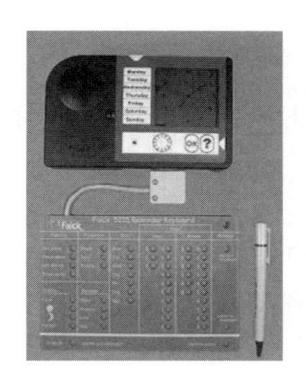

図3.83　スケジュールリマインダー 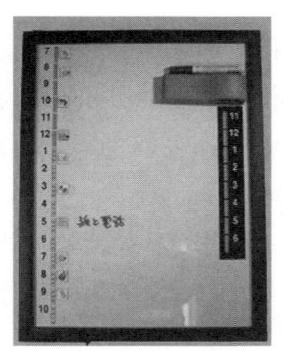　　図3.84　デイプランナー 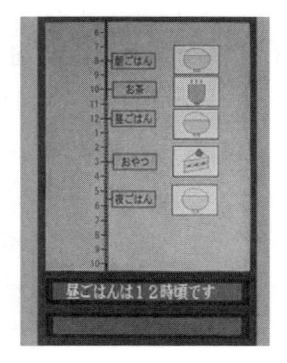　　図3.85　デイプランナー（メッセージ表示機能付き）　※ 試作品

〔4〕**探し物発見器**　軽度から中等度の認知障害を対象とし，以下のような生活上の困難のある人に役立つ機器である。

- リモコンや財布などをどこに置いたかを忘れてしまい，探し回る。
- 置いた場所を忘れ，ものをなくす。
- 財布や通帳などをしまい込み，どこにいったかわからなくなってしまう。
- 財布などが見つからず，「だれかが入ってきて取った」など，もの取られ妄想につながる場合がある。

ごく軽度の認知障害を除き，認知障害者本人が使い方を覚えておいて使うのは困難である

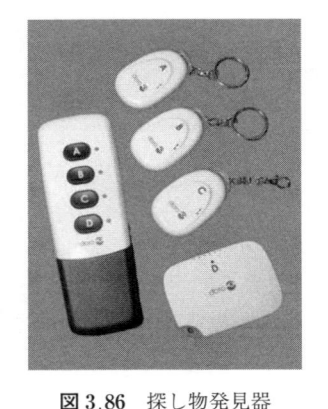

図 3.86 探し物発見器

ことが多いため，介助者が機器を用いて探すのを支援する。

支援機器の実例を以下に示す。

■ 「探し物発見器」（図 3.86）

キーホルダー型の受信機をなくしやすいものにつけておき，探したいときに送信機上の数字のボタンを押すと，その数字が割り当てられた受信機の音が鳴り，音で物の場所を伝える。受信機は計四つで，音色もそれぞれ異なる。

〔5〕 **メモ用具** 軽度の認知障害を対象とし，以下のような生活上の困難のある人に役立つ。

- 聞いたことや，覚えておきたいことをすぐに忘れてしまう。

手で書くことになじみがある高齢者の場合，聞いたときや，思いついたときにすぐに記録できるよう「装着型メモ帳」を用いる。また，記録を保存して活用するため，必要な情報を整理して集約できる「記憶サポート帳」を用いる。

文字の筆記が難しい場合や，書く手間を省きたい簡単な記録内容の場合は，「音声メモ」を用いる。

支援機器の実例を以下に示す。

（i）「装着型メモ帳」（図 3.87）

ブローチやループタイなどの中にメモ帳と小型のペンがセットされており，常時身に付けておくことで，必要なときにいつでもメモを取ることができる。

（ii）「記憶サポート帳」（図 3.88）

1冊のノートに，「今日やること」，「やったことや会った人のこと」，「支払いと収入」，「食事」，「薬」，「覚えておきたいこと」，「今後の予定」をまとめて書いておくことができる。右

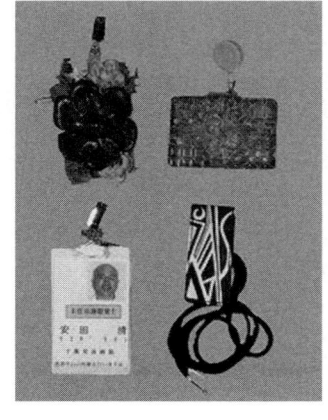

図 3.87 装着型メモ帳 　　図 3.88 記憶サポート帳 　　図 3.89 音声メモ

3.8 認知障害に対する支援

側が書き込み用，左側は白紙になっているので，領収書や写真などを自由に貼り付けて用いる。装着型メモ帳に記録したメモをそのまま貼り付けて利用することも可能である。

(iii) 「音声メモ」（図 3.89）

裏側のゴムのカバーをとって録音ボタンを押すと，最長 70 秒間の音声メモを録音できる。再生は表側のボタンを押す。ストラップや，バンドなどのアクセサリーがあり，首からさげたり，腕につけたりすることができる。

〔6〕 **トイレの認知支援** 中度の認知障害を対象とし，以下のような生活上の困難のある人に役立つ。

- 便器の位置を認識しにくい。
- 床や壁が白く，便器も白いとコントラストが低いため，背景と便器の見分けがつきにくい。

トイレの便座に，赤や青など原色系の色をつけ，便器の位置を認識しやすくする。便座自体に色がついている「カラー便座」を用いるほか，既存の便座に，タオル地の無地の色つきカバーをかけてもよい。便座ではなく，壁に色をつける場合もあり，特に，ポータブルトイレを使用している場合は，便座に色をつけにくいので，壁に色をつけるとよい。タオルなども，濃い色のものを用いるとよい。

〔7〕 **自動ブレーキ付き車椅子** 軽度から重度の認知障害を対象とし，以下のような生活上の困難のある人に役立つ。

- ブレーキをかけるのを忘れて車椅子から立ち上がったり，移乗をしてしまう。
- 立ち上がった際や車椅子に戻る際に，ブレーキがかかっていないので，転倒の危険がある。

「自動ブレーキ付き車椅子」を用いて，利用者がブレーキをかけ忘れたときでも，ブレーキが自動でかかるようにする。ブレーキがかかっていても，立ち上がりや移乗に危険が伴って見守りが必要な場合は，車椅子を離れようとしていることを介助者に知らせる「立ち上がり通報センサ」などを用いる。

支援機器の実例として，「自動ブレーキ付き車椅子」を図 3.90 に示す。

ユーザが車椅子の座面に体重をかけることで，ブレーキを解除するスイッチが押される仕組みになっている。ユーザが車椅子に乗っている間だけ，ブレーキが解除された状態になる。

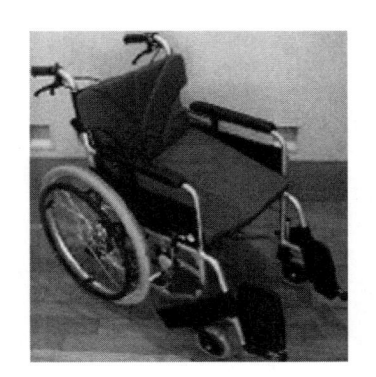

図 3.90 自動ブレーキ付き車椅子

〔8〕 **作業手順呈示装置** 軽度から中等度の認知障害

を対象とし，以下のような生活上の困難のある人に役立つ。

- 作業の手順を覚えることが困難で，就労が難しい。

支援機器の実例として，「メモリアシスト」を図3.91に示す。PDA（personal digital assistant）をプラットフォームとし，あらかじめ登録した作業の手順を文字，画像，音声により呈示し，就労場面での作業などを支援するのに有効である。

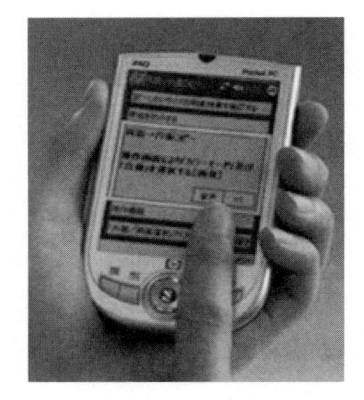

図3.91 メモリアシスト

3.8.4 認知的負荷を軽減する機器

〔1〕 **簡易リモコン**　軽度から中等度の認知障害を対象とし，以下のような生活上の困難のある人に役立つ機器である。

- ボタンの数が多いと操作が難しい。
- 数字とチャンネルの対応が覚えにくい。
- 複数のリモコンを用いる場合，どれが何のリモコンかわからなくなったり，操作方法を覚えられない。
- リモコンが複数あるとなくしてしまいがちである。

支援機器の実例を以下に示す。

（ⅰ）「簡易テレビリモコン」（図3.92）

操作ボタンの数を，電源，チャンネルの上げ下げ，音量の上げ下げ，ミュート（消音）の六つだけに絞ったシンプルなリモコンである。

（ⅱ）「簡易テレビリモコン（異種ボタン型）」（図3.93）

五つのチャンネルボタンを数字だけでなく，三角形，四角形，五角形，丸型，星型のそれ

図3.92 簡易テレビリモコン 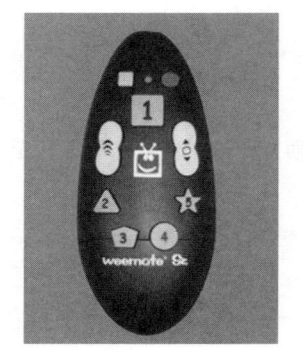　　図3.93 簡易テレビリモコン（異種ボタン型） 　　図3.94 マルチリモコン

それ異なる形とすることで，自分の好みのチャンネルを覚えられるようにしたリモコンである。

(iii) 「マルチリモコン」(図 3.94)

10 個の大きなボタンが配置されており，よく使用するテレビ，CD プレーヤ，エアコンなどの操作を割り当てることができる。ボタン上には，数字や文字，絵など，使用者にわかりやすい表記のシールを貼ることができる。

〔2〕 1 ボタンラジオ / 1 ボタン CD プレーヤ　軽度から中等度の認知障害を対象とし，以下のような生活上の困難のある人に役立つ。

- 一般的なラジオや CD プレーヤの操作方法がわからなくなり，受け身になったり，ラジオや音楽を聴かなくなってしまう。
- ボタンの数が多いとどれを押してよいか混乱する。

ボタンの数が少なく，電源を入れるだけでラジオや CD が聴けるなど，なるべく操作が簡単なものを用いることで対応する。以下の「1 ボタンラジオ」や「1 ボタン CD プレーヤ」は試作品であるが，「壁かけ式 CD プレーヤ」のように，一般製品の中にも操作が簡単なものがある。普段使用している機種が使いにくくなってきた場合は，押すべきボタンを赤いテープなどで目立たせるとよい。

支援機器の実例を以下に示す。

(i) 「1 ボタンラジオ」(図 3.95) ※ 試作品

上部の電源ボタンさえ押せばラジオが聴ける。音量の操作部などは，一度使用者に合わせてしまえば操作する必要がないので，あえて見えないところに隠してある。認知症者のニーズに基づいて開発されたものである。

(ii) 「1 ボタン CD プレーヤ」(図 3.96) ※ 試作品

1 ボタンラジオと同様に，電源ボタンを押すだけで CD を聴くことができるプレーヤである。

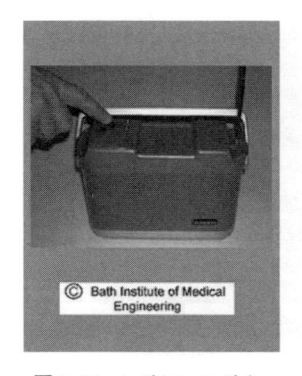

図 3.95　1 ボタンラジオ
※ 試作品

図 3.96　1 ボタン CD プレーヤ
※ 試作品

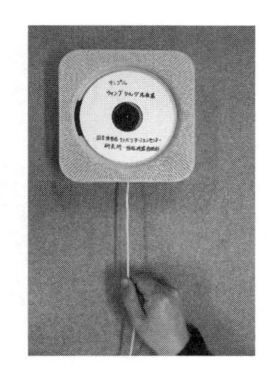

図 3.97　壁掛け式 CD プレーヤ

（iii）「壁掛け式 CD プレーヤ」（**図 3.97**）

下部の電源コードを引くだけで，再生・停止ができるプレーヤである。CD の取替えも蓋などがないので，簡単である。音量調節のボタンや早送りなどは，上部に目立たないボタンで配置されている。

〔3〕 **写真ボタン付き電話機** 軽度から中等度の認知障害を対象とし，以下のような生活上の困難のある人に役立つ。

- 電話番号を忘れる。
- 電話機の操作がわからなくなる。
- 操作ボタンが多いと混乱してしまう。

顔写真を貼ったボタンを押すだけで電話をかけることができる「写真ボタン付き電話」などがある。中等度の認知障害で下部の数字ボタンが多いことが混乱につながる場合は，数字ボタンをカバーで隠すことができ，顔写真付きボタンの数も少ない「簡易写真ボタン付き電話」のほうがよい。

支援機器の実例を以下に示す。

（i）「写真ボタン付き電話」（**図 3.98**）

短縮ダイヤルの登録が可能な九つのボタンが上部に配置されており，写真や絵，文字を貼ることができる。使用者は，このボタンを押すだけで電話をかけることが可能である。音量の調節レバーが下部についており，聴力の低下がある認知症高齢者と，家族が一つの電話を共有できる。

（ii）「簡易写真ボタン付き電話」（**図 3.99**）

顔写真のボタンを四つに減らし，混乱につながる数字ボタンに白いカバーをかけた簡易電話である（図では開いた状態になっている）。認知症者がより長く電話を使用できるようにするには，こちらの電話機のほうがよい。

図 3.98 写真ボタン付き電話 　　　　**図 3.99** 簡易写真ボタン付き電話

3.8.5 情緒の安定を図る機器

〔1〕 **セラピー人形**　　中等度から重度の認知症者を対象とし，以下のような生活上の困難のある人に役立つ。

- 不安や寂しさを感じる。
- 焦燥感などのために声を荒げるなど，不穏になることがある。
- 子供などの世話をする立場から，逆に世話をされる立場になることで，ストレスを受ける。
- おしゃべりをするなど，従来のコミュニケーションが難しくなる。

さまざまな言葉を話しかける「おしゃべり人形」や新生児を模した「ドールセラピー用赤ちゃん人形」の相手や世話をすることで，情緒の安定を図ることができる。また，「アザラシ型コミュニケーションロボット」をかわいがることで，癒やしの効果を得たり，周囲の人とのコミュニケーションを活性化させる。

支援機器の実例を以下に示す。

(i) 「ドールセラピー用赤ちゃん人形」(**図 3.100**)

抱いたり，寝かせたり，世話をするための人形である。本物の赤ちゃんのような柔らかな感触を表現し，抱き心地の良さを感じることができる。

(ii) 「おしゃべり人形」(**図 3.101**)

赤ちゃん人形同様，世話の対象となるほか，音声やなでられたことを認識すると，内蔵されたメッセージを再生する。

(iii) 「アザラシ型コミュニケーションロボット」(**図 3.102**)

アザラシを模したセラピー用ロボットである。ぬいぐるみの中に人工知能と各種センサが内蔵されており，なでたり，声をかけたりすると反応する。

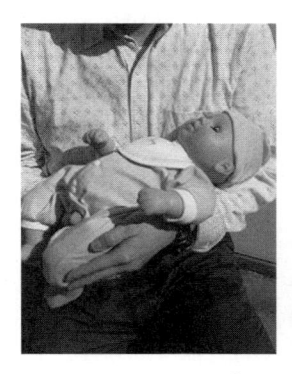

図 3.100 ドールセラピー用赤ちゃん人形 　　**図 3.101** おしゃべり人形 　　**図 3.102** アザラシ型コミュニケーションロボット

〔2〕 回想支援用具　　中等度の認知症を対象とし，以下のような生活上の困難のある人に役立つ。

- 古い過去の記憶は比較的長く保たれるが，最近の記憶が保たれない。

「回想支援用具」を用いて，覚えている昔懐かしい時代を思い出すことにより，気分の向上を図ることができる。回想支援用具としては，昔の生活道具などを描いた「絵カード」，生活道具そのもの，「昔の歌や画像を収録したDVD」などがある。

支援機器の実例を以下に示す。

（i）「絵カード」（**図3.103**）

昔の農具や生活用品を描いたカードである。描かれているものを認識しやすくするため，白地の背景にカラーイラストを配している。カードの裏面には，思い出を引き出すための手がかりとする問いかけなどの文章が書かれている。

（ii）「なつかしの唱歌 DVD」（**図3.104**）

高齢者が小さい頃に歌って慣れ親しんだ唱歌を，関連する画像とともに収録したDVDである。字幕がついているので，一緒に歌うこともできる。男性の声なので，聴き取りやすい。

図3.103　絵カード　　図3.104　なつかしの唱歌 DVD

3.8.6　認知障害に対する支援機器の開発・設計のポイント

認知障害に対する支援機器の開発や設計を行う際に考えるべきポイントを以下に示す。

- 現場での的確なニーズ把握と有効性の評価
- 注意喚起への配慮
- ユニバーサルデザインへの展開

〔1〕 現場での的確なニーズ把握と有効性の評価　　認知障害では，聞き取りなどではニーズの把握が困難な場合が多い。そのため，Inoueらは，現場ベースでの機器開発を提唱している[6]。ここでは，開発者や設計者が認知障害者の生活場面に入り込み，参与観察を行

うなどの質的手法を用いたニーズ把握や，モックアップなどを現場に導入し，段階を追った評価を行いながら最終的な機器の設計を進めていく手法が示されている。この手法を用いて，認知症者を対象としたスケジュール呈示パネルを開発し評価を行った結果，つねに食事の時間を施設の職員や入居者にたずねていた軽度認知症者が，スケジュール呈示パネルを導入することで，現在の時間とつぎの食事の時間を把握することができ，自室に帰って休むという行動を促すことが可能となった。このように，現場で開発や設計を進めることにより，認知障害の特徴を的確にとらえ，有効な機器につなげることが可能となる。

〔2〕 **注意喚起への配慮**　認知障害者では，注意障害も大きな問題となる。そのため，注意喚起に関する配慮が重要となる。Inoue らは，上記のスケジュール呈示パネルの色による認知症者の情報取得の違いを実験的に示している[6]。木枠に白いパネルに対して，原色の赤色の枠に黄色のパネルでは，利用者が注意を向ける回数が増加し，的確に情報を取得することが可能となった。また，コミュニケーションロボットを用いた，音声による情報呈示において，利用者の名前を呼びかけることにより，注意をロボットに引きつけ，その後必要な情報を伝達することで，認知症者が90％を超える情報取得が可能となったことを示している[7]。このように，認知障害に対する支援機器では，視覚，聴覚いずれの情報呈示についても，注意喚起に対する配慮が有効に働くことが示されている。

〔3〕 **ユニバーサルデザインへの展開**　認知障害に対する支援機器の中でも，軽度から中等度の認知症者を対象とした機器の機能は，障害のない高齢者などでも有効に働くものが多く考えられる。日本の高齢化率は，世界のトップを走っており，これらの機器の恩恵を得る者は多数いると考えられる。特定の利用者のための狭義の支援機器（オーファンプロダクツ）は，価格も高くなる傾向があるとともに，ビジネスモデルも成り立ちにくい。また，社会保障費などの社会コストによりまかなわれる機器の場合，コスト的に効率が良いとはいい難い。

　この点で，一般製品にこれらの機能を組み込んでいく工夫が必要である。オーファンプロダクツで効果が得られた機能については，ユニバーサルデザインの発想により，一般製品化を図る。このような発想を，社会全体の枠組みで発展・普及していくことができれば，社会コストの有効活用が可能となるとともに，このような産業を新たに構築することも可能であろう。社会全体で考える生活支援工学の良い事例を示すこととなる。

章 末 問 題

3.1節
【1】 補装具と日常生活用具の違いを，例を示して説明せよ。

【2】 ユニバーサルデザインとオーファンプロダクツの違いを説明せよ。
【3】 身体障害者福祉法による補装具の給付と,自立支援法による補装具の給付について調べ,それぞれの給付方法の違いを説明せよ。

3.2 節
【1】 自助具において,できるだけ量産品を用いる理由を簡潔に述べよ。
【2】 男子の大腿義足ランナーの100 m世界記録は何秒か。また,両下腿義足ではどうか。それらの義足はどのような特徴を持つか。
【3】 装具を設計する際,最も気をつけるべき点は何か。義肢との相違に照らして述べよ。

3.3 節
【1】 車椅子適合時に必要な身体寸法部位を五つ挙げよ。
【2】 移乗を行いやすくするためのポイントを三つ挙げよ。
【3】 ベッドや車椅子上での着脱が可能で,脚側のベルトを交差させて使用する吊具の名称は何か。
【4】 リフトの種類を三つ挙げよ。

3.4 節
【1】 移動における四つの効果を挙げよ。
【2】 屋外移動に適した歩行器・歩行車を挙げよ。また,その利用における注意点を指摘せよ。
【3】 重度の障害により,可能な操作がスイッチ一つのみの場合に選択する電動車椅子操作入力装置を挙げよ。また,その動作の方法を示せ。
【4】 移動支援機器の開発・設計のポイントを三つ挙げよ。

3.5 節
【1】 コミュニケーションの理解のためには,距離とメディアを考えると説明しやすい。チャンネル(メディア)を一つ例示し,どのような環境でのコミュニケーションが成立するか説明せよ。
【2】 接点式入力装置がなぜ多く用いられるのか説明せよ。
【3】 光電式入力装置のフィードバックをする機器を説明せよ。

3.6 節
【1】 事故や病気による障害のある人が,日常生活で操作できない機器を,機器や道具を用いて操作できるようにする方法を述べよ。
【2】 特に高位頸髄損傷者が環境制御装置などを利用して操作することが必要な操作対象機器を挙げて,その理由を述べよ。
【3】 音声認識型環境制御装置の利点と欠点,その将来的な可能性について述べよ。

3.7 節
【1】 以下の状況のAさんに対して,どのような支援機器を導入すべきか。また,導入時に注意すべきことは何か。

氏名:Aさん(35歳)
症状:
- 22歳から商社にてインターネットで収集した海外情報を顧客に配信する仕事に従事。
- 30歳で **ALS**(筋萎縮性側索硬化症:筋力がしだいに衰える病気)を発症。
- 35歳でキーボードを打鍵することが困難。随意的に動く場所は両手の中指と瞬きのみ。

- 40歳位になると随意的に動く所は瞬きのみになるであろうとの医師の意見あり。

要望：いままで行っていた仕事を継続的に行いたい。

3.8 節

【1】 認知症の中核症状を三つ挙げよ。

【2】 服薬支援機器に必要な機能を二つ挙げよ。

【3】 機器の操作における認知的負荷を軽減するための方法を述べ，具体的な事例を三つ挙げよ。

【4】 認知障害に対する福祉機器の開発や設計を行う際に考えるべきポイントを三つ挙げよ。

4. アクセシブルデザイン

4.1 アクセシブルデザインとは

　障害のある人たちは，日常生活において，大別すると3種類の製品・サービスを使用する。① 専用に配慮された福祉用具・サービス，② 配慮されていない一般製品・サービス，そして ③ 配慮された一般製品・サービスである。この ③ の配慮された一般製品が「アクセシブルデザイン」である。アクセシブルデザインの源は1980年後半に「共用品」の名称で日本で生まれた。「障害の有無にかかわらずより多くに人が使える製品・サービス」と定義された共用品の日本における市場規模は2022年度3兆1 389億円となり，調査を開始した1995年に4 700億円だった市場規模は27年で約7.5倍になっている。

　1998年に日本政府は，「共用品」の概念，つまり共用品にするための工夫を国内にとどめず国際的に広げるべき事業と位置づけ，国際標準化機構（ISO）内にある消費者政策委員会（COPOLCO）総会において，規格を作る際の指針（guide：ガイド）の作成を提案した。その提案は，満場一致で可決され，日本が議長国となり3年間で8回の国際会議を経て2001年11月に「**ISO / IEC**[†] **Guide 71**：2001, Guidelines for standards developers to address the needs of older persons and persons with disabilities（高齢者及び障害のある人々のニーズに対応した規格作成配慮指針）」という名称でISOより発行されるに至った。

4.1.1　定　　　　義

　ISO/IECのガイド71では，アクセシブルデザインを以下のように定義している。

　「なんらかの機能に制限を持つ人々に焦点を合わせ，これまでの設計をそのような人々のニーズに合わせて拡張することによって，製品，建物及びサービスをそのまま利用できる潜在顧客数を最大限まで増やそうとする設計。その実現の方法として，下記3点が挙げられる。
1）修正・改造することなくほとんどの人が利用できるように，製品，サービス及び環境を

[†]　IEC（International Electrotechnical Commission：国際電気標準会議）の標準の一部はISOと共同で開発されている。

設計する。
2）製品又はサービスをユーザーに合わせて改造できるように設計する（操作部の改造等）。
3）規格の採用により，障害のある人々向けの特殊製品との互換性をもたせ，相互接続を可能にする。」

また，アメリカのロナルド・メイスが提唱したユニバーサルデザインとの関係を同ガイドではつぎのように表している。

「ユニバーサルデザインは，アクセシブルデザインを包含する概念で，すべての人が，可能な限り最大限まで，特別な改造や特殊な設計をせずに利用できるように配慮された，製品や環境の設計を指す。」

同ガイドを作成する国際会議において，日本が提案した「共用品」を何と訳すかが議論となった。当初，アメリカからは"universal design"，イギリスからは"design for all"ではどうかとの提案があった。落ち着きかけた議論に，提案したアメリカ，イギリスから疑問が呈された。「"universal"，"all"では，すべての人が使えなくてはならないと，誤解する人が現れる。すべての人が使えることは理想であるが，それは不可能。不可能だと思われるとこのガイド自体が意味をなさなくなる。」そこで，議論が再開された。その議論の結果が"accessible design"である。欧米では新しい言葉ではない。製品・サービスの側から，障害のある人に近づいていく，対象を「より多くの人」としながらも，すべての人を対象にしたいという意思が入ったこの**アクセシブルデザイン**（accessible design）が，このガイドが目標とする言葉として定義づけられた。

4.1.2　ISO / IEC ガイド 71 におけるアクセシブルデザイン

ガイド 71 には，製品・サービスをアクセシブルデザインにする際の概念および概要が記されている。同ガイドでは，アクセシブル製品・サービスを利用する対象者を「障害者」とせず，「障害のある人（persons with disabilities）」とした。これは「より多くの人」を対象者とする意図を表している。障害者というと多くの国で，国が定めた基準に合った人を指す。その中には，事故などで一時的にけがをしている人，小さな子供を連れた人，妊婦などは含まれない。障害のある人という表現には，一時的ではあるが不便さを有している人も対象にするという意図が含まれている。

同ガイドでは，対象者である「障害のある人」について，四つの身体機能 ① 感覚，② 身体，③ 認知，④ アレルギーに分類し，さらにそれぞれを**表 4.1** のように分けている。

ガイド 71 では，身体機能を把握するとともに，製品・サービスのどの部分に配慮したらよいかを以下の七つの分野ごとに示している。表 4.1 の各身体機能と七つの配慮分野を**表 4.2** のようにマトリックスの形で示している。

表 4.1 身体機能分類（ISO / IEC ガイド 71）

	身体機能	詳細分類 1	詳細分類 2	詳細分類 3	詳細分類 4	詳細分類 5
1	感覚	視覚	聴覚	触覚	味覚 / 嗅覚	平衡感覚
2	身体	手の動き	操作	動作	筋力	発声
3	認知	知的能力 / 記憶	言語 / 読み書き			
4	アレルギー	接触	食物	気道		

表 4.2 身体機能と配慮分野（ISO / IEC ガイド 71）

	配慮分野＼身体機能	情報・表示	包装	素材	取付け	操作性	構築環境
1	感覚	・代替様式 ・位置 ・照明 ・色 ・文字 他	・代替様式 ・照明 ・色 ・文字 他	・代替様式 ・色 ・区別しやすい形 他	・代替様式 ・図記号 ・扱いやすさ 他	・代替様式 ・位置 ・音量 ・周波数 ・扱いやすさ 他	・代替様式 ・照明 ・図記号 ・扱いやすさ 他
2	身体	・代替様式 ・位置 ・扱いやすさ 他	・代替様式 ・扱いやすさ 他	・扱いやすさ 他	・扱いやすさ ・表面仕上げ 他	・代替様式 ・位置 ・扱いやすさ 他	・代替様式 ・扱いやすさ 他
3	認知	・代替様式 ・わかりやすい言語 他	・色 ・コントラスト 他	・色 ・表面温度 他	・図記号 ・扱いやすさ 他	・代替様式 ・位置 ・わかりやすい言語 他	・代替様式 ・区別しやすい形 他
4	アレルギー	・扱いやすさ ・表面温度 他	・表面仕上げ ・非アレルギー性 他	・成分表示 他	・表面仕上げ ・非アレルギー性 他	・非アレルギー性	・非アレルギー性

① 情報；表示，注意表示，警告　　② 包装；開閉，使用，廃棄
③ 素材　　④ 取付け　　⑤ ユーザインタフェース；取扱い，操作具，フィードバック
⑥ 保守，保管，廃棄　　⑦ 構築環境（建物等）

配慮には，大きく二つの種類がある．その一つが代替様式である．英語では alternative format と表現されている．日本において一般にはなじみが薄い言葉であるが，同ガイド中では代替様式を下記のように定義づけ，その重要性を問うている．

「異なる様式又は感覚要素を利用して製品及びサービスをアクセシブルにするための提示方法である．情報や機能のようなすべての入力及び出力，すなわち，情報表示及び操作に対して，例えば視覚と触覚といった一つ以上の代替様式を設けることで，言語／読み書きに障害のある人々をも含むより多くの人々を支援することができる．」

例を液晶表示画面で操作する ATM で示してみる．液晶表示は，表示された位置がわかり，

指で触れ操作できる人には目的が達せられる。しかし，目の不自由な人にとっては，操作部の表示は触って判別することができない。そのために，液晶表示に加えて 10（テン）キーの付いた受話器を付け，音声で操作の手順が示されている。この受話器と音声によって目の不自由な人も使用可能となっている。この場合，視覚表示の代替様式がテンキーであり音声情報表示である。

テレビの映像を例に示す。テレビ番組から発せられる音・音声を目の不自由な人は聞くことができる。しかし，音・音声になっていない画面での状況を目の不自由な人が理解することは困難である。そのための代替様式は，副音声である。ドラマなどでは俳優が動く動作，背景においてあるモノなどの説明をするための音声を指す。また，耳の不自由な人にとっては，背景や俳優の動きは目で見て理解可能であるが，俳優が何を話しているかを理解することが困難である。この場合の代替様式は，クローズドキャプションといわれる字幕表示である。

配慮の方法の二つ目は，既存の操作・表示部等の変更である。例えば，取り扱い説明書の字について説明する。高齢者にとって，多くの取り扱い説明書の字は小さく，またコントラストがはっきりせず読みにくいという不便さはよく聞く。この場合，小さな字を高齢者でも読める字の大きさ，および読みやすいフォント，読みやすいコントラストにすることである。

ガイド 71 は，代替様式と既存仕様の変更という二つの配慮を組み合わせることによって，製品・サービスがアクセシブルデザインになることを示している。2001 年に制定された同ガイドは，すぐに欧州の標準作成機関 CEN/CENELEC をはじめ，デンマーク，イタリア，スペイン，ドイツ等の欧州諸国，韓国，中国等のアジア諸国でも国家規格およびガイドになっている。提案国である日本には，2003 年 6 月，JIS Z 8071「高齢者及び障害のある人々のニーズに対応した規格作成配慮指針」という題名で里帰りを果たした。それから 2025 年 1 月までの間に同ガイドを活用して作成された「高齢者・障害者配慮設計指針」の日本産業規格のシリーズは 48 種類となっている。なお，ガイド 71 はその後，見直しが行われ 2014 年に改訂版が発行されたが，骨子は大きく変わっていない。

4.1.3 アクセシブルデザイン標準化の体系

図 4.1 に示すように，アクセシブルデザインの標準（規格）は，基本規格，共通基盤規格，デザイン要素規格，個別規格に大別できる。

基本規格とは，図の ① の JIS Z 8071 を示している。③ 共通基盤規格と ④ デザイン要素規格は，ともに複数の個別規格に引用されることを目的としている。そのうち共通基盤規格では，高齢者および障害のある人を含む多くの人々の感覚・身体・認知特性を重視した人間工学的なアプローチを採用している。共通基盤規格では，それらの特性に基づき，製品・サービス・環境の種類を問わず，広く横断的に適用可能な基本的要求事項を規定する。共通

112　4. アクセシブルデザイン

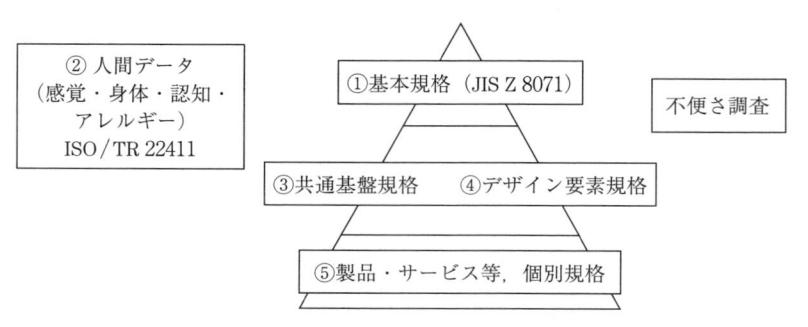

図 4.1 アクセシブルデザイン規格体系

（ピラミッド図）
- ① 基本規格（JIS Z 8071）
- ② 人間データ（感覚・身体・認知・アレルギー）ISO/TR 22411
- ③ 共通基盤規格
- ④ デザイン要素規格
- ⑤ 製品・サービス等，個別規格
- 不便さ調査

基盤規格を作成する際には特に，高齢者および障害のある人々の人間特性データに基づくことが要求される。そのため，日本からの提案で，図の②の人間特性データ集，テクニカルレポート（ISO/TR 22411）が，2009 年に ISO から発行されている。

一方，デザイン要素規格は，製品・サービス・環境のデザインの一部を構成する特定の要素について，共通に適用すべき基本的要求事項を規定した規格である。デザイン要素規格の規定により，高齢者および障害のある人を含む多くの人々にとって，それら製品等のアクセシビリティの向上が図られることになる。

その中で，図の③にあたる共通基盤規格は，現在 8 種類，④にあたるデザイン要素規格は 5 種類であるが，より多くの規格がアクセシブルデザインの要素を加味するためには，共通基盤規格およびデザイン要素規格がさらに充実することが必要である。

なお，2025 年 1 月現在のアクセシブルデザイン関係の JIS は**表 4.3** のとおりである。

4.2　アクセシブルデザイン製品の成り立ち

実践と体系（思考）が合わさって製品開発がされるのは理想である。しかし，体系作りを机上で行っていても現実のモノ作りと合っているとは限らない。「はじめに実践」が日本型，「初めに体系作り」が欧米型と仮定すると，アクセシブルデザインはまさに日本型のモノ作りといえる。

4.2.1　シャンプー容器のギザギザ

1993 年から日本ではシャンプー容器の側面にギザギザが付き，目の不自由な人でもリンス容器との識別が触っただけでできるようになった。この工夫は，花王（株）に届いた目の不自由な消費者の声から始まった。同社は，その声を真摯に受け止め，年代の異なる目の不自由な人および髪を洗うときには目をつむる多くの目の見える人たちの声をさらに聞き，さまざまなサンプルを作り，また同じ人たちに試してもらい，1 年かけて調査研究を続けた。

表 4.3 アクセシブルデザイン関連 JIS（48 規格）

No	分類	位置づけ	規格番号＋名称
1	基本規格	基本	JIS Z 8071:2017「規格におけるアクセシビリティ配慮のための指針」
2	基本規格	基本	JIS S 0012:2018「アクセシブルデザイン―消費生活用製品のアクセシビリティ一般要求事項」
3	基本規格	基本	JIS S 0020:2018「アクセシブルデザイン―消費生活用製品のアクセシビリティ評価方法」
4	視覚的配慮	共通	JIS S 0031:2013「高齢者・障害者配慮設計指針―視覚表示物―色光の年代別輝度コントラストの求め方」
5	視覚的配慮	共通	JIS S 0032:2003「高齢者・障害者配慮設計指針―視覚表示物―日本語文字の最小可読文字サイズ推定方法」
6	視覚的配慮	共通	JIS S 0033:2006「高齢者・障害者配慮設計指針―視覚表示物―年齢を考慮した基本色領域に基づく色の組合せ方法」
7	視覚的配慮	共通	JIS S 0043:2018「アクセシブルデザイン―視覚に障害のある人々が利用する取扱説明書の作成における配慮事項」
8	聴覚的配慮	共通	JIS S 0013:2022「アクセシブルデザイン―消費生活用製品の報知音」
9	聴覚的配慮	共通	JIS S 0014:2013「高齢者・障害者配慮設計指針―消費生活用製品の報知音―妨害音及び聴覚の加齢変化を考慮した音圧レベル」
10	聴覚的配慮	共通	JIS S 0015:2018「アクセシブルデザイン―消費生活用製品の音声案内」
11	触覚的配慮	共通	JIS S 0011:2013「高齢者・障害者配慮設計指針―消費生活用製品における凸点及び凸バー」
12	触覚的配慮	共通	JIS S 0052:2011「高齢者・障害者配慮設計指針―触覚情報―触知図形の基本設計方法」
13	触覚的配慮	共通	JIS T 0921:2017「アクセシブルデザイン―標識，設備及び機器への点字の適用方法」
14	触覚的配慮	共通	JIS T 0922:2007「高齢者・障害者配慮設計指針―触知案内図の情報内容及び形状並びにその表示方法」
15	触覚的配慮	共通	JIS T 9253：2004「紫外線硬化樹脂インキ点字―品質及び試験方法」
16	触覚的配慮	共通	JIS X 6302-9:2018「識別カード―記録技術―第 9 部：触ってカードを区別するための凸記号」
17	触覚的配慮	共通	JIS X 6310:1996「プリペイドカード― 一般通則」
18	包装・容器	共通	JIS S 0021-1:2020「包装―アクセシブルデザイン―第 1 部：一般要求事項」
19	包装・容器	共通	JIS S 0021-2:2018「包装―アクセシブルデザイン―開封性」
20	包装・容器	共通	JIS S 0021-3:2020「包装―アクセシブルデザイン―情報及び表示」
21	包装・容器	共通	JIS S 0021-4:2021「包装―アクセシブルデザイン―第 4 部：取扱い及び操作性」
22	包装・容器	共通	JIS S 0021-5:2024「包装―アクセシブルデザイン―第 5 部：集合包装用段ボール箱の重量に関する情報の表示」
23	包装・容器	共通	JIS S 0021-6:2024「包装―アクセシブルデザイン―第 6 部：詰め替え容器」
24	包装・容器	共通	JIS S 0022-3:2007「高齢者・障害者配慮設計指針―包装・容器―触覚識別表示」
25	包装・容器	共通	JIS S 0022-4:2007「高齢者・障害者配慮設計指針―包装・容器―使用性評価方法」
26	包装・容器	共通	JIS S 0025:2011「高齢者・障害者配慮設計指針―包装・容器―危険の凸警告表示―要求事項」
27	衣料品	個別	JIS S 0023:2002「高齢者配慮設計指針―衣料品」
28	衣料品	個別	JIS S 0023-2:2007「高齢者配慮設計指針―衣料品―ボタンの形状及び使用法」
29	施設・設備	共通	JIS A 2191:2017「高齢者・障害者配慮設計指針―住宅設計におけるドア及び窓の選定」
30	施設・設備	共通	JIS S 0024:2004「高齢者・障害者配慮設計指針―住宅設備機器」
31	施設・設備	共通	JIS S 0026:2007「高齢者・障害者配慮設計指針―公共トイレにおける便房内操作部の形状，色，配置及び器具の配置」
32	施設・設備	個別	JIS S 0041:2010「高齢者・障害者配慮設計指針―自動販売機の操作性」
33	施設・設備	共通	JIS T 0901:2011「高齢者・障害者配慮設計指針―移動支援のための電子的情報提供機器の情報提供方法」
34	施設・設備	共通	JIS T 0902:2014「高齢者・障害者配慮設計指針―公共空間に設置する移動支援用音案内」
35	施設・設備	共通	JIS T 9251:2014「高齢者・障害者配慮設計指針―視覚障害者誘導用ブロック等の突起の形状・寸法及びその配列」
36	施設・設備	共通	JIS T 9289:2019「高齢者・障害者配慮設計指針―ステッキホルダーの保持部」
37	情報通信	共通	JIS X 8341-1:2010「高齢者・障害者等配慮設計指針―情報通信における機器，ソフトウェア及びサービス―第 1 部：共通指針」
38	情報通信	個別	JIS X 8341-2:2014「高齢者・障害者等配慮設計指針―情報通信における機器，ソフトウェア及びサービス―第 2 部：パーソナルコンピュータ」
39	情報通信	個別	JIS X 8341-3:2016「高齢者・障害者等配慮設計指針―情報通信における機器，ソフトウェア及びサービス―第 3 部：ウェブコンテンツ」
40	情報通信	個別	JIS X 8341-4:2018「高齢者・障害者等配慮設計指針―情報通信における機器，ソフトウェア及びサービス―第 4 部：電気通信機器」
41	情報通信	個別	JIS X 8341-5:2022「高齢者・障害者等配慮設計指針―情報通信における機器，ソフトウェア及びサービス―第 5 部：事務機器」
42	情報通信	個別	JIS X 8341-6:2013「高齢者・障害者等配慮設計指針―情報通信における機器，ソフトウェア及びサービス―第 6 部：対話ソフトウェア」
43	情報通信	個別	JIS X 8341-7:2011「高齢者・障害者等配慮設計指針―情報通信における機器，ソフトウェア及びサービス―第 7 部：アクセシビリティ設定」
44	コミュニケーション	共通	JIS S 0042:2010「高齢者・障害者配慮設計指針―アクセシブルミーティング」
45	コミュニケーション	共通	JIS T 0103:2005「コミュニケーション支援用絵記号デザイン原則」
46	サービス	共通	JIS Y 0201-1:2024「アクセシブルサービス－第 1 部：サービス提供者の基本的配慮事項」
47	サービス	共通	JIS Y 0201-2:2024「アクセシブルサービス－第 2 部：コミュニケーションに関するサービス提供者の基本的配慮事項」
48	サービス	共通	JIS Y 0201-3:2024「アクセシブルサービス－第 3 部：誘導に関するサービス提供者の基本的配慮事項」

(2024 年 12 月現在)

その結果が「ギザギザ」である．同社は，他社がリンス容器にギザギザが付けると消費者の混乱を招くと考え，実用新案を取得した．しかし，その実用新案は取得と同時に無料で公開され，すぐに他社の賛同社が追従した．その工夫は，その後も国内のほぼすべての企業に広

114　　4. アクセシブルデザイン

がり，包装容器の日本産業規格が制定されるとともに，日本からISOへも提案がなされ，すでに国際規格としても制定された。

　このギザギザに至る前も，各社で工夫が行われていた。点字でシャンプー，リンスと書かれたシールを配布する，二つの容器の大きさを変える，色を変えるなどである。また，花王（株）が側面のギザギザを行う10年近く前には他社がほぼ同じ工夫をしたこともあったとの記録がある。どれも貴重な努力であり便利な工夫であった。しかし，いま広がっているギザギザのように，国内ほぼすべて，そして海外まで広がるには至らなかった。コスト面，手間，他社への普及，消費者への情報提供など複数の要因が考えられる。逆に，花王（株）になぜこれだけ広く賛同社が現れたのかを分析することが答えを解くヒントになる。

4.2.2　共　遊　玩　具

　1980年9月，トミー工業株式会社（現 タカラトミー）は，創業者の遺訓により障害のある子供たちが遊べる玩具の研究部門を創設した。新設部署での最初の仕事は，障害のあるさまざまな子供たちと接し障害と玩具の関係について知ることであった。その結果，障害ごとに既存の玩具への改良点が異なり，すべての障害をカバーする玩具は理想であるが現実的には困難であることがわかった。

　玩具メーカーは研究・調査だけで終えては仕事といえない。つぎの作業は焦点を絞って可能な分野からとりかかることであった。最初に手がけたのは，目の不自由な子供たちの玩具であった。理由は，見えないことを考慮して代替様式を既存の玩具に当てはめていけば大きなコストをかけずともより多くの子供たちが遊べる製品になると判断したからである。盲児のいる家庭，盲学校，研究機関，盲人用具の販売機関への訪問を繰り返し，要望にあった玩具・ゲームの販売にこぎつけた。

　しかし，1985年のプラザ合意の円高による不況は，輸出をおもな事業にしている製造業を襲った。同研究室も存続の危機となりなんとか継続できる方法をと知恵をひねり出したどり着いたのが「共用品」の考え方であった。一般向けに開発される玩具に少しの工夫を行うことによって，目や耳の不自由な子供たちにも遊べるモノにする考え方である。その考え方を共遊玩具と命名し，同業他社にも賛同を得ることができた結果，1990年から社団法人日本玩具協会に委員会が発足した。共遊玩具の基準，対象玩具のパッケージに表示する**図4.2**の盲導犬マーク・うさぎマークの選定，業界横断のカタ

（a）盲導犬マーク　　目の不自由な人にも楽しんで遊んでもらえる商品であることを示す。

（b）うさぎマーク　　耳の不自由な人にも楽しんで遊んでもらえる商品であることを示す。

図4.2　視覚・聴覚障害者玩具のシンボルマーク

ログ作成などを行っている。また，同活動は各国の玩具協会が集まる会議でも紹介され，1992年からは英国，アメリカ，スウェーデンなどが同じ活動を進めている。

4.2.3 家電製品の凸・音・点字表示

1991年に発足した業界横断の，障害当事者が参加する特徴を持った研究会の名称はE＆Cプロジェクトと名付けられた。共用品の普及を考え実行する同会では，メンバーが障害当事者の家庭を訪問することを繰り返し行った。家電メーカーに勤めるメンバーが訪問した盲女性の家庭で使っている洗濯機のスイッチは，同じ形のボタンが凹凸なく複数並ぶシートスイッチであった。以前の押せばくぼむタイプのスイッチであればいま何が作動しているかがわかったのに，これではわからない，と不便さの声を聞いた。彼はその声を自分が勤める家電製品メーカーに伝え，検討を開始した。その後，財団法人家電製品協会に伝えた。同協会は，シートスイッチのONを示す箇所に凸表示，OFFを示す箇所に凸バーを付けることを業界のガイドラインとしてまとめた。続いて，ON/OFFスイッチ以外のスイッチにも表示ができるようにと点字の表示方法を決めた。そのルールは家電製品だけにとどまらないとの判断で，日本産業規格（JIS）となり，さらには日本からISOに提案し国際規格として制定されている。

また，「始まり」，「終わり」，「異常」などを家電製品等から伝える音である「報知音」に関しても，家電製品協会が中心となり業界基準を経てJISが制定されるに至っている。この規格では，音のパターンを決めるとともに，音の周波数が2 500 Hzを超えないことが望ましいとしている。これは，同規格を作る際，高齢者への調査で得られた結果を反映させたものである。

4.2.4 共用品の市場規模

経済産業省では，1995年より共用品の市場規模調査を開始した。1995年度に4 869億円だった共用品の市場規模は，図4.3のように，2022年度に3兆1 389億円と前年比で9.6％（1 164億円），調査開始年の1995年に比べると約6.5倍に伸びている。

1995年に調査を行うにあたり，業界によって「高齢者・障害者にも優しい商品」の定義が異なっていたため下記の配慮点を共用品の基準とした。
1．製品に所在の認知性（視覚障害・高齢者）
2．アプローチやアクセスの容易性（肢体不自由・高齢者）
3．商品情報①（内容・賞味期限・メーカー名等）識別の容易性（視覚障害・高齢者）
4．商品情報②（操作情報＝入力表示・出力表示）（視覚障害・聴覚障害・高齢者）
5．操作の容易性（視覚障害・聴覚障害・肢体不自由・高齢者）

116   4. アクセシブルデザイン

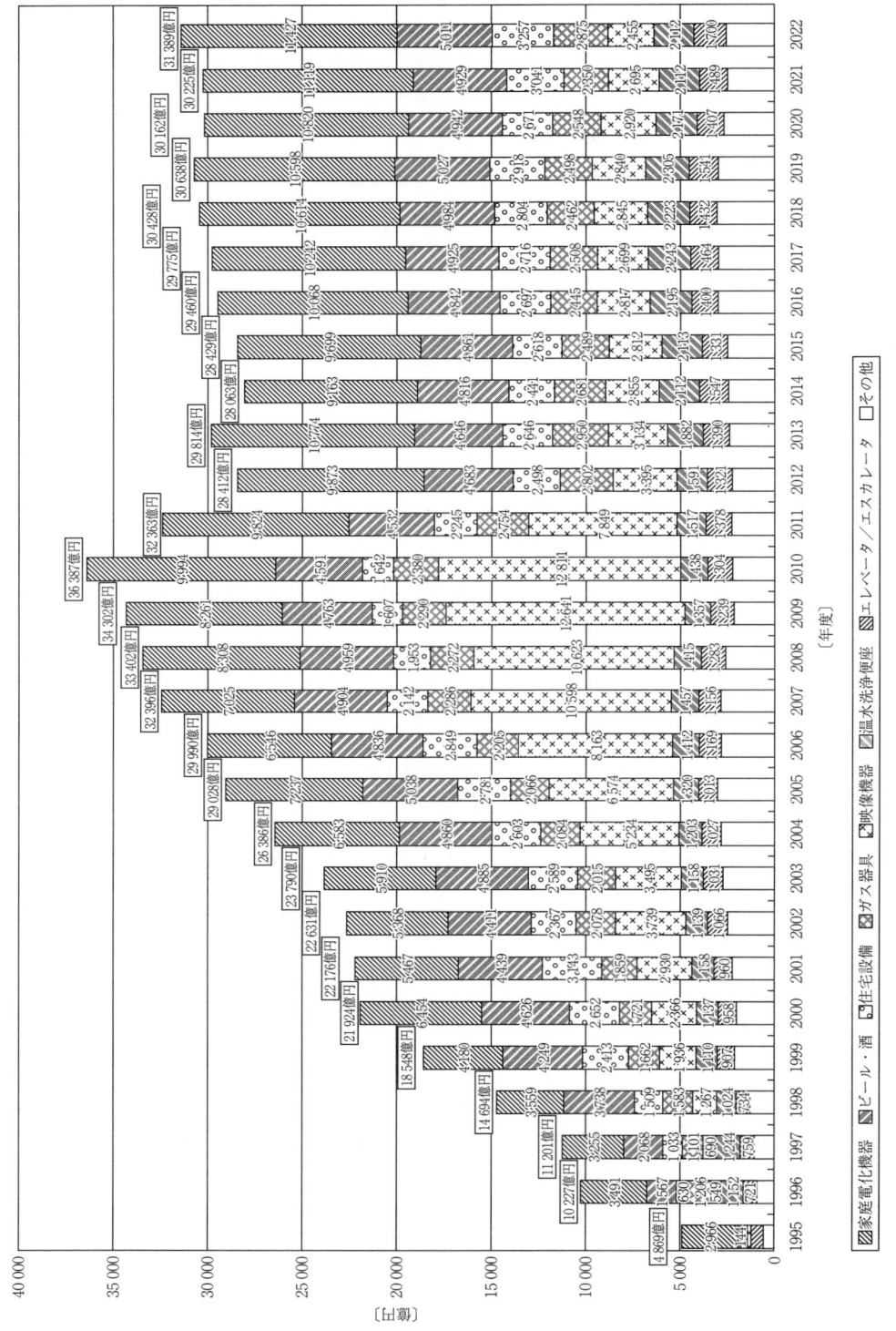

図 4.3 共用品の市場規模金額の推移（1995～2022年度）（詳しくはホームページ[5]参照）

6．取り扱い方法に関する情報提供（視覚障害・聴覚障害・高齢者）
7．保守・管理の容易性（視覚障害・聴覚障害・肢体不自由・高齢者）

　理想的には，すべての基準に当てはまっていることが望ましいが，この調査では原則として，基準の二つ以上が当てはまっている製品を対象としている。

　また，調査をするにあたって共用品を下記の四つに分類した。
　（ⅰ）　共用福祉用具：　もともと専用の福祉用具であったものであるが，特に意図した再設計・リデザインをせず，一般の利用にも供する製品
　（ⅱ）　共用設計製品：
　　　　　　① もともと専用の福祉用具であったものを一般用途にも普及するように再設計リデザインされた製品
　　　　　　② 高齢や障害でも使いやすいように意図して全般的に設計・デザインされた製品
　（ⅲ）　バリア解消製品：　一般製品をベースに高齢や障害のある人が利用上バリアとなる部分を解消するための部分的な配慮上の設計・デザインを施した製品
　（ⅳ）　ユースフル製品：　設計デザインとして特に意図せず，高齢や障害でも使いやすい製品

　共用品は（ⅰ）〜（ⅳ）を指すが，（ⅳ）のユースフル製品に関しては，共用品市場規模では測りきれていないという理由で調査対象としていない。しかしメーカー側が意図しなくとも，障害のある人が使いやすい製品に関しても共用品として供給者側，需要者側が同じ見解で理解していくことが必要とも思う。以前こんな例があった。

　炊飯器の釜の目盛りは凹凸のない線で描かれているため，目の不自由な人にとって触って確認することができない。以前，ある家電メーカーから目盛りを凸線で表示された製品が発売された。目の不自由な人達の間に口コミで伝わり多く人が購入していた。ところがある日，同じ機種を購入した人の製品は目盛りが平になっていた。確認したところ，リニューアルする際，デザイン変更が行われたとのことであったと聞いた。つまりその凸線は，目の不自由な人のために付けられた工夫ではなく，デザインの一つであったのである。工夫されたきっかけはどうであれ，障害のある人が使いやすい工夫は，需要・供給どちら側も知っておくことが必要である。

　共用品の市場規模では出荷合計額と共に，その製品の占有率も調査している。社会状況によって市場規模は変化するが，社会のバロメーターになるのはむしろ占有率の動向である。

　ガス器具の共用品化率は80％近くになっている。これは，火に関する安全をより重視する事が宿命であるガス関連製品という背景があると思われる。ノンステップバスも最近増えてきてはいるが，20％前後である。ということは，車椅子使用者がバス亭で待っていても四台に一台しか乗れないことになる。英国のロンドン市では，地下鉄に関してはアクセシブ

ルと程遠い状況にあるが，市内を走るバスは全てノンステップバスになっている。そのため，車椅子使用者を含め階段の乗降が困難な人も来たバス全てに乗れるようになっている。

共用品の市場規模調査を長年行っていると，メーカーは需要者のニーズを知ること，逆に言うと障害のある人たちはメーカーに自分たちのニーズを伝え続けていくことが，いかに重要であるかがわかる。その上で，必要な配慮は製品がリニューアルしてつぎの機種に受け継がれることとともに，配慮は一部の製品を障害者配慮として特殊扱いするのではなく，すべてを配慮する事を目指すことが重要であることもわかる。なお，共用品推進機構[6]では今後も共用品の市場規模調査[7]を継続して行っていく予定でいるので，参考にしていただけたらと思う。

4.2.5 共用サービス

高齢者及び障害のある人たちが，生活をしやすくなるには，ハード（製品や建物など）への配慮と共に，ソフトへの配慮が欠かせない。一言でソフトといっても幅が広い。通常，ハードとソフトというと，パソコン，スマートフォン，タブレット等の本体とプログラムを指す。しかし，世の中には，それと似たような関係のソフトとハードが多く存在する。

レストランという施設，飛行機という機器に対して，お店，機内などでの人が行う「サービス」，「応対」もその一つである。

■ 公共サービス窓口における配慮マニュアル

2005（平成17）年，内閣府が事務局となっている障害者施策推進本部から「公共サービス窓口における配慮マニュアル — 障害のある方に対する心の身だしなみ」が発行され，全国の公共窓口に配布された。

このマニュアルは，日本障害者フォーラム等に参加している障害者団体の人たちから，公共窓口に望むことを確認し，また，公共窓口業務を行っている人たちがどのような工夫を行っているかなどを調査し，それをマニュアルの形でまとめたものである。

このマニュアルの初めには，「応対の基本」が下記の6項目で書かれている。

1. 相手の「人格」を尊重し，相手の立場に立って応対します。
2. 障害の有無や種類に関わらず，困っている方には進んで声をかけます。
3. コミュニケーションを大切にします。　4. 柔軟な応対を心がけます。
5. 不快になる言葉は使いません。　6. プライバシーには立ち入りません。

つぎは，障害種別の特性が，視覚障害のある人，聴覚・言語障害のある人，肢体不自由のある人，内部障害のある人，知的障害のある人，発達障害のある人，精神障害のある人の順に，「主な特徴」と「コミュケーション」に関する事項が記載されている。

そして，場面ごとで応対のポイントが書かれている章へとつながる。

詳細に関しては，内閣府のホームページ[8]からダウンロードできるのでご覧いただきたい。

また，同マニュアルには，「一歩踏み出すための情報源」として，コミュニケーションを円滑に行うための道具として，「コミュニケーション支援用絵記号」が紹介されている。

「コミュニケーション支援用絵記号」とは，知的障害のある子どもたちと絵によってコミュニケーションを図るために特別支援学校等で使用されているものを，より一般化するために 2005 年に日本産業規格（JIS）になったものである。

イメージしにくいかもしれないが，マクドナルドなどのファストフードの店頭においてあるメニューを思い浮かべていただくとよい。メニューにあるハンバーガー等の写真を指させば，言葉で注文しなくても店員さんに注文が伝わる。この方式は，知的障害のある子どもたちだけでなく，耳の不自由な人，そして使用する言語が異なる人にとっても有効な道具である。

規格では，絵記号を描く際の基本形状（線と面での表現，物を正面，真横，斜め方向からとらえた表現等），作図原則（既存の絵記号との整合性，主題の明確化等）を規定し，描きやすく，伝えたい内容が理解されやすい絵記号を描くためのルールを示している。

JIS には，参考として 300 種類の絵記号が掲載されており下記，共用品推進機構のホームページ[9]からダウンロードできる。

4.3 アクセシブルデザインにするポイント

製品やサービスをアクセシブルにするためにと大上段に構える必要はない。いくつかのポイントを知っていないとすぐに大上段に構えてしまったり，「そのような社会貢献的な事業を行う余裕はない」といった他人事になってしまう。

アクセシブルデザインにするためには，通常の製品開発・改造，新規サービス・サービスの改良を行う時に，工程の流れの中に組み込むことが早道である。その組み込む流れを下記に示す。

4.3.1 日常生活における不便さ調査・便利さ調査

作る製品・サービスが決まっている場合には，今までとは異なる身体特性を有する人達を対象者にできるかを把握することである。日常生活における不便さ調査に関しては，内閣府，交通エコロジー・モビリティ財団，そして共用品推進機構のホームページから閲覧することができる。また，作る製品やサービスが漠然としている時にも，これらの不便さ調査は何を開発すべきかのヒントをくれる事がある。

ただし，この不便さ調査に関しては細かな部分までは調べきれていないので，さらに知るのではあれば，当事者から話を直接聞くことが必要となる。

4.3.2 当事者への直接調査（モニタリング調査）

企画，試作，製品化各段階において実際に当事者に会ってニーズを確認することは有効である。しかし，障害当事者団体並びに，支援機関等においては，障害および高齢当事者とともにモニタリングを実施している機関もあり，有効に活用することができる。

4.3.3 標準化と差別化

事前の調査で明らかになった製品・サービスの不便さを解決するための配慮点については，① 他社への差別化につなげるべき場合と，② 同業他社を含めて幅広い分野での共通の配慮点にしていくべき場合とがある。企業としての独自性を出すことは通常のことであるが，同業他社または他業種とも配慮点を共通化することが，より多くの人たちの利便性につながることがある。

4.3.4 知らせる必要性

大小の努力で，自社製品・サービスがアクセシブルになったらそこからが本当の始まりである。開発されてもその情報が自然と，対象としている全ての人に届くわけではない。ましてや，情報の代替様式が必要な人達を対象としている場合には，カタログ，広告にも考慮することが必要である。

4.4 今後の課題と展望

本来「デザイン」という言葉には「障害者・高齢者を除く」という意味はない。しかし，社会状況の下，多くの製品・サービスは，対象者から意識・無意識意を問わず，障害者・高齢者を対象から除いてきた。しかしその時代も超高齢社会の到来で終わりかけている。

「ユニバーサル」，「アクセシブル」という形容詞を，デザインの上から一刻も早く取り，本来の「デザイン」に戻すことが目標である。

章 末 問 題

【1】 アクセシブルデザインにおける代替様式の位置づけを述べよ。
【2】 アクセシブルデザインに関する標準化の課題を述べよ。
【3】 アクセシブルデザインの必要性と課題を述べよ。

5. 人にやさしい生活環境

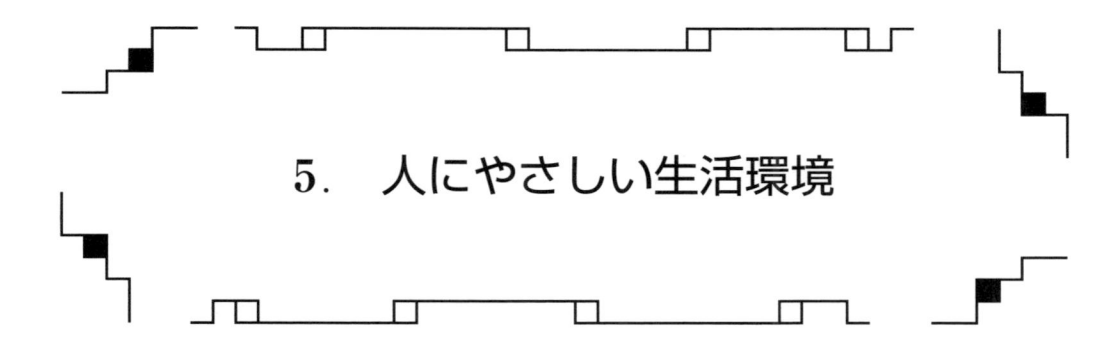

5.1 住　環　境

5.1.1　住宅のバリアフリーと機能低下の問題

　高齢期における住宅のバリアフリー化については,「居住者の機能低下をもたらすことから, ある程度のバリアは残しておき, 機能低下を防ぐべきである」という考え方がある。高齢者や障害者の住宅改造に携わる人々には, 職種にかかわらずつぎのような二つの考えが存在している。以下で, その二つの考え方を紹介する。

　（1）　考え方1　住宅に多少の段差などのバリアは残しておくほうがよい。

　多少の段差などが残っていなければ, 身体機能ばかりか精神機能も低下していく。また, 他人の家へ行ったり, いったん外出すれば, 家の外は段差だらけであり, 完全なバリアフリー住宅に住んでいては, 一歩も外に出られなくなる。

　（2）　考え方2　住宅はわずかの段差であっても, バリアとなるものはなくすべきである。

　日常的に使用頻度が高い住宅各部では, わずかな段差でも転倒事故を招く。高齢者がいったん転倒すれば骨折する確率が高く, 長期間にわたる入院治療によって寝たきりとなるきっかけになり, 生活の質が著しく低下する。

　筆者の印象では,（1）の考え方が従事者の半数を少し超え, 新聞やテレビなどの家庭介護講座等においても（1）の考えに基づいたものが多い。これらは, 対象となる利用者をどのようなモデル[†1]として見るかといった視点によって変わり, それぞれがどちらかの考えに属していることが多い。

　本章では, 上記に関する是非について評価をしないが, 特にチームによっては住環境改善計画が行われる場合は, たがいの立場を知ることが必要と考える[†2]。なお, 筆者は下記の住宅安全という観点からも, 上記（2）の立場をとって以下の稿を進めていく。

---

　†1　筆者は, 対象者を（1）は医療（対象）モデルとして,（2）は生活（対象）モデルとして見ていると考え, 便宜的に分類している。
　†2　立場の違う者が議論して, 考え方を統一しようとした場合, 多くは不毛な議論で終わることが多い。

5.1.2 住宅安全

住宅内事故によって，多くの人々が死傷していることはあまり知られていない。2022年人口動態統計（厚生労働省）[1]によると，家庭内[†1]における不慮の事故等で死亡した人の数は，総数15 673人であり，その内訳は，「転倒・転落事故」2 740人，そして浴槽内をおもな場所とした「浴槽内での溺死および溺水」6 062人が続く（**図5.1**）。同年の交通事故による死亡者数は，3 541人[†2]であることから，家庭内事故のうち，この二つだけで交通事故死者数をはるかに上まわっている。それにもかかわらず，交通事故と比較して社会問題化されていない。屋外で交通事故にあって死亡するより，住宅内における事故によって死亡する確率のほうが高い。

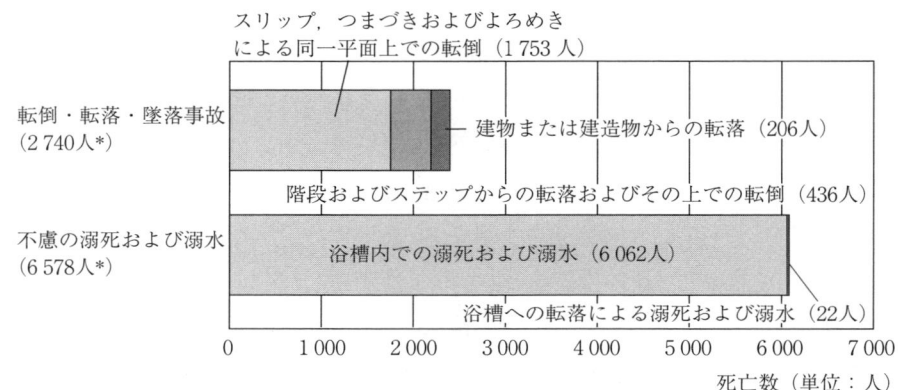

```
スリップ，つまづきおよびよろめき
による同一平面上での転倒（1 753人）

転倒・転落・墜落事故
（2 740人*）        建物または建造物からの転落（206人）

                    階段およびステップからの転落およびその上での転倒（436人）

不慮の溺死および溺水
（6 578人*）        浴槽内での溺死および溺水（6 062人）

                    浴槽への転落による溺死および溺水（22人）

      0    1 000  2 000  3 000  4 000  5 000  6 000  7 000
                                            死亡数（単位：人）
```

＊ その他の項目をグラフから省略しているため総数はグラフ内の数字と一致しない。

図5.1 家庭内におけるおもな不慮の事故による死因15 673人のうち，住宅に関連する人数（2022年）
（人口動態調査[1] 人口動態統計確定数 死亡 第18表）

また，家庭内事故を年齢別に比較すると，ここ数年の傾向として，1〜9歳の子供の家庭内事故による死者は減少傾向にあるが，65歳以上の高齢者は増加している[†3]。今後の住宅環境改善は，こうした「いのちを守る」という視点による安全計画が重要であろう。

---

†1 人口動態統計では，住宅内における不慮の事故を「家庭内事故」と呼称している。この表記は日本語としても適切でない。本書では「住宅内事故」と呼称するが，統計引用時には「家庭内事故」を使用する。

†2 警察庁統計によれば，2022年交通事故死者数は2 610人となっている。報道等で通常発表される交通事故死者数は，この警察庁統計であるが，これは事故発生から24時間以内死亡者数であり，人口動態統計では毎年，この数値を上回っている。

†3 いずれも，各年齢層人口10万人当りの死者数で比較。したがって，年次による少子化，高齢化の影響は排除した結果である。

5.1.3 介護保険と住宅改修

〔1〕 居宅介護住宅改修・介護予防住宅改修に係る介護保険の給付

　介護保険法では，高齢者の自立の観点から，住宅改修が認められている。これらは在宅の要介護者・要支援者が行う手すりの設置，段差解消等の住宅改修に対し，介護保険を給付するものである。ただし，その内容は限定的であり，場所や内容なども決められているため，どちらかというと想定されている利用者の身体機能は，介助があったとしても自分で歩行ができるような人がイメージされる。車椅子使用者の場合は，介護保険による住宅改修では住宅内で移動できる範囲は限定される。

　なお，住宅のバリアフリー化工事については，これまで「住宅改造」，「住宅改善」などともいわれてきたが，2000年の介護保険法施行以降は，介護保険法によるものを法にある表記と同じ「住宅改修」と呼称し，それ以外の表記とは区別している。**表 5.1**（p.124）に介護保険法による住宅改修に関する概要を示す。

〔2〕 支給限度基準額　介護保険による住宅改修の支給限度基準額は20万円である。ただし，介護保険では，1割が利用者負担であるから，実質的には20万円の9割である18万円が支給の上限となる。上限を超えて工事を行った場合は，その部分は自己負担となる。

　この額は，要支援，要介護区分にかかわらず定額である。また利用できるのも，生涯において20万円までであるが，要介護状態区分が3段階以上，上がり，障害が重くなったときや，転居した場合は再度20万円までの支給限度基準額が利用できる。

5.1.4 住宅の品質確保の促進等に関する法律（通称 住宅品確法もしくは品確法，1999年施行）に基づく「日本住宅性能表示基準」

　消費者は，自家用車，家庭用電化製品や住宅設備，そして支援機器などといった工業製品の場合，実際にそれを見たり，カタログなどによりその仕様や性能を事前に予想することができる。しかし，建築物については，一般の消費者が設計図書（図面），仕様書と見積書を見て，建築物の性能を事前に知ることは困難であった。そこで，住宅を建てたり購入するときに，その性能を表示するルールをつくり，消費者が住まいの性能をある程度予想したり，設計者等へ伝えたりすることができまるようにした制度が住宅性能表示である。

　これらには，構造の安定，火災への安全，音環境，防犯に関すること，といった10項目による性能評価があるが，その一つに「高齢者等への配慮に関すること」がある。これは，1～5までの等級に区分されていて，等級5が，「介助用車椅子使用者が基本的な生活行為を容易に行える」最も高い性能と位置づけられている。そして，等級1がもっとも低く，「建築基準法レベルを満たしている」である。建築基準法では，階段や通路幅等について安全上基本的な規定はあるが，いわゆる高齢者配慮を想定した規定はほとんどないことから，

表 5.1 居宅介護住宅改修・介護予防住宅改修に係る介護保険の給付の概要

対象となる場所	内容	備考
（1） 手すりの取付け	場所　廊下，便所，浴室，玄関，玄関から道路までの通路等 目的　転倒予防 　　　移動または移乗動作のため 　手すりの形状は，二段式，縦付け，横付け等 　なお，福祉用具貸与に掲げる「手すり」に該当するものは除く。	建物とは独立しているような，玄関から道路までの屋外工事も可 （平成12年12月告示改正により）
（2） 段差の解消	場所　居室，廊下，便所，浴室，玄関等の各室間の床の段差及び玄関から道路までの通路等の段差解消 　具体的には， 　　敷居を低くする工事 　　スロープを設置する工事 　　浴室の床のかさ上げ　等 　なお，福祉用具貸与に掲げる「スロープ」または福祉用具購入に掲げる「浴室内すのこ」を置くことによる段差の解消は除かれる。 　また，昇降機，リフト，段差解消機等，動力により段差を解消する機器を設置する工事は除かれる。	
（3） 滑りの防止及び移動の円滑化等のための床又は通路面の材料の変更	居室　畳敷きから板製床材やビニル系床材等への変更 浴室　床材の滑りにくいものへの変更，通路面においては滑りにくい舗装材への変更等	
（4） 引き戸等への扉の取替え	開き戸を引き戸，折り戸，アコーディオンカーテン等に取り替えるといった扉全体の取替え ドアノブの変更，戸車の設置等も含む。 　引き戸等への扉の取替えにあわせて自動ドアとした場合は，自動ドアの動力部分の設置はこれに含まない（その部分は自費による）。	これまでは扉位置の変更等を含めて，新設は対象でなく，あくまでも扉の取替えとされていた。 　しかし，引き戸等の新設が，扉位置の変更等に比べて費用がかからない場合に限り「引き戸等への扉の取替え」に含まれ，給付対象となる。 「介護保険関係者のための住宅改修の手引き」追補・訂正 　　　　　　　平成21年5月
（5） 洋式便器等への便器の取替え	和式便器を洋式便器に取り替える場合が一般的であるが，福祉用具購入に掲げる「腰掛便座」の設置は除かれる。 　また，和式便器から，暖房便座，（肛門）洗浄機能が付加されている洋式便器への取替えは含まれる。	すでに洋式便器である場合は洗浄機能付加は含まれない。
（6） その他前各号の住宅改修に付帯して必要となる住宅改修	① 手すりの取付け 　手すりの取付けのための壁の下地補強など ② 段差の解消 　浴室の床段差解消（浴室の床のかさ上げ）に伴う給排水設備工事など ③ 床又は通路面の材料の変更 　床材の変更のための下地の補強や根太の補強または通路面の材料の変更のための路盤の整備など ④ 扉の取替え 　扉の取替えに伴う壁または柱の改修工事など ⑤ 便器の取替え 　便器の取替えに伴う給排水設備工事（水洗化または簡易水洗化に係るものを除く），便器の取替えに伴う床材の変更など	

注書きがないものはすべて　引用・参考文献2）による。筆者一部改変。

表5.2 日本住宅性能表示基準における高齢者等配慮対策等級と必要な対策の程度[3]

等級	講じられた対策
5	高齢者等が安全に移動することに特に配慮した措置が講じられており、介助用車いす使用者が基本的な生活行為を行うことを容易にすることに特に配慮した措置が講じられている。
4	高齢者等が安全に移動することに配慮した措置が講じられており、介助用車いす使用者が基本的な生活行為を行うことを容易にすることに配慮した措置が講じられている。
3	高齢者等が安全に移動するための基本的な措置が講じられており、介助用車いす使用者が基本的な生活行為を行うための基本的な措置が講じられている。
2	高齢者等が安全に移動するための基本的な措置が講じられている。
1	建築基準法に定める移動時の安全性を確保する措置が講じられている。

バリアフリー住宅としては、特に何もしていないと解釈できる。表5.2に同法の等級別対策の程度概要を示す。

5.1.5　住宅における要素別バリアフリーの方法

■ 床 段 差

〔a〕 基本的知識　わが国では、北海道などを除き、全般に気候は多雨で湿度が高いといった特徴がある。このため古くから室内、ことに床部分が高湿になることを避けるため、床下を通風などによる換気を確保した上で床を高く上げ、快適な生活空間をつくってきた（図5.2）。現在においても、床下の通風を確保し良好な居住環境を確保することによって健康な住環境を確保するという趣旨から、建築基準法においても1階部分における居室の床が木造の場合、床の高さは直下の地面からその床の上面まで450 mm以上なければならないとされている（建築基準法施行令22条1項一号）。したがって、玄関アプローチから床面

現在でもこうした伝統的民家を基本モデルとしたプランや造作で新築される住宅がまだ多い。

図5.2　鴇田家（保存住宅）
　　　（千葉県習志野市）

に段差があるのは，わが国の住宅では宿命ともいえる。

　また，近年の傾向を見ると，1970年代頃までは地面から玄関土間との段差は少なく，玄関土間から上がりがまちへの段差が 300～400 mm 以上と大きなことが特徴であった（**図5.3**）。ところが 1980 年代以降に建築されたものから，大きく様変わりすることになる。特徴として，道路面から玄関土間までに 1 m 近くの段差があることが珍しくない（**図5.4**）。これは，敷地の地盤面そのものを道路から持ち上げることにより，庭や基礎部分の水はけがよくなる，日照に有利，浸水被害の軽減といった理由から，今日では全国的に宅地開発の主流となっている。ただし，このような住宅では，玄関土間と上がりがまちの段差は逆に 200 mm 以下と少なくなる。しかし，図 5.4 のような状況では，外部空間に段差解消の手段，もしくは機器を設置する必要があり，玄関内部の土間においてこれを解決するよりはるかに困難が多い。名古屋市内の多くの地域では，2000 年 9 月に起きた集中豪雨の大規模浸水被害の経験から，地盤面自体を大きく上げる家が多くなり，このような地域において高齢者が玄関から外への出入りに困難が多く，住宅改造が困難なことが報告されている。

図5.3 1960～1970 年代の住宅
（著者撮影）

図5.4 1980 年代以降の住宅
（著者撮影）

　また，これとは別に冬期，積雪量の多い地域では 1 階を駐車場，2～3 階を居室とした独特の 3 階建て住宅が増加し，居住者が高齢になったときの移動の困難さが顕著である。

〔**b**〕 **床段差への対応**

（**i**） **屋　外**

　スロープ等を設置する場合，**図5.5**のように，特に夜間における踏み外しに注意する。踏み面と段鼻部分とはコントラストの異なる色（薄いグレーと黒，同系色の薄い色と濃い色など）とし，足下灯は必須である。なお，階段やスロープの直下には敷地内に 100 cm 以上の平坦部を設けてから道路に出るようにする。降りた場所から直接道路につながっていると，飛び出してしまったときに危険である。

5.1 住　環　境

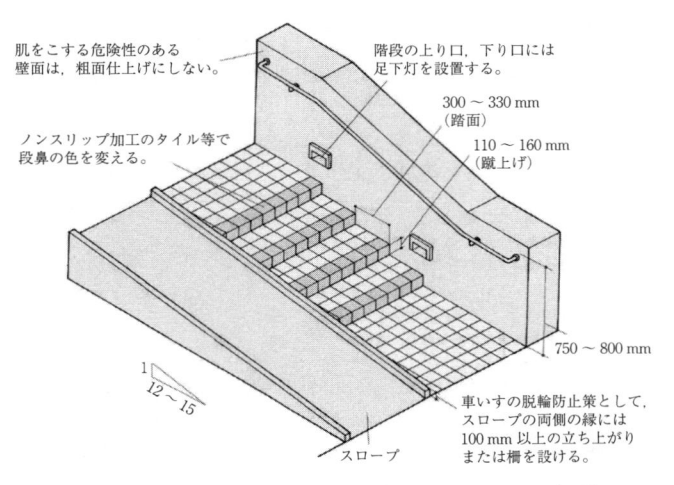

図5.5 玄関アプローチにおける道路からのスロープや階段を設置する際の留意点

（ii）　玄関部分

　歩行ができる高齢者等の場合は，上がりがまちの段差や，靴を履き替えるときに転倒する危険がある。よって，そのような段差ができるところでは**図5.6**のように椅子を置き，そこへ座ってから履き物を履いたり，立ち上がったりすることが望ましい。移動できる椅子は，使用時に動いたりするため危険である。

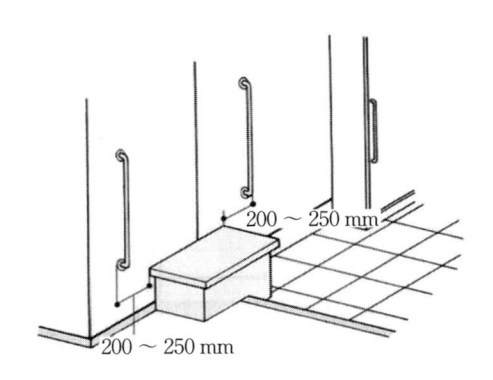

図5.6　玄関上がりがまち部分の椅子と手すり

（iii）　屋　内

　品確法の等級2〜5では，室内段差は5 mm以下とされている。これは，段差0と規定しても，実際の施工ではこの程度の誤差が出てくるためである。したがって，建築図面に段差5 mmと記載した場合，実際の段差はそれ以上になる可能性があり，品確法の等級基準を満たさないことがある。

　しかし，5 mmの段差は高齢者にとって決して安全なものではない。若年者と比較して，高齢者は同じ速度で歩いていても，歩幅が小さく，特につま先が上がらないことが知られて

いる。例えば屋外でよく見られるマンホールの蓋と道路の段差，舗道の敷石の凸凹などといった，2～3 mm 程度の段差に高齢者がつまずいて転倒することがある。ほとんど段差として認識しない，こうした数 mm の段差は，むしろ 5 cm 程度の大きな段差よりも転倒の危険性が高いと考えられる。施工精度の点に至るまで，細心の注意が必要である。

住宅内では，特に和室と廊下（縁側）に段差ができることが多い。**図 5.7** に示すように，一般的な段差解消は，高いほうの床高に，既存の低いほうの床高をかさ上げして合わせるほうがやりやすい。

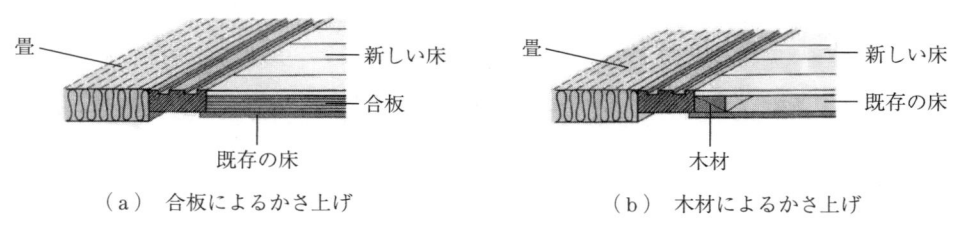

（a）合板によるかさ上げ　　（b）木材によるかさ上げ

図 5.7　屋内段差が生じる部分の床高をかさ上げする方法

また，**図 5.8**（a）のようなすりつけ板は，比較的簡易に段差解消ができるが，廊下を通行中にこれにつまずかないような配慮をすること，さらに図（b）のように奥行き 15 cm 前後のものは，足裏全体を乗せることができず，つま先だけをこれに乗せて踏み込み，滑って転倒することがある。なるべく 5 cm 以下か，足裏全体が乗せられる 20 cm 以上とする。

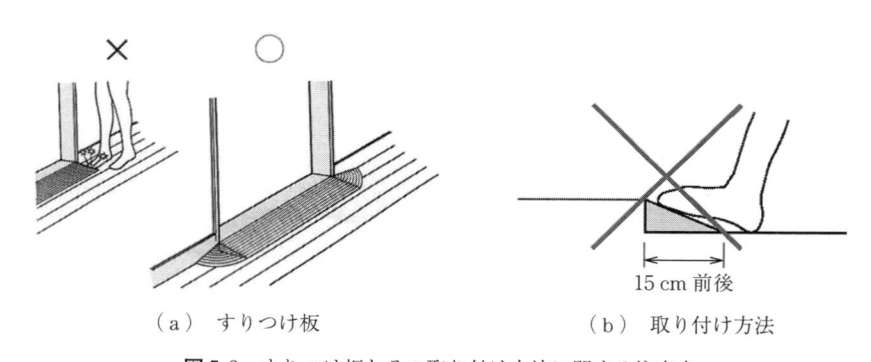

（a）すりつけ板　　（b）取り付け方法

図 5.8　すりつけ板とその取り付け方法に関する注意点

〔c〕**通路幅とモジュール（スケール単位）**　　わが国の住宅は，約 910 mm を単位[†]として平面が構成されている。これは，現在は使用されていない「尺貫法」でいうところの 3 尺に相当し，これによれば畳 1 畳は 3 尺 × 6 尺である。わが国においてこの単位は，少なくとも数百年にわたって使用されてきている伝統的モジュールである。こうした基本的寸法を設

[†] 便宜的に 3 尺（1 尺 = 30.3025 … cm）を 900 mm と表現したり，図面に記入したりすることがある。しかし，住宅などの建設業界では，どちらの表記においても旧尺貫法の 3 尺と解され，同じものが表現されていると考えられている。

5.1 住　環　境

定することによるメリットは，建築部材などのストックに無駄がなく，建具なども共通化した大きさのものが利用できるため，むしろ近代における大量生産において，その利点がより発揮されている。しかし，ここ数百年の間に日本人は 10〜15 cm 程度身長が伸びている[†]ことを考えると，以下のようにあらゆるところで狭さを感じることになる。

この 910 mm の単位は，**図 5.9** のように実質的な内法でなく，あくまでも壁や柱の中心を起点としたものである。これによれば，廊下の幅は，壁の厚みを仮に最大 150 mm とすると，実質通路幅は 750〜最大 780 mm 程度，開き戸などの扉の開口幅は実質 700〜720 mm 程度である。

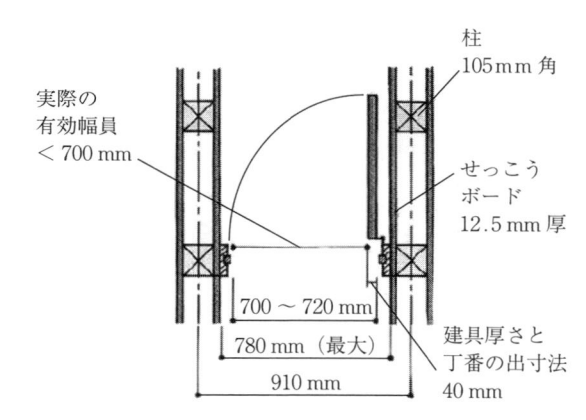

図 5.9 モジュール寸法と実質的な内法の関係

通常この有効幅では，歩行する，車椅子で直進走行するといった場面では，特に不便は感じない。しかし，標準型の自走式車椅子に乗って室内に入ろうとすると，曲がることができなくなる。このような車椅子を使用して廊下から室内に出入りするためには，**図 5.10**（a）のように，廊下幅，通路幅ともに 850 mm 程度は必要となり，それにはモジュール寸法（壁の中心間）として約 1 000 mm が必要である。

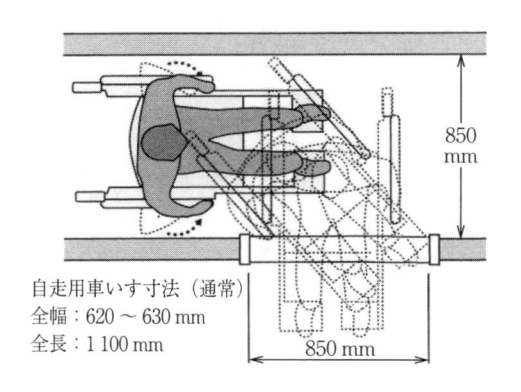

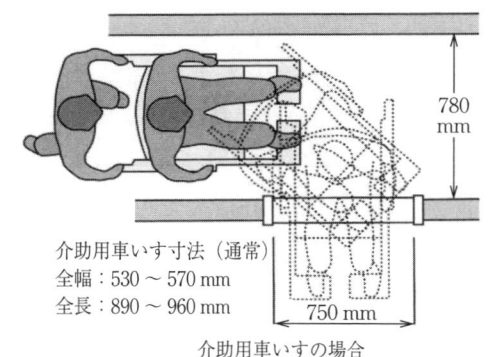

自走用車いす寸法（通常）
全幅：620〜630 mm
全長：1 100 mm

介助用車いす寸法（通常）
全幅：530〜570 mm
全長：890〜960 mm

介助用車いすの場合
廊下幅：780 mm，建具幅：750 mm

（a）　自走用車いすの場合　　　　（b）　介助用車いすの場合

図 5.10　廊下の走行

[†] 平本嘉助（北里大）による。

このような場合，家屋全体のモジュールを変えることは新築や増築においては可能である。しかし，前述のように工業生産や大量流通管理によりストックされている部材や建材をそのまま使用することができないため，特注品の使用などコストアップにつながる[†]。しかし，最近では，いくつかの住宅メーカー（工業化住宅メーカー）では，こうしたニーズがあることから，一部商品のラインナップに1 000 mmモジュールの住宅を用意している。これは，大量発注が可能な住宅メーカーという特性を生かしたものである。

ところが，介助用車椅子といわれている，自走用と比較して後輪が小さく小回りがきくタイプのものの多くは，図5.10（b）のように従来の900 mmモジュールの住宅において利用が可能になる。これについて，バリアフリー住宅において，経験豊富な設計者や施工者はこのことを知っていて，利用者に介助用車椅子を勧めることがある。しかし，車椅子自体の本来の目的と適用については，建築関係者が単独で判断すべきものではない。ただし，医療やエンジニア等を含む多職種チームから成る検討会議では，住宅改造が困難な場合，車椅子側で対応するという選択肢も当然考えられる。

なお，通路幅，および通路の手すり設置については，住宅においては建築基準法による規定はない（階段幅については，〔d〕を参照）。また，住宅性能表示基準においても，最高レベルの等級5においても想定している車椅子は，介助用車椅子である。

〔d〕 **階　　段**　建築基準法では，図5.11のように規定されている。しかし，これを見ると，許容されている階段傾斜の最大は角度45°を超えるたいへん危険なものであることがわかる。よって，この法の規定によらないものを導入する必要がある。わが国の木造住宅では，直線階段の場合，その長さを2 700 mm（9尺：四畳半の一辺）とするところが多い。通常1階と2階の差である床高は2 700〜2 900 mm程度であることから，これでも勾配は45°を超えることが普通である。

階段およびその踊り場の幅	蹴上げの寸法	踏面の寸法
75 cm 以上	23 cm 以下	15 cm 以上

※　建築基準法施行令23条

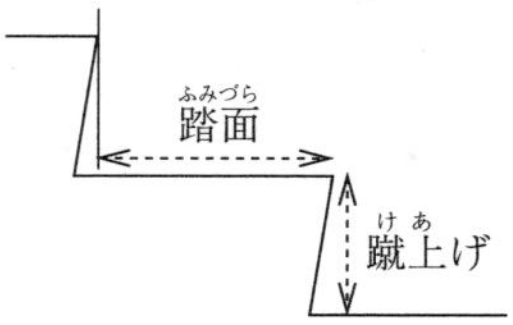

図5.11　住宅用階段の規定

住宅性能表示基準では，等級5と4において，以下のようになっている。

- 勾配6/7以下

かつ

- $550 \text{ mm} \leq 2R + T \leq 650 \text{ mm}$　　（R：蹴上げ，T：踏面）

[†] 木造住宅を一般的な900 mmモジュールで建てた場合に比べて，1 000 mmモジュールで建てた場合には，同じ面積の住宅であってもそのコストは20〜25%程度上昇する。

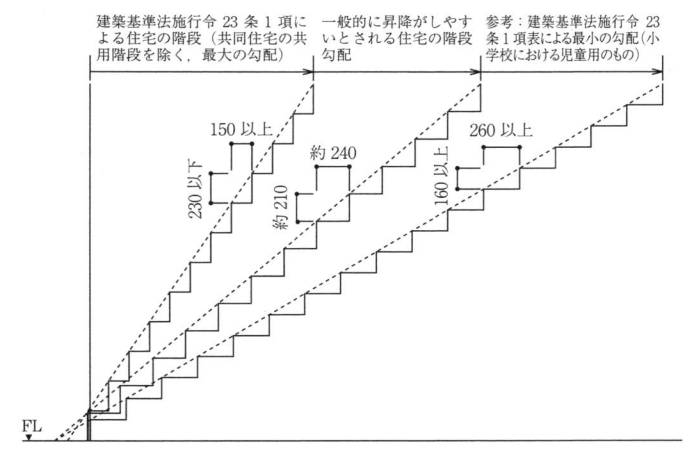

図 5.12 階段の傾斜と蹴上げ，踏面の関係

勾配では45°を下回る。また，直線階段の場合，その長さを3600 mm（12尺：8畳の一辺）とすることによって，安全度は飛躍的に高まる。これら階段の傾斜と蹴上げ，踏面の関係を**図5.12**に示す。

階段の手すりは，建築基準法によって設置が義務づけられている。通常，手すりが設置されると通路や廊下，階段幅は，出っぱっている最も狭い部分によって測られる。しかし，住宅階段の場合，有効な内法は750 mm程度となることがほとんどのため，法に違反することになる。2000年の法改正によって，手すり等の幅（壁から出っぱっている幅）が10 cmを限度として，ないものとみなして算定することができる（建築基準法施行令23条3項）。

なおスロープは，建築基準法によって，勾配は1/8を超えないこととなっている。しかし，この傾斜では自走による車椅子操作で上がることはたいへん困難である。よって，住宅内においても，公共的な性格を持つ建築物に適用される「バリアフリー法」による1/12，できれば1/15程度は必要であろう。

〔e〕**便　　　所**　便器の種類によって必要となる寸法が異なる。**図5.13**に示すように，洋式便器は，和式便器と比較して便器の前方に大きな余裕寸法が必要である。特に立ち上がるときには上体を大きく前傾する必要がある。また，高齢者等立ち上がりが困難になると，この前傾姿勢は，より深くなり，こうした使用方法を考慮すると便器先端部から少なくとも600 mmは必要になる。便房の奥行きは，一般の住宅で最も多い図（a）に示すようなモジュール寸法1350 mm（内法寸法1200 mm程度）では狭い。ここにおいても3尺モジュールの影響があり，長さを910 mmの1.5倍としたものが長さ寸法として定着してしまっている。この背景として，洋式便器のほうが和式便器と比較して，設置時においてスペースをとらないためである。洋式便器では，このスペースでは便器からの立ち上がりのときに前傾姿勢を十分にとれず，立ち上がりが困難になる（**図5.14**）。

(a) 最低限必要な平面寸法
　　　（狭い）

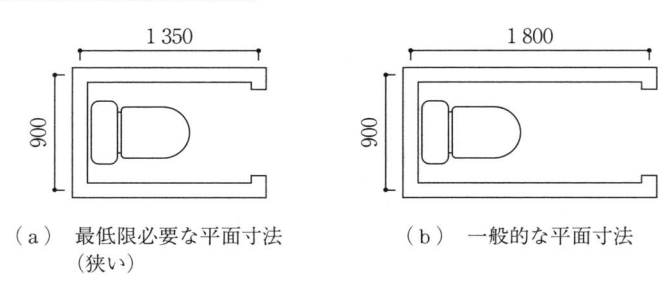

(b) 一般的な平面寸法

図 5.13 わが国の住宅で多く計画されている便所の平面寸法

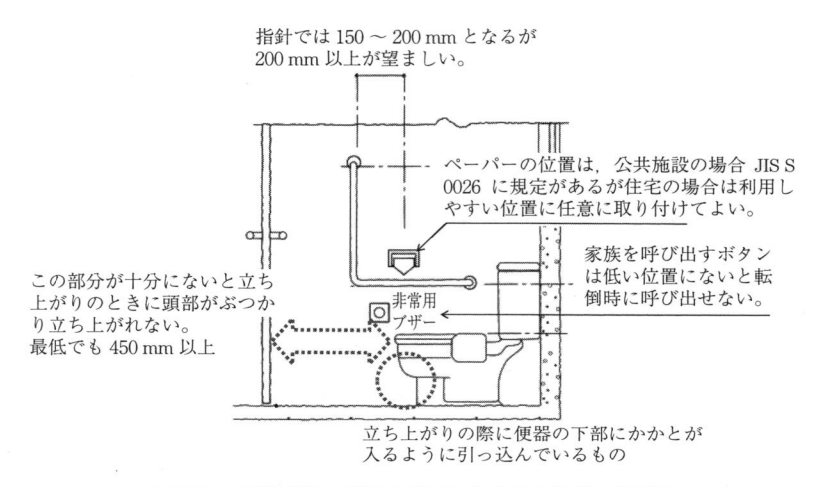

指針では 150 ～ 200 mm となるが 200 mm 以上が望ましい。

ペーパーの位置は，公共施設の場合 JIS S 0026 に規定があるが住宅の場合は利用しやすい位置に任意に取り付けてよい。

この部分が十分にないと立ち上がりのときに頭部がぶつかり立ち上がれない。最低でも 450 mm 以上

家族を呼び出すボタンは低い位置にないと転倒時に呼び出せない。

非常用ブザー

立ち上がりの際に便器の下部にかかとが入るように引っ込んでいるもの

図 5.14 高齢者等の利用を考慮した住宅内便所の側面図

〔**f**〕**浴　　　室**　　わが国では，従来，深さが 600 mm 程度の「和式浴槽」が使用されていたが，1980 年代頃から，コンパクトな風呂用ボイラの発達によってこれを屋外に置き，室内から制御できるようになってからは，広い空間が確保できるようになった。現在では，深さが 550 mm 程度，長さ 1 200 mm の「和洋折衷式浴槽」が多く使用されている。現在，わが国において最も多い浴室寸法は，**図 5.15**（a）に示すように，モジュール寸法 1 800 mm × 1 350 mm（内法寸法は約 1 600 mm × 1 200 mm）であるが，最低寸法であると考えるべきである。この影響で，浴槽の長さは 1 200 mm のタイプが多い。

　図 5.16 では，モジュール寸法 1 800 mm × 1 800 mm（畳 2 畳分）の浴室をモデルにしたプランである。浴槽の出入りのときの転倒を防ぐために浴槽の縁の高さに合わせたシャワー

5.1 住環境

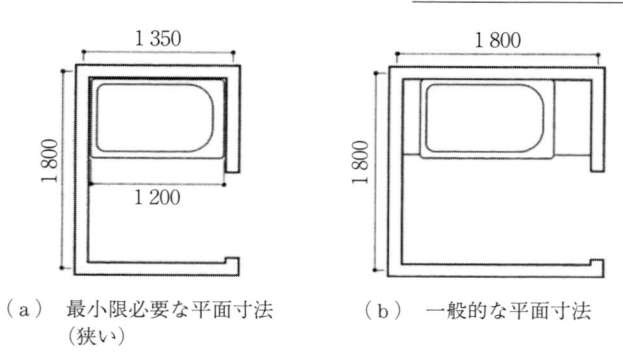

（a）最小限必要な平面寸法（狭い）　（b）一般的な平面寸法

図 5.15　わが国の住宅で多く計画されている浴室の平面寸法

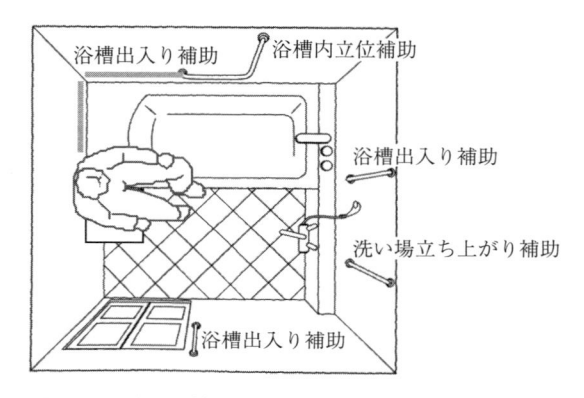

図 5.16　高齢者等の利用を考慮した浴室と手すり位置

椅子（できれば固定されたものが望ましい）を置き，片足ずつ入れて浴槽に入ることが基本である。その際，身体を浴槽の奥へ引き寄せるために浴槽出入り補助用の横手すりを使用する。この手すりは図 5.16 に示すように引き伸ばしてきてもよい。

あまり推奨できないものの，習慣から直接立ちまたぎによって入る高齢者は多い。その場合は，浴室出入り補助用の手すりによって，身体を支えながら浴槽に入り，浴槽内立位補助手すりを使用して浴槽内において立ち座りを行うとよい。

入り口付近にある浴室出入り補助の手すりは，脱衣室から入るときに床が濡れていたり，置いてある洗面器等に足を踏み入れたりすることによる転倒を未然に防ぐものである。

このように，浴室内手すりは使用者によって使い分けるようにする。

5.2 都市環境

【注釈】
1. 本節では，著者の意思を尊重し，障害を「障がい」と表記する。
2. 同じ左半身不随の障がい者でも程度の差でできる事とできないことが異なる。加齢等によりできなくなったり，その後の経過で可能になることもあるなど，状況はさまざまである。「5.2.5 検証―1 事例から学ぶ」，「5.2.6 検証―2 利用者の視点から学ぶ」，「5.2.7 課題と提案」は健常者から障がい者となり12年間余りを生きた著者からの見え方である。さまざまな状況にある障がい者やお年寄りの代弁が少しはできて都市・生活環境づくりに役立てられればありがたい。机上での考えとともにさまざまな利用者の視点から学ぶことは多い。

　私たちを取り巻く生活環境にはさまざまな領域が存在する。それは24時間，四季を通じて変化し，年代，身体状況，ライフスタイル等を考慮すると多岐にわたる。都市環境とは私たちが目的の場所に向かう経路上にあり利用する道路・駅・電車やバス等，車椅子利用者や肢体不自由者等が利用する際の路外駐車場，およびそこにある都市公園や建築物等である。ここでは都市環境に着目するが，一つの領域だけでなくトータルな改善への取り組みと困っている人たちを手助けする姿勢が伴うことで，人にやさしい生活環境の実現がより図れる（図5.17）。

```
おもな生活環境の領域
① 衣      ：衣服（靴下・下着・ワイシャツ・ネクタイ・スーツ）等
② 食      ：食器（はし・スプーン・ナイフ・フォーク）等
③ 住      ：住宅（段・出入り口・段差・廊下・風呂・便所）等
④ 都市環境：旅客施設および車両等・道路・路外駐車場・都市公園・建築物等
⑤ 教育    ：自動車教習所・修学旅行・理科実験・体育・給食等
⑥ 情報    ：パソコン・携帯電話・デジカメ・マニュアル類等
⑦ その他  ：旅行・映画・コンサート・冠婚葬祭等
```

図5.17　おもな生活環境の領域

進化する都市環境

　幼稚園や小・中学校の頃，社会人や，いずれはだれにでも訪れる高齢期を迎えたとき，および健常者であっても風邪やけがなどの一時的弱者となったとき，重い荷物を持ったり，妊産婦の方々と，その時々の年代や，身体状況により不便さの種別と度合は変わる。対象者も子供やお年寄り，健常者と障がい者，外国人等と幅広く，その方々の年代もさまざまであり都市環境の領域も中身は幅広く奥深い。それをより多くの人たちにとって暮らしやすくするには，整備プロセスを推し進めて現時点では達成できなくとも，目標に向かい継続し続けて実現させようとする姿勢が大切で，その結果都市環境はより進化する（図5.18）。

5.2.1 理　　　念
〔1〕 都市環境に求められるユニバーサルデザイン

〔a〕 背景と目的　　本格的な少子・超高齢社会を迎えている今日，ノースカロライナ州立大学（米）のロナルド・メイス教授（1941-1998）が提唱したユニバーサルデザイン（UD）に基づく，体力レベルが低下しても持ち得る能力で，より多くの人たちが暮らし易い安全で，使いやすく，美しく，適正な価格で，施設用途に応じた機能を維持した，生活環境（衣・食・住宅＋都市環境・情報等）づくりの実現を目指す考え方が広く受け入れられている。

　また，近年，ノーマライゼーションの理念が広がる中，ユニバーサルデザインの考え方を導入した公共建築の整備や，それを民間のホテルや病院，銀行等の施設整備に生かした結果，顧客満足度がより得られ，リピーターの確保につながり，健全な収益を上げている。住宅では転倒が原因で寝たきりになるお年寄りは案外と多い。そうならないように段差を解消して未然に防ぐなど，その考え方はさらに支持されている。

```
整備プロセス
❶ 5.2.1 理　念
❷ 5.2.2 利用者ニーズを知る
❸ 5.2.3 整備基準
❹ 5.2.4 整備対象を造る
❺ 5.2.5 事例から学ぶ
❻ 5.2.6 利用者視点から学ぶ
❼ 5.2.7 課題と提案
❽ 5.2.8 フィードバック
```

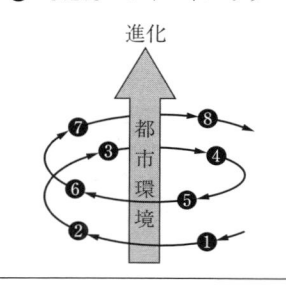

図5.18　整備プロセス

〔b〕 ユニバーサルデザイン

　ユニバーサルデザイン[1]とは，ロナルド・メイスが1980年代に提唱したもので「すべての人にとって，できる限り利用可能であるように製品，建物，環境をデザインすることであり，デザイン変更や特別仕様のデザインが必要なものであってはならない」と定義されユニバーサルデザインの7原則がまとめられている（**図5.19**）。

```
UDの7原則
① だれもが公平に施設を利用できること
② だれにとっても使用上の自由度の高い施設や設備であること
③ 施設や設備は，だれにでも使い方が簡単でわかりやすいこと
④ だれにも必要な情報が効果的に伝わり，理解しやすいこと
⑤ だれにとっても安全なデザインであること
⑥ だれもが無理な姿勢をとることなく少ない力でも楽に使えること
⑦ 利用しやすいスペースと大きさを確保すること
```

図5.19　UDの7原則

コーヒーブレイク

平均寿命の伸長と人口構造の変化

　厚生労働省の「生命表（完全生命表・簡易生命表）」[2]によると，2000（平成12）年時点では，14歳以下の人口が14.6％，15歳から64歳の人口が68.1％，65歳以上の人口が17.4％であった。これが，2050（平成62）年には，14歳以下の人口が10.8％，15～64歳の人口が53.6％，65歳以上の人口が35.7％と予測される。

〔c〕 ノーマライゼーション

ノーマライゼーション[3]は1960年代に北欧諸国から始まった社会福祉をめぐる社会理念の一つで，「障害者を排除するのではなく，障害を持っていても健常者と均等に当たり前に生活できるような社会こそがノーマルな社会である」という考え方である。この概念はデンマークのバンク＝ミケルセンにより初めて提唱され，スウェーデンのベンクト・ニリエにより世界中に広められた。

〔2〕 ユニバーサルデザインも進化する

その時代の整備基準で施設を造ったとしても，障害の種別や程度（レベル）によっては，それを乗り超えられない人たちがいる。ユニバーサルデザインは，人にやさしい生活環境の実現を目指すが限界もある。制度（法律）の見直しや技術の発展により将来それを乗り超える人たちを一人でも増やすことを目指す姿勢で継続することによってユニバーサルデザインも進化する。

一方，施設整備（ハード面）だけでは限界がある。困っている人たちに対する手助け（ソフト面）が伴い，たがいが支え合うことで，より人にやさしい施設などの生活環境の整備が育まれる。

5.2.2 困っている利用者のニーズを知る

困っている利用者（以下，利用者）のニーズを知り，それを改善した都市環境の整備は，障がい者にとっても健常者にとっても暮らしやすく，人にやさしい生活環境の実現の一つとなる。歩道の黄色い視覚障がい者誘導用ブロックに，自転車や荷物が置いてあると，目の不自由な人たちは，白杖でその位置を探るので歩くことができない。車のクラクションを押し続けるが動こうとしないので，もしかして聴覚不自由者ではと気づく人は少ない。健常者でもけがや病気，重い荷物を持ったときなど一時的弱者となる。いずれだれにでも高齢期は訪れ，体力は低下する。いつ障がい者になるとも限らない。人にやさしい都市環境づくりは自分たちや子孫のためでもある。

以下に日常生活で利用者が困っているおもな事項と，その解決策の一例を示す。

（ⅰ）目の不自由な人（**表**5.3，**図**5.20）
（ⅱ）車椅子を利用する人（**表**5.4，**図**5.21）
（ⅲ）耳の不自由な人（**表**5.5，**図**5.22）
（ⅳ）子供や高齢者，外国人や妊婦（**表**5.6，**図**5.23，**図**5.24）

5.2 都市環境

表 5.3 目の不自由な人が困っているおもな事項と解決策

困っているおもな事例	解決策の一例
① 入り口かどうかわからない	音声誘導ガイダンス，誘導・警告ブロックの敷設
② 誘導・警告用ブロックに物があると，とても危険で歩けない	物を置かない
③ ATM 等の操作が文字では行えない	音声ガイダンス付き ATM を設置する
④ どこに何があるのかわからない	人的対応をする（進んで声をかける）
⑤ 用紙に記入できない	人的対応をする（進んで声をかける）

図 5.20 障害物があると歩けない[4]

表 5.4 車椅子を利用する人が困っているおもな事項と解決策

困っているおもな事例	解決策の一例
① 手動の開き戸は開けにくい	自動ドアか片引き戸の設置とする（有効幅 85 cm 以上）
② 段差や急勾配のスロープは上れない	段差なしの出入口か，スロープ勾配を 1/12 以下とする
③ ATM 等に手が届きにくい	一般用に比べて車椅子利用者用の ATM 設置箇所の幅を広くする
④ カウンターが高い（高さ 93 cm 程度）	車椅子利用者カウンタを設置する（高さ 70 cm 程度）
⑤ 通路が狭かったり，物が置いてあったりすると，通れない	通路の有効幅を 85 cm 以上とする

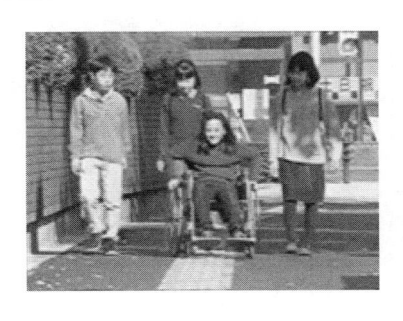

図 5.21 急な坂道やデコボコが苦手[5]

138   5. 人にやさしい生活環境

表5.5　耳の不自由な人が困っているおもな事項と解決策

困っているおもな事例	解決策の一例
① 身近な危険（車のクラクション）	人的対応（聴覚不自由者ではないかと気づく）とする
② 電車やバスのアナウンスが聞こえない	文字表記の伝達方法とする
③ 電話やインターフォンでは，話ができない	文字表記，FAX，携帯メールとする
④ 必要なコミュニケーションができない	人的対応（筆談）とする
⑤ 銀行等の順番待ちで，自分が呼ばれてもわからない	人的対応（案内人の配置）とする ＊ 最近の銀行等のロビーでは，さまざまな障がい者やお年寄りに対して，カウンターまでの誘導，ATMの操作方法や用紙の記入方法の案内などの人的対応を積極的に展開している。

図5.22　クラクションに気づけない[6]

表5.6　子供や高齢者，外国人や妊婦が困っているおもな事項と解決策

困っているおもな事例	解決策の一例
① 説明がわからず，聞き取りにくい	人的対応（ゆっくりとわかりやすく，丁寧に答える）
② 日本語だけだと，わからない	英文等の表記，文字の大きさや照明に気を配る
③ 雨の日に床が濡れて滑らないかと心配になる	入り口にマットを敷くが，警告・誘導ブロックの上には敷きっぱなしにならないように注意する
④ ちょっとした段差が恐ろしくなる	段を滑りにくくし，段の両側に手すりを設置する
⑤ サインがわかりにくい	ひと目でわかるよう，非難誘導等のサインやポスターとは明確に分ける

図5.23　わかりやすいサイン

図5.24　英文表記

5.2.3 整備基準

より多くの人たちが暮らしやすい都市環境づくりには，理念と利用者のニーズに基づく整備基準が必要である。それは必要最低限の基準であり病院等や，その施設の用途，怪我人やお年寄りの方々等と訪れる人たちの状況によっては，それを上回る基準で整備する必要がある。

また，既存施設の改修は整備の基本的な視点は新築と同じだが，すべての内容を適用させることが困難な場合もあるが，①道路から敷地や，建物の出入口に入りやすいこと，②利用者が目的の場所に行きやすいこと，③利用者がトイレの使用に支障がないこと，④上下階への移動が支障なくできることは目指したい。やむを得ずできない場合は，人的な補助を可能にして整備する。

（ⅰ）バリアフリー新法（二つの法律の一体化）（図5.25）

公共交通機関の駅舎等のバリアフリー化は2000（平成12）年に制定された「高齢者，身体障害者等の公共機関を利用した移動の円滑化の促進に関する法律（交通バリアフリー法）」に基づき整備され，公共建築物のバリアフリー化は平成6年に制定された「高齢者，身体障害者等が円滑に利用できる特定建築物の建築の促進に関する法律（ハートビル法）」によって整備されたが，年代や身体状況と，さまざまな利用者に対して，その対応は十分といえなかった。

それを改善するため，この二つの法律の一体化を行い，移動や施設の利用の利便性と安全

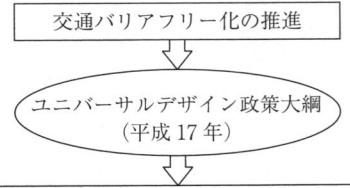

```
交通バリアフリー化の推進
          ↓
ユニバーサルデザイン政策大綱
      （平成17年）
          ↓
現行のハートビル法では，建築物の施設ごとに独立して推進が図られており，
連続したバリアフリー化が実現されていない。また，交通バリアフリー法では，
旅客施設を中心とした生活圏の一部にとどまっている。
これらの課題等について一体的・連続的な移動空間形成のため，ユニバーサ
ルデザインの考え方を踏まえた現行法の一体化に向けた法整備
    ↓                          ↓
ハートビル法による取り組み    交通バリアフリー法による取り組み
            ↓                ↓
     総合的なバリアフリー法の制定
「高齢者，障害者等の移動等の円滑化の促進に関する法律」
   （ハートビル法と交通バリアフリー法の一体化）
               ↓
         バリアフリー新法
           （平成18年）
```

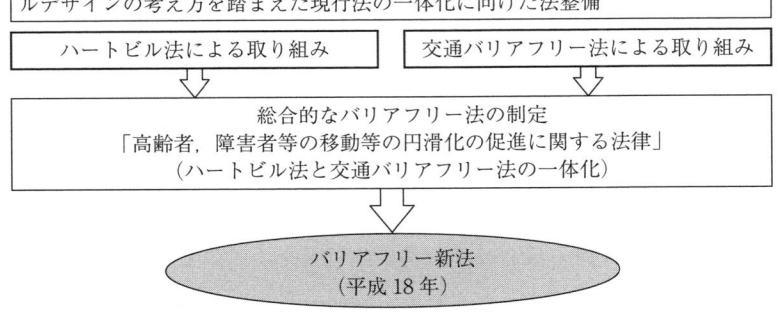

図5.25 バリアフリー新法

性の向上を図るため，新たに「高齢者，身体障害者等の移動等の円滑化の促進に関する法律（バリアフリー新法）」[7]が2006（平成18）年に制定され，同年「ハートビル法」は廃止された。

（ⅱ）ユニバーサルデザインの考え方を導入した公共建築整備

本格的な少子・超高齢社会のいま，安全で，使いやすく，美しく，適正なコストで，おのおのの施設に必要な機能を持ち，分けへだてなく一人でも多くの人が利用できる公共建築の施設整備を目指すために，国土交通省は2006（平成18）年にユニバーサルデザインの考え方を導入した[8]。

近年，新築工事や改修工事がバリアフリー新法の整備基準により行われ，利用者の利便性の向上に役立っている。以下に，旅客施設および車両等ならびに建築物の整備イメージを示す。

- **旅客施設**

① 鉄道駅

　ア： 駅の出入口からプラットホームへは，原則としてエレベーターまたはスロープにより，高低差を解消すること（図5.26）。

　イ： 車椅子が通るための幅を確保すること。

　ウ： プラットホームと鉄軌道車両の床面は，できる限り平らにすること。

　エ： プラットホームにホームドア，可動式ホーム柵，点状ブロックその他視覚障がい者の転落を防止するための設備を設けること（図5.27）。

図5.26　改札階からホームへのエレベーター

図5.27　プラットフォームの可動式フォーム柵

　オ： 通路，プラットホーム等に照明設備を設けること。

　カ： エレベーター，エスカレーター，トイレ，券売機等について，高齢者，障がい者等の円滑な利用に適した構造とすること。

　キ： その他，視覚障がい者誘導用ブロック，視覚情報および聴覚情報を提供する設備を備えること。

　　　- 自動改札機を設ける場合には，進入の可否を示すこと。
　　　- 出入口からプラットホームまで視覚障がい者誘導用ブロックを敷設すること。

- 階段，スロープ，エスカレーターの上下に点状ブロックを敷設すること。
- トイレの男女の別と内部の構造を音，点字等で示すこと。

ク：エレベーター，便所等主要な設備の付近には，JIS 規格に適合する図記号による標識を設置すること。

ケ：乗車券等販売所，案内所に筆談用具を設け，筆談用具があることを表示すること。

コ：階段の両側に手すりを設置すること。

② バスターミナル，旅客船ターミナル，航空旅客ターミナル

上記②の3施設も，鉄軌道駅に準じた基準とする。

- **車両等**

① 鉄軌道車両，バス車両，船舶，航空機には，視覚情報および聴覚情報を提供する設備を備えること。

② 鉄軌道車両

ア：車椅子スペースを設置すること。

イ：トイレについて，車椅子使用者の円滑な利用に適した構造とすること。

ウ：列車連結部にはプラットホーム上の旅客の転落を防止するための措置を講ずること。

エ：車両番号等を文字および点字で表示すること。

③ バス車両

ア：低床バス（ノンステップバス，ワンステップバスレベル）とすること（**図 5.28**）。

イ：車椅子スペースを設置すること。

ウ：車外用放送装置を設置すること。

図 5.28 ノンステップバスの例（日産ディーゼル・スペースランナー RA，東急バス）[9]

④ 船舶

ア：バリアフリー化された客席および車椅子スペースを設置すること。

イ：トイレについて，高齢者，障がい者等の円滑な利用に適した構造とすること。

ウ：客席等からトイレ，食堂等の船内旅客用設備へ通ずる一つ以上の経路についてエレベータの設置等により高齢者，障がい者等が単独で移動可能な構造とすること。

わかりやすい
誰でもわかりやすい表示がある
はいりやすい
誰でも入りやすい
つかいやすい
誰でもたやすく利用できる
あんぜん
安全性が十分考慮されている
うつくしい
機能を満足し美しい
適正コスト
初期投資とメンテナンスを考慮，幅広い展開を図る

図 5.29 建築（施設）の UD 六つの標語

- **建築物**（**図 5.29**，**図 5.30**）

2013（平成 25）年4月1日から高齢者雇用安定法が改正さ

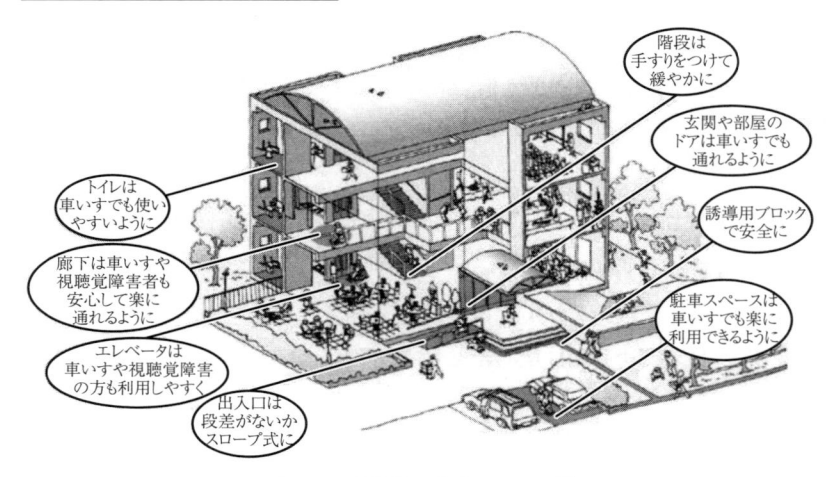

図 5.30　建築物の整備イメージ[10]

れて希望者全員の65歳までの継続雇用制度が義務化され，障がい者の法定雇用率が，従業員数56人から50人の企業が対象となり民間企業で1.8％から2.0％となる。このような時代背景から，ユニバーサルデザインを反映した住宅・事務所・病院などの建築物（施設）がより求められる。健常者にとっても，万が一に障がい者になった際やいずれ訪れる加齢により体力が低下した際のセーフティネットとなるし，お年寄りや障がい者が残された能力で社会参加ができることはモチベーションアップにつながる。

5.2.4　整備対象を造る

実際の計画にあたっては道路と敷地，敷地から建物出入り口までは人と車等をできるだけ分離させるアプローチや，その建物の用途，規模，各室に求められる機能などを，立地や気象等の条件を考慮して，関連法規やバリアフリー新法等の整備基準を満足させ，予算と工期内に完成できるように総合的に検討を行い実行する。移動や施設の利用の利便性と安全性の向上を図るバリアフリー新法における都市環境の整備対象（図5.31）は，以下のとおりである。

■　整備対象
① 旅客施設および車両等（福祉タクシーの基準を追加）
② 建築物（既存建築物の基準適合努力義務を追加）
③ 道路
④ 路外駐車場
⑤ 都市公園

5.2 都市環境

① 旅客施設および車両等
（福祉タクシーの基準を追加）

② 建築物
（既存建築物の基準適合
努力義務を追加）

③ 道路

④ 路外駐車場

⑤ 都市公園

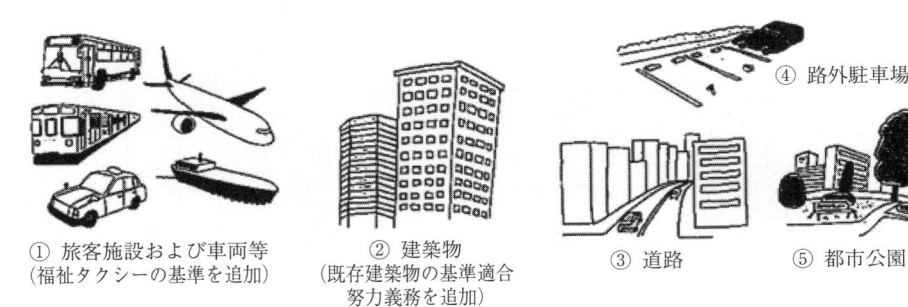

図 5.31　都市環境の整備対象[11]

5.2.5　検証 − 1　事例から学ぶ

（ⅰ）　鉄道駅

① 階段・エレベーター・エスカレーター（図 5.32）

＊ 改札口を通ると，階段・エレベーター・エスカレーターの位置がひと目でわかり利用者の，その時々の状態でホームへ行く方法が自由に選択できる。

② 改札口

＊ 駅員さんのいる事務室側の改札口の 1 か所を車椅子利用者の人が通れる幅に広げる。この考え方で ATM 機器も 1 か所だけ有効幅を広げ，横向きで利用できるようにする（図 5.33）。

図 5.32　ひと目でわかる駅の階段・エレベーター・エスカレーター

図 5.33　通路幅の広い自動改札口

（ⅱ）　路外駐車場（図 5.34）

＊ 車椅子利用者や肢体不自由者の人たちはドアを全開にしないと乗り降りが不便なので駐車場幅は通常の 2.5 m より，3.5 m 以上と広くする。雨が降っても傘がさせないので，駐車スペースは建物の出入り口近くにあり，そこまで庇があると便利でよい。

144   5. 人にやさしい生活環境

(a)　　　　　　　　　　　　　　　　(b)

図5.34　車椅子等利用者，肢体不自由者等の路外駐車場[12]

(iii)　階段・スロープと視覚障がい者誘導用ブロック（図5.35）

＊　階段とスロープが併設されていると，その時々の身体状態で施設に入る方法の選択が自由に選べる。視覚障がい者誘導用ブロックは直進での敷設がよい。

図5.35　視覚障がい者用誘導ブロックは直線が好ましい[13]

(iv)　車椅子利用者用便房から多目的便房へ（図5.36）

＊　車椅子利用者だけでなく，さまざまな障がい者の人たちにも利用できる機能を備えた多目的便房の設置が増えている。そこでは赤ちゃんのおしめ替えもできる。

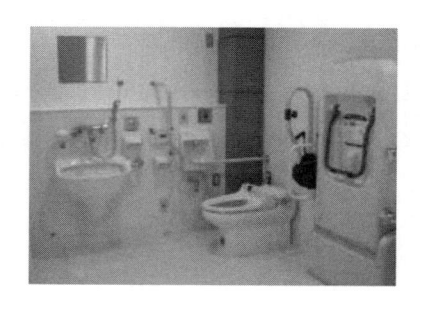

図5.36　車椅子利用者便房から多目的便房[14]

(v)　障がい者用客室（図5.37）

＊　障がい者の人たちも気軽に旅行ができるように，移動のしやすさや宿泊先の客室，風呂，食事等やきめ細かいサービス充実が求められ，それがリピーターの獲得へとつながる。

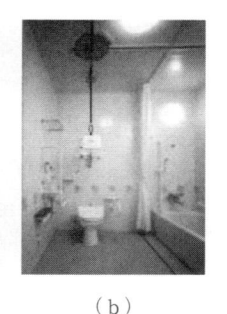

(a) (b)

図 5.37　障がい者用客室[15]

5.2.6　検証-2　利用者の視点から学ぶ
（i）モチベーション

万が一の不幸に襲われ障がい者となっても家での生活が送れるようになるなど，残された能力で社会復帰ができてなんらかの役割を担っている自覚は，生きる上でのモチベーションのアップにつながる。1999 年（49 歳）に脳内出血で倒れ，一瞬のうちに障がい者（左半身不随，障害者手帳 2 級，要介護度 2）となったが，リハビリ中に職場復帰をと願った。移動手段のない私は，自動車教習所に通い 3 か月後に運転免許を取得したが，復帰日に間に合わず約 1 か月間の電車通勤を余儀なくされた。その体験は記憶に鮮明に残り，多少の改善はあるが現在もほぼ同様な状況が続いている。

（ii）駅舎での体験

① 席を譲られても断らざるを得ない場合がある（**図 5.38**）。

　　私は，約 1 か月間の電車通勤を経験した。電車の揺れで転倒するので，停止を確認して右手で出入口のパイプを握って降りる。そこから離れると停車時間内に降りられないため，席を譲ってもらっても断わざるを得ない場合が多い。それを説明できず，せっかくの好意に対して悪いことをしたと思う。

② だれにでも便利な場所は，障がい者にとっては混んで危険であった。

図 5.38　右パイプを握る

　＊　自身の安全確保のため，混雑する中央から乗客の少ないホームの端で乗り降りした。つぎの電車の来る頃にようやく改札口にたどり着けた。移動時間がかかる，これはいまでもそうである。

③ 障がい者の不安

　＊　右手しか使えない。電車のドアの右側のパイプをつかんで乗るしかないので，いつ

もホームの一番先に立っている。ふいに押されたらとつねに不安を感じている。特に目の不自由な人たちのホームからの転落事故は多く，その対策は急がれている（図5.39）。

④ エスカレーターは，上り下りの両方が必要である（図5.40）。

* 改札階からホームまで上り用エスカレーターのみでは下りることも困難な私は，階段を一段一段降りるしかなかった。ただ，私も健常者の頃，その不便さを知らなかった。

図5.39　ホームでの不安

図5.40　エスカレーターは上り下りが必要

⑤ 肢体不自由者や車椅子利用者は洋式便所が必要（図5.41）

* しゃがむことができないので和式便器しかないと使えない。駅に限らず，出入りが段差もなく健常者用の男女便所と車椅子用便房が1か所あると，利便性は格段に向上する。

⑥ 障がい者には健常者以上に的確なサイン表示が必要（図5.42）

* エレベーター・エスカレーター・便所等がサインが指し示す場所にないと，引き返すことが困難なので健常者時代に比べ，とても困る。特に2階建て新幹線では1階の座席しか乗れず，それを探すサインが不十分で，駅員さんも時たま間違えるので苦労する。

図5.41　洋式便所が必要

図5.42　的確なサイン

5.2.7 課題と提案

〔1〕 **トータルな改善が大切**　要介護度2の私は毎週土曜日の1時間30分で，洗濯物，風呂，便所等の掃除や台所の片付け等をヘルパーさんに支援してもらい，職場復帰や社会復帰も可能となった。都市環境だけでなく着脱しやすい洋服，食べやすい料理と食器等，障がい者やお年寄りの人たちも安心して出かけられる映画館や買い物等と生活環境（図5.17）のトータルな改善があって，その時々の状態に応じた快適な生活がより図れる。（**図5.43**）

〔2〕 **一方のメリットが他方のデメリットになり得る**　視覚障がい者の人たちは，白杖で誘導用ブロックを頼りに目的地へとたどり着く。その凹凸が車椅子利用者の人には不便であったり，足腰の弱ったお年寄りの人たちがつまずいて骨折から寝たきり状態になることもある。どちらが大事と一概にはいえないがデメリットで困っている人を見かけたら，手助け（ソフト面）を行い応援がしたい（**図5.44**）。

図5.43　トータルな改善

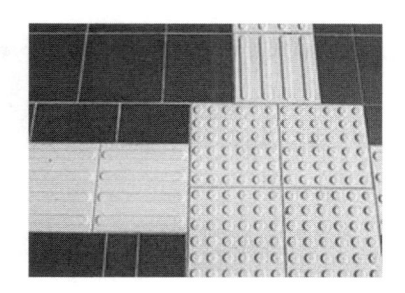

図5.44　一方のメリットが他方のデメリットになり得る[16]

〔3〕 **メンテナンスフリーの限界**　雪国育ちの私は雪かきをしても翌朝には積もっているので，1階の床は高ければと子供心に夢見た。近年，雪国にはそのような家が建つが車椅子利用者のエレベータを設けるスペースやコストを負担できる家は多くない。昔は雪囲いを作り，雪かきは毎朝の日課であった。若くて健康なうちは必要な手間をかけその効用を見直し，できなくなったら近隣住民や自治体が除雪をするなど，社会全体で支援する（**図5.45**）。

図5.45　最近の雪国の住宅[17]

〔4〕 **施設整備（ハード面）だけでは限界がある，手助け（ソフト面）も必要**　リハビリ中，初めて車椅子使用を許された私はうれしくて，窓を自分で開けて外の空気が思いっ切り吸いたくて渡り廊下に向かった。そこにあるスロープはバリアフリー新法で定められた勾配 1/12 のものであったが登れなかった。私のように片手片足しか使えない状態の人や体力の衰えたお年寄り一人では困難であり，まわりの人たちの後押しが必要である（**図 5.46**）。

図 5.46　車椅子利用者への介助

〔5〕 **障がい者やお年寄りにとって使いやすい IT 関連機器の開発**　私が職場復帰や社会復帰できた要因は大きく三つある。① 右手しか使えなくともパソコンがある。② 車にカーナビと ETC が装備されている。音声案内や間違っても進路を修正するので目的地に着ける。③ 携帯電話はどこからでも連絡ができて，また受けられ安心して日常生活が営める。IT 関連機器は人にやさしい生活環境づくりの基盤になるが，付加価値が多すぎて使いこなせない，文字など小さくて見づらいなどの改善点の要望も多い。必要なコミュニケーションの確保，安否確認，メールでの注文等と一人暮らしのお年寄りにとってのさまざまな問題解決のツールとなる。さらなる開発とともに操作方法をわかりやすく教える人材と場を望む。リハビリ中の病室で指しか動かせない青年が母親とパソコンの画面上でやりとりをしていた光景は，IT 関連機器の開発とそれを受け入れる生活環境の整備が，障がい者やお年寄りの，より豊かな活動を支えると強く感じた（**図 5.47**）。

図 5.47　IT 機器関連の開発

〔6〕 **災害時の避難は困難を極める**　東京で地震が発生したら8階の職場の席から15 mを歩いても，エレベータが停止していたら階段で避難する大勢の人たちに混じって非難するしかない。地上に降りても車で高速道路を運転しての帰宅も難しい。これは一人暮らしの人たちも同様だが，その対策は困難を極める。私は職場の仲間に自分が移動困難者であることを知ってもらい，助けを求めるしかないと思っている（**図5.48**）。

図5.48　災害時の避難

〔7〕 **ユニバーサルデザイン教育**　ユニバーサルデザインは初めての思想ではなく，日本の文化や生活習慣から生まれた優れた「作法，道具，人情」等に息づいている。そのことを知る機会が私たちの時代には多かった。困っている人たちに手を差し伸べる心を幼い頃からの日常生活を通じて育みたい。パソコンの操作方法がわからず困っているお年寄りに教えるなど，いまだからできることもある（**図5.49**）。

大学生とともに幼稚園や小・中・高校生の皆さんにもそれらを伝え，一緒に考え行動したい。

図5.49　UD教育

〔8〕 **障害者を障がい者と書く**　左半身不随者となって障害者と呼ばれることを考えた（**図5.50**）。健常者はつねに健康である者，障害者は何か害がある者とその言葉は語っているようだ。適切な表現と考えて12年間を過ごしたが，適切な言葉が見つからない。一般の文書や基準書等では障害者と書くが，そのような思いもあり，今回の執筆ではせめて障害者の「害」を「がい」とひらがなで書き，障がい者と記述した。

〔9〕 **さりげなく，気遣い過ぎることなく**　私は障がい者となった49歳で初めてユニバーサルデザインインタビューで東京ディズニーランドを訪ねた。ノロノロしているとキャ

ストさんに『何かお手伝いでも？』と，さりげなく，うなずいた私をプランタ脇のエレベータで海賊船乗り場に誘導して乗せてくれた。それが特別扱いではなく気遣い過ぎることなく，好感が持てた。これもリピータ確保につながっていると思った（**図5.51**）。

図5.50　障がい者となった私

図5.51　さりげない案内

〔10〕**できなくなったことを受け入れ，手助けを求める**　ワイシャツの右袖（そで）ボタンをとめたり右手のつめを切ったりすることはどうしてもできない。それをできるようにする技術を開発してコストを費やすよりも，現状を受け入れ，手助けを求めるモチベーションを育もうと考えた。これは技術進歩をあきらめることではない（**図5.52**）。

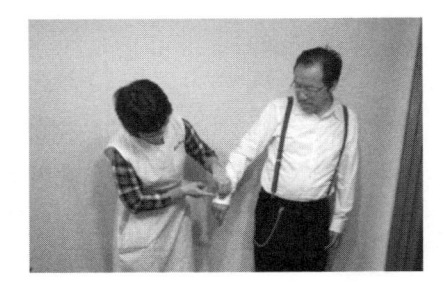

図5.52　手助けを求める

5.2.8　フィードバック

　整備プロセスで都市環境づくりを行ってもそれを乗り超えられない利用者がいる。よかれと思ってもクレームが発生することがある。制度（法律）の見直しや技術の発展，およびクレーム等からの改善策を再度実行に移すフィードバックが重要となる（**図5.53**）。時代の変化による利用者ニーズの多様化から，理念にまで立ち戻り再構築される場合もある。

図5.53　フィードバック[18]

5.2.9　生活支援工学を学ぶ，次世代への期待

〔1〕**見て美しくカッコイイを生み出す**　私の生活は麻痺した左足を補強する装具とそれが入る大きな左足靴とダブダブの大きな右足靴，歩行時に持つ杖などに助けられている。階段の手すりを握る際は杖を離すので落ちないように丸いひもで手首につながれている。万が一，動き出す電車のドアにはさまれたらと不安を感じる。それだけ大切な役割を果たしているのに，機能やデザイン等には改善点が多い。これは杖に限らず，障がい者やお年寄りの人たちが利用する衣服・食器・車椅子等の支援機器にもいえる。利用者ニーズを満たす機能の改善とともに，見て美しくカッコイイと感じたい。今後，そのような需要は確実に伸びる（図5.54）。

図5.54　さいたま新都心けやきひろば[19]

〔2〕**新たな技術と感覚で望む**　一方，超高齢社会の多くの団塊やそれ以降の世代は多様な個性を持ち，コミュニケーションを求めプライバシーの確保を望む。リハビリや介護もスタンダード（標準）とオプション（個別）がより求められる。それらを，われわれの経験と，次世代の新たな技術・感覚で生み出すことを期待する。

〔3〕**トータルな改善の推進**　格好の良い支援機器，新たなリハビリと介護により，モチベーションアップした障がい者やお年寄りが生き生きと生活できる都市環境が，さまざまな領域のトータルな改善により，人にやさしい生活環境が，より成熟する。外出によって新鮮な空気に触れ，太陽の光を浴び，適度な刺激を受けることは心身の健康をより育む。

章　末　問　題

5.1節

【1】高齢期における住宅のバリアフリー化について，「ある程度，段差は残しておくほうがよい」，「どのような段差も，あってはならない」という二つの考え方がある。それぞれの考え方の根拠を挙げよ。

【2】介護保険による居宅介護住宅改修・介護予防住宅改修について，その対象となる場所を五つ挙げよ。

【3】「住宅の品質確保の促進等に関する法律（通称　住宅品確法）」における「高齢者等への配

慮に関すること」について，最も厳しい基準である等級5では，どの程度の身体の機能障害があることを想定していると考えられるか。

【4】 わが国の住宅では，約910 mmを（モジュール）単位として平面が構成されているが，実際の廊下幅，および扉などの通路幅は実質どれくらいになると考えられるか。また，標準型の車椅子が廊下を直角に曲がるためには，どれくらいの（モジュール）単位が必要と考えられるか。

【5】 わが国の住宅において，最低限度の機能を満たす浴室および便所の大きさは，（モジュール）単位としてどれくらいになると考えられるか。

5.2節

【1】 以下の（ ）内にあてはまる言葉を下記の①〜⑮から，選べ。（複数回答可）。

（ⅰ） ユニバーサルデザインとは「すべての人にとって（ A ）であるように，製品・建物・環境をデザインすることであり，デザイン変更や特別仕様のデザインがあってはならない」と定義され，（ B ）が1980年代に提唱したものである。

（ⅱ） ノーマライゼーションとは（ C ）を排除するのではなく，障害を持っていても（ D ）と均等に当たり前に生活できるような社会こそが（ E ）な社会である，という考え方である。

（ⅲ） バリアフリー新法は「高齢者，身体障害者等の公共機関を利用した移動の円滑化の促進に関する法律（ F ）」と，「高齢者，身体障害者等が円滑に利用できる特定建築物の建築の促進に関する法律（ G ）」の二つの法律の一体化を行い，移動や施設の利用の利便性と安全性の向上を図るため，新たに2006（平成18）年に制定され，同年「（ H ）」は廃止された。

（ⅳ） バリアフリー新法の整備対象は，（ I ），道路，路外駐車場，都市公園，建築物である。

（ⅴ） 施設整備（ハード面）だけでは限界がある。困っている人たちへの（ J ）が一体となり，たがいが支え合うことで，より人にやさしい生活環境が育まれる。

---

① できる限り利用可能　　② 利用可能　　③ ロナルド・メイス　　④ ベングト・ニリエ
⑤ 障がい者　　⑥ 視覚障がい者　　⑦ 健常者　　⑧ ノーマル　　⑨ ハートフル
⑩ 交通バリアフリー法　　⑪ ハートビル法　　⑫ バリアフリー新法
⑬ 車椅子用便所　　⑭ 旅客施設及び車両等　　⑮ 手助け（ソフト）

付録　障害者差別解消法

「差別」をしてはいけない，ということは，ことさら言われなくとも考えがちであるが，総論とまとめきれないところに，奥深い困難さがある。「差別」の難しさは，「差別」をされている側はいわれのない理不尽であるので，当然「差別」をしている側の改善を求めるわけであるが，結果的に「差別」をしている側と位置付けられている側が加害性に気づいておらず，少なくとも自分の問題と認識していないところが困難なところである。より一般的な「差別」は，現在の社会にはあり，それらすべてを解決する方向性が確立しているわけではない。

ここですべての「差別」に対応する記述をすることは困難であるため，令和6年に改正障害者差別解消法の運用が大きく変わった点での切り口で，これまでの法律の流れ，実行する概念としての「合理的配慮」について解説する。

社会性という観点では，人間は差をみつけ，区別し，差別をする。好き・嫌いという単純な構図が，個人の想い・信条を越え，組織，国家，人種といったところに及び，頭ではよいこととは思っていないものの，自分の想いのため，人権を蹂躙し，同じ人間の差を作り，組織では紛争をおこし，戦争をし，自己中心的な視点や賛同する組織として見せかけの幸せのために自分や組織が異質と思うものを排除し，差別することを現在も続けている。

障害に対しては，国際人権法に基づき国連総会で2006（平成18）年に「障害者の権利に関する条約」が採択されたことから，国際的にも日本でも大きく転換をすることになった。日本では，2013（平成25）年12月4日に条約の批准が国会で承認された。国内法の整備が充分でなく，いわゆる先進国としては遅れた批准ということで，国内外での批判はあったが成立し順次法整備を進めてきている。

先に記載したように「差別」については，よい・悪いだけの2択で考えられない点もあり，現実的に執行できるまで法整備をすべきかという点では現在においても行政判断が一律にはなっていない。

国際人権法に基づき，日本国内では内閣によって多くの会議によって方向性が示された。政府として「障害を理由とする差別の解消に関する法律案」を作成，閣議決定し，衆議院・参議院の可決を経て，「障害を理由とする差別の解消に関する法律」（通称，障害者差別解消法）が2013（平成25）年に成立した。

差別禁止法でなく，差別の解消法という表現には障害当事者団体も行政も迷うところが多いが，法律の制定過程を考えると根源的な可決ができるのかという点と，障害者手帳に代表される既得権益とも考えられる点の解消が出来ていない現状では，今後の議論による解決が必要と思われる。

障害者差別解消法は，当初はすぐには実現できないという考えもあり，努力義務という点が多かったが，令和6年4月1日から改正施行をされ，官公庁だけでなく，事業者にも対応が義務となった。

これまでの法律との差を大きく考えると，障害者手帳の所持に限定をしないこと，別の法律が適応となる雇用・就業以外の分野をほぼ対象とすること，企業は当然として，店舗・個人事業主・ボランティアグループまで対象となったことであるが，一番の違いは「合理的配慮」の提供である。日本国内では差別解消法の適応を除外する組織はなくなったため，対象者を限定することは許されない。一方で，負担が過剰になり実質的に使われないということまでは要求しないことになっている。また国が相談の窓口も設立している。

機器開発の視点からは，大きな市場性が見込める分野となるわけだが，何かをする場合に，参加するであろう方に必ず確認をとることが義務付けられたということでもある。

法施行から数か月経った令和7年1月の時点では，各個人ごとの要求に対して対応できない事案もあり，今後より多くの問題が顕在化すると思われる。「差別」はされている側の意見をただ受け入れるということではない。多くの解消事例を一般化することで，「差別」をより解消する社会の成熟が求められている。

引用・参考文献

特に記載のない Web ページのアドレスは 2013 年 8 月現在のものである。

1 章
1) 日本生活支援工学会：日本生活支援工学会の発足にあたりごあいさつ　初代会長 斎藤正男
http://www.jswsat.org/shushi.html
2) 厚生労働省社会・援護局：支援機器が拓く新たな可能性 ─ 我が国の支援機器の現状と課題（2008 年 3 月）
http://www.mhlw.go.jp/bunya/shougaihoken/yogu/dl/kanousei.pdf
3) ISO：ISO 9999:2011, Assistive products for persons with disability ─ Classification and terminology http://www.iso.org/iso/iso_catalogue/catalogue_tc/catalogue_detail.htm?csnumber=50982
4) Congress of the U.S., House Committee on Education and Labor：Technology-Related Assistance for Individuals with Disabilities Act of 1988. Report.
http://www.eric.ed.gov/ERICWebPortal/search/detailmini.jsp?_nfpb=true&_&ERICExtSearch_SearchValue_0=ED303016&ERICExtSearch_SearchType_0=no&accno=ED303016
5) Assistive Technology Act of 1998, Public Law 105-394（Nov. 13, 1988）
http://www.gpo.gov/fdsys/pkg/PLAW-105publ394/pdf/PLAW-105publ394.pdf（2011 年 1 月 10 日現在）
6) Assistive Technology Act of 2004, Public Law 108-364（Oct. 25, 2004）
http://frwebgate.access.gpo.gov/cgi-bin/getdoc.cgi?dbname=108_cong_public_laws&docid=f:publ364.108（2011 年 1 月現在）
7) G. Warren：Development of Assistive Technology Services for Disabled American, Technical Aids and Information, p. 127, ICTA-RI, Stockholm（1988）
8) L. Frieden：米国における障害者政策 ─ 自立生活運動に関連して，リハビリテーション研究，No. 92, pp. 11-16（1997）
9) WHO：International Classification of Functioning, Disability and Health（ICF）, WHO, Genèva（2001），和訳　障害者福祉研究会 編：ICF 国際生活機能分類 ─ 国際障害分類改定版，中央法規出版（2002）
10) K. D. Seelman：Disability's New Paradigm: Implications for Assistive Technology and Universal Design, Improving the Quality of Life for the European Citizen., eds., I. P. Porrero and E. Ballabio, pp. xx-xxvii, IOS Press, Amsterdam（1998）
11) K. D. Seelman：Universal Design and Orphan Technology ─ Do We Need Both ?, Disability Studies Quarterly, Vol. 25, No. 3（2005）
12) K. D. Seelman：私信（1997）
13) 総合科学技術会議有識者議員：社会還元加速プロジェクトロードマップ（2008 年 5 月 19 日），p. 66
http://www8.cao.go.jp/cstp/siryo/haihu75/haihu-si75.html，（2011 年 1 月 10 日現在）

2 章
1) 黒田大治郎ほか 編：社会リハビリテーション論 第 2 版，pp. 10-17, pp. 47-60（2007）
2) 黒田大治郎：福祉機器・福祉用具の支給システムの現状と今後の展望，ノーマライゼーション　障害者

の福祉，Vol. 28, No. 235（2008）
3) https://www.mhlw.go.jp/content/000526647.pdf（2019年8月19日現在）
4) 相澤譲治ほか 著：社会福祉論 — 新カリキュラム対応，pp. 156-171，久美出版（2010）
5) 介護保険の手引 2006年版，p. 222，ぎょうせい（2006）
6) 厚生の指標 臨時増刊 国民の福祉の動向 2009年，一般財団法人厚生統計協会（2009）
7) 障害者福祉研究会 編：ICF国際生活機能分類 — 国際障害分類改定版，p. 265，中央法規出版（2002）

3.1節
1) 高橋義信：車いすの歴史，日本生活支援工学会誌，Vol. 2, No. 2, pp. 7-16（2003）
2) 武智秀夫：手足の不自由な人はどう歩んできたか，p. 198，医歯薬出版（1981）
3) 黒田大治郎：福祉用具供給システム — その公的制度の現状と課題，最新版 テクニカルエイド — 福祉用具の選び方・使い方，pp. 329-353（2003）
4) 動力義肢の実用化研究班：厚生省特別研究「動力義肢の実用化研究」成果報告書，p. 79，（1971）
5) 野島元雄：サリドマイド奇形児に対するリハビリテーション，p. 164，ライオンズクラブ国際協会 302-W5 Care & Activity 委員会（1968）
6) 土屋和夫：義肢装具研究開発システムの現況，理学療法と作業療法，Vol. 12, No. 11, pp. 775-780（1978）
7) 奥 英久：リハビリテーションと福祉工学，福祉用具の明日を拓く，pp. 27-54，環境新聞社（1995）
8) 奥 英久：VAPC提供リハビリテーション機器の評価 — 環境制御装置，日本義肢装具研究会会報，No. 16, pp. 78-83（1979）
9) 奥 英久，相良二朗，坊岡正之，中村春基：市販環境制御装置に関する考察，総合リハビリテーション，Vol. 9, No. 9, pp. 721-726（1981）
10) 土屋和夫ほか：環境制御装置の簡易化，第7回バイオメカニズムシンポジウム前刷集，pp. 76-88（1980）
11) 末田 統，市川 洌：リハビリテーション・エンジニアリング 発刊について，リハビリテーション・エンジニアリング，Vol. 1, No. 1, pp. 1-2（1986）
12) 一般財団法人保健福祉広報協会：国際福祉機器展（Int. Home Care & Rehabilitation Exhibition, HCR）http://www.hcr.or.jp/index.html
13) 古川 宏ほか：福祉機器等研究開発普及システムに関する調査検討報告書，pp. 228，福祉機器等研究開発普及検討調査会（1990）
14) 関 宏之：障害者問題の認識とアプローチ，p. 309，中央法規出版（1994）
15) 公益財団法人日本障害者リハビリテーション協会：国際リハビリテーション交流セミナー報告書，p. 68（1982）
16) 厚生労働省：厚生白書（平成元年版）
http://www.hakusyo.mhlw.go.jp/wpdocs/hpaz198901/b0057.html
17) http://www.sangiin.go.jp/japanese/san60/s60_shiryou/ketsugi/094-23.htm
18) 日本リハビリテーション工学協会：第1回～24回リハ工学カンファレンス講演論文集，日本リハビリテーション工学協会（1986-2009）
19) 清水浩昭，中野英子，高橋重郷，山崎光博：高齢化と人口問題，p. 183，一般財団法人放送大学教育振興会（1994）
20) 厚生省大臣官房政策課 監修：21世紀福祉ビジョン，pp. 1-157，第一法規出版（1994）
21) 河合克義：福祉関連八法「改正」と地域福祉充実への展望，季刊障害問題研究，pp. 4-11（1991）
22) 上田 敏，大川弥生：リハビリテーションとQOL（1），リハビリテーション研究，No. 98, pp. 14-19（1999）

23) 上田　敏，大川弥生：リハビリテーションとQOL（2），リハビリテーション研究, No. 99, pp. 21-31 (1999)
24) 上田　敏，大川弥生：リハビリテーションとQOL（最終回），リハビリテーション研究, No. 101, pp. 35-44 (2000)
25) 総理府障害者施策推進本部担当室　監修：21世紀に向けた障害者施策の新たな展開, p. 177, 中央法規出版（1996）
26) 後藤芳一：福祉用具の産業化に向けて，福祉用具の明日を拓く, pp. 149-214, 環境新聞社 (1994)
27) 厚生省老人保健福祉局老人福祉振興課：福祉用具ガイドブック, p. 113, 公益財団法人テクノエイド協会 (1994)
28) 新エネルギー・産業技術総合開発機構：平成7年度「福祉用具実用化開発費助成金」に係る助成事業者の募集について，福祉用具の明日を拓く, pp. 226-250, 環境新聞社 (1994)
29) 公益財団法人日本障害者リハビリテーション協会情報センター：障害保健福祉研究情報システム，福祉のまちづくり概論
http://www.dinf.ne.jp/doc/japanese/prdl/jsrd/rehab/r080/r080_002.html
30) 妻屋　明：障害者の災害対策 — 阪神大震災の被災状況から，日本リハビリテーション工学協会誌, Vol. 10, No. 2, pp. 6-11 (1995)
31) 加藤俊和：視覚障害者・聴覚障害者の被災，復興と福祉のまちづくり国際セミナー講演要旨集 (1995)
32) 78) 建設省：高齢者，身体障害者等が円滑に利用できる特定建築物の建築の促進に関する法律とその政令，規則，告示 (1994)
33) 国土交通省：バリアフリー・ユニバーサルデザイン
http://www.mlit.go.jp/sogoseisaku/barrierfree/index.html
34) North Carolina State University：Center for Universal Design
http://www.design.ncsu.edu/cud/about_us/usronmace.htm
35) E&Cプロジェクト　編：バリアフリーの商品開発2, p. 318, 日本経済新聞社 (1996)
36) 公益財団法人共用品推進機構：ガイド—「ガイド71」の概要と目次
http://www.kyoyohin.org/06_accessible/06000000_guide.php
37) 総務省：電子政府の総合窓口　イーガブ，法令検索，介護保険法
http://law.e-gov.go.jp/htmldata/H09/H09HO123.html
38) 総務省：電子政府の総合窓口　イーガブ，法令検索，障害者自立支援法
http://law.e-gov.go.jp/htmldata/H17/H17HO123.html
39) 厚生労働省：「第8回補装具評価検討会」
http://www-bm.mhlw.go.jp/shingi/2008/12/s1208-5.html
40) 障害保健福祉研究情報システム：「国際リハビリテーション協会」
http://www.dinf.ne.jp/doc/japanese/glossary/RI.html
41) 障害保健福祉研究情報システム：「The International Symbol of Access」
http://www.dinf.ne.jp/doc/japanese/resource/other/z00014/z0001404.html
42) Department of Justice ADA HOMEPAGE：「ADA Website Index Page」
http://www.ada.gov/index.htm
43) A. M. Cook and S. M. Hussey : Assistive Technologies: Principles and Practice, Mosby-Year Book, 1995
44) 山内　繁：Technical Aids, Rehabilitation Technology, Assistive Technology, リハビリテーション研究, No. 94, 39, 1998
45) 上田　敏：ICFの理解と活用, 萌文社, p. 70, 2005

46) （独）製品評価技術基盤機構生活・福祉技術センター標準化センター：福祉用具標準化体系案報告書，p. 42，2007
47) テクノエイド協会：「福祉用具情報提供システム（TAIS）」
    http://www.techno-aids.or.jp/TaisCodeSearch.php
48) テクノエイド協会：「大分類選択ページ」
    http://www.techno-aids.or.jp/howto/db-select.shtml
49) 障害保健福祉研究情報システム：「障害者の権利に関する条約（日本政府仮訳文）」
    http://www.dinf.ne.jp/doc/japanese/rights/adhoc8/convention.html#article2
50) Seelman, KD.：Disabilities New Paradigm: Implications for Assistive Technology and Universal Design. Improving the Quality of Life for the European Citizen: Technology for Inclusive Design and Equality, Assistive Technology Research Series, vol. 4, pp. 20-24. Porrero, IP and Ballabio, E., Eds, IOS Press., 1988
51) 山内　繁：工学の立場から，福祉用具国民会議講演資料（PPT），2007
52) 澤村誠志監修：介護福祉士のための福祉用具活用論，中央法規出版株式会社，p. 273，2000
53) 財団法人テクノエイド協会：福祉用具プランナーテキスト，p. 505，2005
54) 作業療法ジャーナル：（最新版）テクニカルエイド，三輪書店，p. 872，2002
55) 例えば　財団法人テクノエイド協会：福祉用具支援論，p. 283，2006

3.2 節

[自助具関連]

1) 作業療法ジャーナル編集部・松尾清美・窪田　静：最新版 テクニカルエイド — 福祉用具の選び方・使い方，三輪書店（2003）
2) 松本義彦：手作り自助具の工作技術，三輪書店（2004）
3) 財団法人テクノエイド協会のホームページ
    http://www.techno-aids.or.jp/（2010年3月現在）
4) 加倉井周一：リハビリテーション機器 — 適応と選択，医学書院（1989）

[義肢装具関連]

5) 厚生労働省　補装具種目一覧
    http://www.mhlw.go.jp/bunya/shougaihoken/yogu/gaiyo.html　（2010年3月26日現在）
6) 澤村誠志：切断と義肢，医歯薬出版（2007）
7) P. McKee and L. Morgan, 加倉井周一・赤居正美・田中清和 訳：新しい装具学，協同医書出版（1998）
8) 加倉井周一：装具学 第3版，医歯薬出版（2003）
9) 三上真弘，飛松好子，大石暁一，高嶋孝倫：最新 義肢装具ハンドブック，全日本病院出版会（2007）
10) 山本澄子，海老名政彦，川合秀夫，岩﨑満男，宮崎信次，窪田俊夫，山口恒弘：短下肢装具の可撓性と初期角度が片麻痺者の歩行に及ぼす影響，バイオメカニズム 12, pp. 253-264, 東京大学出版会（1994）
11) 山本澄子，海老名政彦，久保　茂，林　武雄，土肥徳秀，川合秀夫，秋田善行，早川康之：片麻痺者のための背屈補助付短下肢装具（DACS AFO）の開発，日本義肢装具学会誌，Vol. 13, No. 2, pp. 131-138（1997）
12) 山本澄子，萩原章由，溝部朋文，佐鹿博信，松田靖史，安井　匡，宮崎信次：油圧を利用した短下肢装具の開発，日本義肢装具学会誌，18, 4, pp. 301-308（2002）

3.3 節

1) 田中　理，秋田　裕，江原喜人：SIG が提案する車いすの身体測定ポイントの用語と定義，第12回日本リハビリテーション工学協会車いすSIG講習会テキスト，pp. 32-37（2000）

2) 秋田　裕：寸法計測 — 身体寸法の計測と車いすの基本寸法，第17回日本リハビリテーション工学協会車いす SIG 講習会テキスト，pp.25-29（2003）
3) 江原喜人：車いすクッションの基礎と選択，第23回日本リハビリテーション工学協会車いす SIG 講習会テキスト，pp.41-49（2006）
4) 市川　洌：最新版 テクニカルエイド — 福祉用具の選び方・使い方，Ⅲ章 リフト，pp.154-159，三輪書店（2003）
5) リフト関連企業連絡会：
   http://www.jaspa.gr.jp/lift_consortium/

3.4節

1) http://www.sil-navi.com/guide/k_4_1.html
2) World Health Organization：International Classification of Functioning, Disability and Health（ICF）（2001）
3) 市川　洌（編集代表）：ケアマネジメントのための福祉用具アセスメント・マニュアル，中央法規（1998）

3.5節

1) 野中　猛：図説 ケアチーム，中央法規出版（2007）
2) 藤巻幸夫，特別講義 コミュニケーション学，実業之日本社（2010）
3) 境　忠宏編，駒﨑久明，共生のコミュニケーション学，研成社（2003）
4) 日本リハビリテーション工学協会，厚生労働省平成21年度障害者保健福祉推進事業（障害者自立支援調査研究プロジェクト）重度障害者用意思伝達装置の継続的利用を確保するための利用者ニーズと提供機能の合致に関する調査研究事業 事業報告書（2010）
5) 日本リハビリテーション工学協会，「重度障害者用意思伝達装置」導入ガイドライン — 公正・適切な判定のために（2009）
6) 日本リハビリテーション工学協会，「重度障害者用意思伝達装置」導入ガイドライン — 公正・適切な判定のために【第1章（平成22年度改定版）】【参考資料A.1（平成22年度改定版）】（2010）
7) 中尾圭佑，岸本将志，新川拓也：外鼻孔形状の特徴情報を用いたマウスの試作，第7回生活支援工学系学会連合大会講演予稿集，64（2009）
8) 東京大学・学際バリアフリー研究プロジェクト：エイティースクウェアード
   http://at2ed.jp
9) 山海嘉之，松原洋子：サイボーグ患者宣言，現代思想，Vol.36, No.3（2008）
10) 清水　豊：「感覚代行技術のインデックスページ」
    http://www.se.uec.ac.jp/lab/shimi-lab/shimizu/research/kaken/system.html（2012年2月現在）
11) 吉本千禎，指で聴く 医工学への招待，北海道大学図書刊行会（1979）
12) 伊福部　達，音声タイプライタの設計，CQ出版社（1983）
13) 内川惠二 編 篠原正美：聴覚・触覚・前庭感覚，朝倉書店（2008）

3.6節

1) D.R Beukelman and P. Mirenda：Augmentative and Alternative Communication: Management of Severe Communication Disorders in Children and Adults, 2nd ed., Brookes Publishing Company,（1998）
2) A.M Cook and S. Hussey：Assistive Technologies: Principles and Practice, 2nd ed., Mosby Inc.（2002）
3) 伊藤利之ほか 編：地域リハビリテーションマニュアル 第2版，三輪書店（2003）
4) POSSUM Limited：
   http://www.possum.co.uk/

5) 畠山卓朗：環境制御装置，総合リハ，20(6)，pp. 493-496（1992）
6) 米崎二朗：環境制御装置：家電製品の制御方法と特性，OT ジャーナル，43(4) pp. 390-393（2009）

3.8 節

1) 中島八十一，寺島 彰 編：高次脳機能障害ハンドブック，医学書院（2006）
2) World Health Organization：International Statistical Classification of Disease and Related Health Problems, 10th Revision, Genève, World Health Organization（1993）
3) 日本神経学会：認知症疾患治療ガイドライン 2010，第 2 章 認知症の診断，医学書院（2010）
4) Russell A. Barkley 著，海輪由香子 訳，山田 寛 監修，ADHD のすべて，ヴォイス（2000）
5) T. Kamimura, R. Ishiwata and T. Inoue：Medication Reminder Device for the Elderly Patients with Mild Cognitive Impairment, American Journal of Alzheimer's Disease and Other Dementias, Vol. 27, No. 4, pp. 238-242（2012）
6) T. Inoue, T. Ishiwata, R. Suzuki, T. Narita, M. Kamata, M Shino and M. Yaoita：Development by a Field-Based Method of a Daily-Plan Indicator for Persons with Dementia. Assistive Technology Research Series, 25, pp. 364-368 IOS press（2009）
7) T. Inoue, M. Nihei, T. Narita, M. Onoda, R. Ishiwata, I. Mamiya, M. Shino, H. Kojima, S. Ohnaka, Y. Fujita and M. Kamata：Field-based Development of an Information Support Robot for Persons with Dementia. Technology and Disability, 24, pp. 263-271（2012）

4 章

1) 日本規格協会：JISX 8071「高齢者及び障害のある人々のニーズに対応した規格作成配慮指針」（2006）
2) 財団法人共用品推進機構編著：共用品白書，ぎょうせい（2003）
3) 星川安之，佐川賢：アクセシブルデザイン入門，日本規格協会（2007）
4) 後藤芳一，星川安之：共用品という思想，岩波書店（2011）
5) https://www.kyoyohin.org/ja/research/pdf/report_of_The_ADproducts_market2023.pdf
6) 共用品推進機構：トップページ
   http://www.kyoyohin.org/（2025 年 1 月現在）
7) 共用品推進機構：共用品市場規模調査
   https://www.kyoyohin.org/ja/research/report_marketscale.php（2025 年 1 月現在）
8) 内閣府：公共サービス窓口配慮マニュアル
   http://www8.cao.go.jp/shougai/manual.html（2025 年 1 月現在）
9) 共用品推進機構：「コミュニケーション支援用絵記号デザイン原則」規格に関する参考情報
   https://www.kyoyohin.org/ja/research/japan/jis_t0103.php（2025 年 1 月現在）

5.1 節

1) 厚生労働省：2022 年人口動態調査「家庭内における主な不慮の事故による死因」
2) 厚生労働省：介護保険の給付対象となる福祉用具及び住宅改修の取扱いについて（老企第三十四号）（2000 年 1 月）
3) 平成 13 年 8 月 14 日国土交通省告示第 1346 号，最終改正 令和 4 年 3 月 25 日消費者庁・国土交通省告示第 1 号
4) 野村 歡，田中 賢，橋本美芽，八藤後 猛ほか：福祉住環境コーディネーター検定試験 2 級公式テキスト 新版，東京商工会議所（2007）
5) 野村 歡，田中 賢，橋本美芽，八藤後 猛ほか：福祉用具プランナーテキスト 住宅改造，三菱総合研究所（1997）

5.2 節

引用・参考文献

1) ユニバーサルデザイン
   ja.wikipedia.org/wiki/
2) 厚生労働省：生命表（完全生命表・簡易生命表）
   www.mhlw.go.jp/toukei/saikin/hw/life/life09/index.html
3) ノーマライゼーション
   ja.wikipedia.org/wiki/
4) 目が見えないと不便なこと
   www.yoihari.net/guidehelp/fuben.htm
5) 「ふれあいを大切に」車いすで街に出てみたら
   www.kairyudo.co.jp/contents/10_goods/471329/index.htm
6) 耳の不自由な人に対するエチケット
   www.pref.ishikawa.jp/bf/guide/mimi1.html
7) 国土交通省：バリアフリー新法の解説
   www8.cao.go.jp/shoushi/kaigi/ouen/saisei/k_3/19html/s2-1.html
8) 国土交通省：ユニバーサルデザインの考え方を導入した公共建築整備のガイドライン
   www.mlit.go.jp/gobuild/shukan/ud_guideline/guideline.pdf
9) ノンステップバス
   ja.wikipedia.org/wiki/
10) 建築物のバリアフリー / 東京都都市整備局のバリアフリーの建築物とは
    www.toshiseibi.metro.tokyo.jp/kenchiku/bfree/
11) バリアフリー新法の解説
    www8.cao.go.jp/shoushi/kaigi/ouen/saisei/k_3/19html/s2-1.html
12) UDの考え方を導入した公共建築整備のガイドライン　UDの事例紹介：十和田奥入瀬合同庁舎
    www.mlit.go.jp/gobuild/shukan/ud_guideline/guideline.pdf
13) UDの考え方を導入した公共建築整備のガイドライン　UDの事例紹介：麻生郵便局
    www.mlit.go.jp/gobuild/shukan/ud_guideline/guideline.pdf
14) UDの考え方を導入した公共建築整備のガイドライン　UDの事例紹介：灘区役所庁舎
    www.mlit.go.jp/gobuild/shukan/ud_guideline/guideline.pdf
15) UDの考え方を導入した公共建築整備のガイドライン　UDの事例紹介：かんぽの宿層雲峡
    www.mlit.go.jp/gobuild/shukan/ud_guideline/guideline.pdf
16) 視覚障害者誘導用ブロック
    ja.wikipedia.org/wiki/
17) 工夫がいっぱい雪国の住宅
    www.city.tokamachi.niigata.jp/site/yukiguni/right/.../02/1/1.htm
18) UDの考え方を導入した公共建築整備のガイドライン　UDのワークショップを行おう
    www.mlit.go.jp/gobuild/shukan/ud_guideline/guideline.pdf
19) けやきひろば
    www.saitama-arena.co.jp/keyaki_hiroba
20) 元 郵政事業庁施設情報部：「どこでも　だれでも　だれにでも」

章末問題解答

1章
- 【1】 正解は特にない。言葉の意味が変遷していることを各自で確認すること。
- 【2】 例えば、以下の点が観察される。
  ① ICFでは、「活動と参加」の諸因子に対応した「生産品と用具」を区分し、それぞれについて、「一般的な生産品と用具」、「支援的な生産品と用具」を定義しているのが特徴的である。すなわち、個人消費用（セルフケア）、日常生活（一般的な課題と要求）、移動と交通（運動・移動）、コミュニケーション（コミュニケーション）、教育用（学習）、仕事用（仕事と雇用）、文化・レクリエーション・スポーツ（コミュニティライフ・社会生活・市民生活）等に分かれている点である（括弧内が「活動と参加」の諸因子）。
  ② ICFでは、「支援的」という語によって「改造や特別設計」によるものを表現している。障害者にとって有用なものを含むとする他の立場とは異なっている。
  ③ 「人々を支援する」ための「生産品と用具」として規定されており、「活動や参加」の支援として定義されたものではない点に注意（この点については、日本語訳は表現が曖昧であるので注意を要する）。

2章
- 【1】 「障害」をどのようにとらえるかは、その障害が置かれている「社会環境」、すなわちその環境の歴史、文化、経済、社会等のありようによって異なるものである。

    どの社会にあっても、障害の対して「正常・健常」観あり、一方、「障害」は不幸なこと、よくないものとして、取り除き、改善して正常化しなければならないものとして、一般的には否定的な価値観がもたれてきたと言える。いつでもどこでも、どのような人にも「障害」が起こる可能性があるにもかかわらず、「障害者」に対する否定的な見方は時代を超えて変わらない。

    しかし、近年には"障害は個性である"と障害を人間の属性の一部とする考えが出てきている。それは幼少時に起因する障害者を持つものとって、「障害のない状態」の経験が少ないか皆無であることから、障害のあることがその人にとって全くの「自然」「当然」であることから、先のような「障害」を不幸なこと、よくないものとしては受け止めていないことを意味している。そのため、障害を持って生活した経験から、障害によって人生をポジティブ（前向き）に生きてこられ、障害を肯定的にとらえ、「障害である」をアイデンティティする「障害観」を持つものも現れている。仮に幼少時からの障害者が障害を否定的にとらえることがあるとすると、そこには社会（教育・文化）の価値観が影響していると見るべきであろう。

    「障害」をどのようにとらえるかは、その社会の時代性、精神性を背景にして大きく変動

することになるという理解が必要である。それとともに，むしろそうであるからこそ，障害者とともに生きることを支えていくことがより一層重要になってくる。

「障害」を軽減・解消する視点で障害を理解することが障害を否定的にとらえることには必ずしもならないとともに，「障害」とともに生きることもまた一概に肯定的な障害の理解と言い難い。どのような視点に立つかもさることながら，「障害」のために生活における困難が解消しにくいということのない，社会づくりが肝要である。

3.1節
【1】～【3】　省略。

3.2節
【1】　手製の場合は耐久性の保証が量産品に比べ困難であるため，また故障・破損時に修理対応が可能な人が限定される可能性が高いため。また，修理不可能時にも使用の継続性を確保する観点から，入手のしやすさが求められるため。

【2】　大腿義足：12.14秒（2002年），両下腿義足：10.91秒（2007年）。これらの義足において最も特徴的なのは下腿から足部に相当する部分が板ばね状になっており，高負荷下でのエネルギ吸収と放出を効率よく行える点である。（直近の世界陸上大会やパラリンピック競技会でどのような記録が生まれ，使用された義足はどのような特徴を持つであろうか。）

【3】　義肢ではもともと身体の合った空間を機構そのものや制御部品を配置する場所として活用できるが，装具は身体が残存しているため，すべてのパーツが装着部位の外側に存在することになる。したがって，体積の制約が厳しく，装着部位より近位の関節の負担をできるだけ小さくするため重量（慣性モーメント）もできる限り小さくする必要がある。

3.3節
【1】　座位臀幅，座底長，座位下腿長，座位肘頭高，座位腋下高

【2】　移乗先とのすき間をなくす，移乗先との高低差をなくす，臀部の滑りにくさをなくす

【3】　脚分離型吊具

【4】　レール走行式リフト，設置式リフト，移動式リフト

3.4節
【1】　行動範囲を拡げる，日常生活動作の自立度を向上する，人的交流を拡げる，意欲を引き出す

【2】　四輪歩行車（三輪歩行車）
前方に体重をかけすぎると，歩行者が逃げてしまうため，適宜ブレーキの調節が必要。

【3】　1入力操作装置。一つのスイッチ操作によりスキャン方式で進行方向を選択する。

【4】　体型への対応，身体能力への個別対応，安全性の確保

3.5節
【1】　解答例
チャンネル：携帯電話，距離をあまり考えずに，直接的に個別につながることができる。匿名性も高い。ただし，電車内や深夜など，別の社会的ルールを相互に確立する必要性もある。

【2】　解答例
接触してからさらに押し込むといった，機械的なフィードバックがあるため。
視覚や聴覚からのフィードバックも，あることが多いため。
価格が安いため。
駆動電源を必要をしない場合が多いので，停電の心配がないため。

【3】　解答例

入力装置の出力を二つに分配して，一方は出力機器に接続する。他方には，発光する機器をつないで，利用者の視野に入るようにしておく。

3.6 節
【1】 3.6.1 項を参照。
【2】 3.6.3 項の〔2〕を参照。
【3】 3.6.7 項の〔2〕を参照。

3.7 節
【1】 Ａさんの場合，就労していたのでパソコンのスキルもあり，インターネットを用いた情報の受発信の作業を希望しているために，「パソコンを用いた情報の収集と配信」を実現するための支援を行う。

現在，随意的に動かすことが可能な部分は両手の中指（複数個所）であるため，二つのスイッチを用い，オンスクリーンキーボードのソフトウェアを搭載したパソコンで文書の作成を行える環境を構築する。また，同様に２つのスイッチでマウスの制御が可能なソフトウェアの搭載もインターネットの画面上のクリックなどに有効である。

支援機器の利用においては，障害が進行性のために，現在用いている両中指のスイッチが利用できなくなる時が来る。その状況を逐次管理し，最終的には，瞬きスイッチのみの１スイッチで入力ができる機能に変更していく。

また，作業内容によっては，疲労により体調を崩したり，障害の進行を早めたりすることが考えられるために，常に医師・療法士と状況を確認しながら対応を進める。

3.8 節
【1】 記憶障害，見当識障害，実行機能障害
【2】 薬を飲む時間を知らせること，１回分の薬しか取り出せないようにすること。
【3】 操作ボタンの数を減らすとともに，操作ボタンの表示をわかりやすくする。
例：簡易リモコン，１ボタンラジオ／１ボタン CD プレーヤ，写真ボタン付き電話機
【4】 現場での的確なニーズ把握と有効性の評価，注意喚起への配慮，ユニバーサル・デザインへの展開

4 章
【1】 代替様式は，ISO/IEC ガイド 71 で，「異なる様式又は感覚要素を利用して製品及びサービスをアクセシブルにするための提示方法である。」と定義されている。また補足として下記の説明がある。「情報や機能のようなすべての入力及び出力，すなわち，情報表示及び操作に対して，例えば視覚と触覚といった一つ以上の代替様式を設けることで，言語／読み書きに障害のある人々をも含むより多くの人々を支援することができる。」

そのため代替様式は，製品・サービス・環境を，障害のある人を含むより多くの人が使える「アクセシブルデザイン」にするための重要な手段であると言える。

【2】 アクセシブルデザインは，ISO/IEC Guide71 によって，製品規格等を作成する際，障害のある人への配慮事項が記載されている。日本では同ガイドを活用し 30 数種の日本工業規格が制定されている。

課題として考えられる例として下記などがある。

- 30 数種類の規格では，日本国内における製品・サービス・環境をカバーすることが困難である。制定された規格を見ると，感覚・身体特性・認知・アレルギーいずれもまだ充分ではない。また，個別製品・サービス・環境でアクセシブルデザインを配慮したものがま

だまだ少ない。
- 規格は作成されているものでも，どのように使用してよいかが分からない場合があり，作られた規格を広く使ってもらえるような仕組みづくりが必要である。

【3】 障害のある人にとっての必要性は，今まで使いづらかったまたは使えなかった製品・サービス・環境が，アクセシブルデザインになることによって，社会参加，自己実現が可能となる。
　　一方，供給者側にとっての必要性は，今までの障害のない人を対象にしていた製品・サービス・環境をアクセシブルデザインにすることによって，消費者の数が増える。
　　課題は，下記が例として挙げられる。
- アクセシブルデザインにする事で消費者が受け入れられないコスト高にならないこと。
- アクセシブルデザインになった製品・サービス・環境の情報を多くのユーザーに知らせるための仕組みづくり。
- 製品・サービス・環境を，効率的にアクセシブルデザインにするための仕組みづくり。

など。

5.1節

【1】「ある程度，段差は残しておくほうがよい」の根拠
　　多少の段差が残っていなければ，身体機能ばかりか精神機能も低下していく。また，他人の家へ行ったり，いったん外出すれば，家の外は段差だらけである。完全なバリアフリー住宅に住んでいては，一歩も外に出られなくなる。

　　「どのような段差も，あってはならない」の根拠
　　日常的に使用頻度が高い住宅各部では，わずかな段差でも転倒事故を招く。高齢者がいったん転倒すれば骨折する確率が高く，長期間にわたる入院治療によって寝たきりとなるきっかけになり，生活の質が著しく低下する。

【2】（1）手すりの取付け
　　（2）段差の解消
　　（3）滑りの防止および移動の円滑化等のための床または通路面の材料の変更
　　（4）引き戸等への扉の取替え
　　（5）洋式便器等への便器の取替え
　　なお，それ以外にも，その他前記の住宅改修に付帯して必要となるものは認められる。

【3】おおむね，小回りがきく介助用の車椅子程度の大きさの車椅子でも，介助を受けながら室内を移動し，トイレや浴室で一人の介助者から介助を受けながら排泄，入浴できる程度と考えられる。

【4】実際の廊下幅：(750〜) 780 mm 程度
　　扉などの通路幅：700〜720 mm 程度
　　標準型の車椅子が廊下を直角に曲がれる（モジュール）単位寸法：約 1 000 mm（内寸法なら 850 mm）

【5】浴室　1 800 mm × 1 350 mm（内寸法なら 1 650 mm × 1 200 mm）
　　便所　1 800 mm × 900 mm（内寸法なら 1 650 mm × 750 mm）

5.2節

【1】　A→①，　B→③，　C→⑤，　D→⑦，　E→⑧，　F→⑩，　G→⑪，
　　　H→⑪，　I→⑭，　J→⑮

索　引

【あ】
アクセシブルデザイン　7, 108, 109
アクセシブルデザイン規格体系　111
アジャスタブル化　70
圧電素子式入力装置　75

【い】
医学モデル　11
椅子付き歩行車　61
インテグレーション　31

【う】
うさぎマーク　114

【え】
エルボークラッチ　58
エンジン付き車いす　66

【お】
押しボタン式入力装置　66
応益負担　28
応能負担　28
オーファンプロダクツ　7, 37
オプタコン　77
オルタネート　85
音声読書器　90
音声認識型環境制御装置　86

【か】
介護認定審査会　21
介護保険法　20, 33
介護予防住宅改修　123
介助用電動車椅子　68
回想支援用具　104
階段の手すり　131
ガイド71　33
拡大読書器　90
拡大反転ソフトウェア　90
下肢装具　45
過使用症候群　9
片麻痺　45
家電製品の凸・音・点字表示　115
簡易リモコン　100
感覚代行機器　76
環境制御装置　83

環境制御装置研究開発連絡協議会　30

【き】
義肢　40
義手　40
義足　42
機能障害　22, 31
逆スキャン　81
キャスタ上げ　64
共遊玩具　114
共用サービス　118
共用設計製品　117
共用品の市場規模　115
共用福祉用具　116
極東・南太平洋障害者スポーツ大会　31
居宅介護住宅改修　123
筋電式入力装置　74

【く】
クッション　64
車椅子クッション　50
訓練用仮義肢　40

【け】
蹴上げ　130
携帯型環境制御装置　86

【こ】
光学文字認識　77
高次脳機能障害　93
更生用装具　44
交通バリアフリー法　33, 139
公的給付　27
光電式入力装置　74
合理的配慮　153
高齢者・障害者配慮設計指針　112
高齢者総合機能評価　26
呼気式（吸気式）入力装置　75
国際義肢装具連盟　31
国際障害者年　31
国際障害分類　22
国際生活機能分類　6, 23
国際標準化機構　34
国際（保健）福祉機器展　30
国際リハビリテーション協会　31, 34

国連障害者の10年　31
コード化法　82

【さ】
座位移乗　52
座位下腿長　48
座位肘頭高　48
座位臀幅　46
座位腋下高　49
探し物発見器　97
作業手順呈示装置　100
作業用義手　42
作業療法士　39
座底長　48
サリドマイド　28
三輪歩行車　61

【し】
支援機器　2
支援技術　2
視覚障がい者誘導用ブロック　136
支給限度基準額　123
自助具　38
姿勢保持　46
自動カレンダー　95
自動車手動装置　69
自動スキャン　80
児童福祉法　12, 27
自動ブレーキ付き車椅子　99
社会基盤整備　33
社会的不利　22, 31
社会モデル　11
写真ボタン付き電話機　102
住宅改修　123
住宅の品質確保の促進等に関する法律　123
住宅品確法　123
重度障害者用意思伝達装置　72
手動車椅子　62
手動スキャン　81
手話アニメーションソフト　91
障がい　24
障碍　25
障害児　19
障害者基本法　12
障害者差別解消法　153
障害者自立支援法　4, 13, 28, 33
障害者総合支援法　13, 34

障がい者総合福祉法 20	治療用装具 44	【ひ】
障害者の法的定義 13	チンコントロール 66	肘支持型の四輪歩行車 61
障害のある人 109	【つ】	【ふ】
障害を持つアメリカ人法 34	通路の手すり 130	福祉関連八法 32
上肢装具 44	杖 58	福祉機器 3
褥瘡 46	杖先ゴム 60	福祉用具 3, 4
シルバーカー 61	吊具 55	福祉用具法 32
新エネルギー・産業技術総合開発機構 32	【て】	服薬支援機器 95
身体障害者手帳 17	T字杖 58	踏面 130
身体障害者福祉法 12, 27	低床バス 141	プラットフォームクラッチ 58
【す】	テクノエイド協会 32	ブレインマシンインタフェース 76
スイッチ入力式ジョイスティック 66	点字ディスプレイ 91	【へ】
据置式 56	天井走行式 56	米国障害者支援技術法 34
スキャン法 79	電動義手 42	ヘッドコントロール式操作入力装置 66
スクリーンキーボード 92	電動車椅子 65	【ほ】
スクリーンリーダ 90	——の操作入力装置 66	方向スキャン 81
スケジュール把握支援機器 97	電動三輪車 67	歩行器 60
ステッキ 58	電動四輪車 67	歩行車 60
スライドアップシート 70	【と】	補助機器 3
スロープ 131	トイレの認知支援 99	補助具 3
スロープ付き自動車 70	【に】	補装具 3, 27
【せ】	日常生活用具 3	補装具費支給制度 27
生活支援工学 1	日常生活活動 26	ポータブルスプリングバランサ 78
生活の質 28	日常生活動作 28, 38	本義肢 40
精神障害者 18	日本住宅性能表示基準 123	【ま】
精神保健及び精神障害者福祉に関する法律 12	日本福祉用具・生活支援用具協会 32	マウススティック 78
精神保健福祉法 13	日本リハビリテーション工学協会 31	松葉杖 59
生体現象方式 73	入力装置 84	【め】
接点式入力装置 73	認知症 94	メモ用具 98
セラピー人形 103	認知障害 93	【も】
【そ】	【の】	盲導犬マーク 114
装具 44	能動義手 40	文字等走査入力方式 73
走査法 79	能力障害 31	モジュール化 70
装飾義手 40	能力低下 22	モメンタリ 85
【た】	ノーマライゼーション 31	【ゆ】
退役軍人庁義肢センター 29	ノンステップバス 141	遊脚相 42
体幹装具 46	【は】	床段差 125
帯電式入力装置 74	廃用性症候群 9	ユースフル製品 117
タイピングエイド 78	配慮分野 109	ユニバーサルデザイン 33
多脚杖 59	白杖 136	——の7原則 135
短下肢装具 45	発達障害 19, 94	【よ】
【ち】	発達障害者支援法 19	要介護認定 21
知的障害者 17	バックサポート 49	
知的障害者福祉法 12	ハートビル法 33, 139	
注意欠陥・多動性障害 94	バリア解消製品 117	
直接選択法 79	バリアフリー新法 33, 139	

浴室出入り補助用の手すり　*133*
浴槽出入り補助用の横手すり　*133*
四輪歩行車　*62*

【り】

リスクアセスメント　*71*
立位移乗　*52*
立脚相　*42*
リハビリテーション機器　*3*
リハビリテーション工学　*6*
リフト移乗　*52*
リフト付き自動車　*70*
療育手帳　*18*
療育手帳制度　*18*

【れ】

レール走行式リフト　*56*

【ろ】

路外駐車場　*143*
ロナルド・メイス　*33*
ロフストランドクラッチ　*58*
ロボットアーム　*46*

【わ】

話速変換プログラム　*92*
ワンステップバス　*141*

【数字】

1 入力スキャン式電動車いす
　操作装置　*66*
1 ボタンラジオ/1 ボタン CD
　プレーヤ　*101*

【英字】

accessible design　*109*
ADA　*34*
ADHD　*94*
ADL　*26, 28, 38*
assistive device　*4*
assistive products　*4, 35*
assistive technology　*2, 34*
Assistive Technology Act　*5*

BMI　*76*

CGA　*26*

design for all　*109*
disability　*22*

FESPIC　*31*

handicap　*22*
HCR　*30*
HEART　*4*

ICF　*6, 23*
ICIDH　*22*
ICTA　*34*
impairment　*22*
ISO 9999　*5, 36*
ISO/IEC Guide 71　*108*
ISPO　*31*

NEDO　*32*

OCR　*77*

persons with disabilities　*109*

QOL　*28*

rehabilitation technology　*4*
RESJA　*31*
RI　*31, 34*

self-help device　*38*

TC 173　*34*
TIDE　*4*

universal design　*109*

VAPC　*29*
VOCA　*76*

生活支援工学概論
Introduction to Wellbeing Science and Assistive Technology
Ⓒ 一般社団法人日本生活支援工学会，一般社団法人日本リハビリテーション工学協会 2013

2013 年 11 月 28 日	初版第 1 刷発行
2025 年 3 月 5 日	初版第 3 刷発行

検印省略

編　　者		一般社団法人 日 本 生 活 支 援 工 学 会 一般社団法人 日本リハビリテーション工学協会
発 行 者		株式会社　コ ロ ナ 社 代 表 者　牛 来 真 也
印 刷 所		萩原印刷株式会社
製 本 所		有限会社　愛千製本所

112-0011　東京都文京区千石 4-46-10
発 行 所　株式会社 コ ロ ナ 社
CORONA PUBLISHING CO., LTD.
Tokyo Japan
振替 00140-8-14844・電話(03)3941-3131(代)
ホームページ https://www.coronasha.co.jp

ISBN 978-4-339-07235-8　C3047　Printed in Japan　　　　　　（大井）

JCOPY　<出版者著作権管理機構　委託出版物>
本書の無断複製は著作権法上での例外を除き禁じられています．複製される場合は，そのつど事前に，出版者著作権管理機構（電話 03-5244-5088，FAX 03-5244-5089，e-mail: info@jcopy.or.jp）の許諾を得てください．

本書のコピー，スキャン，デジタル化等の無断複製・転載は著作権法上での例外を除き禁じられています．購入者以外の第三者による本書の電子データ化及び電子書籍化は，いかなる場合も認めていません．
落丁・乱丁はお取替えいたします．